사이렌의 침묵과 노래

여성주의 문화철학과 『오디세이』 신화

사이렌의 침묵과 노래

지은이 _ 노성숙
펴낸곳 _ 도서출판 여이연
발행 _ 고갑희
주간 _ 이숙인
주소 _ 서울 종로구 명륜4가 12-3 대일빌딩 5층
등록 _ 1998년 4월 24일(제22-1307호)
대표전화 _ (02) 763-2825
팩스 _ (02) 764-2825
홈페이지 _ http://www.gofeminist.org
전자우편 _ alterity@gofeminist.org

초판 1쇄 인쇄 _ 2008년 9월 3일
초판 1쇄 발행 _ 2008년 9월 8일

값 15,000 원

ISBN 978-89-91729-10-0 93160
잘못된 책은 바꿔 드립니다.

사이렌의 침묵과 노래

여성주의 문화철학과 『오디세이』 신화

노성숙 지음

도서출판 여이연

차례

제2부 『오디세이』에 대한 여성주의 문화철학적 분석

여성주의 문화철학과 신화

1. 여성주의 문화철학

전지구가 하나의 단위로 변화하고 있는 21세기를 일컬어 흔히들 3F, 즉 feeling, fiction, female의 시대라고 한다. 이러한 시대적인 변화는 근대의 계산적이고 도구적인 합리성을 비판하고 넘어서면서 우선적으로 감정 feeling의 중요성을 시사한다. 또한 디지털 기술과 인터넷의 발달로, 우리는 생활에서 경험하는 실제 사건들보다 오히려 허구fiction의 가상현실[1]을 더 실감나게 받아들이고 있다. 그런데 21세기가 과연 여성female의 시대라는 것은 무엇을 의미하는가? 왜 갑자기 여성이, 오늘날 주요한 이슈로 등장하는가? 이전의 남성중심적 사회로부터 탈피하여 진정으로 여성의 주류화[2]가 실현되었기 때문인가?

　　요즘 넘쳐나는 '여성'에 대한 담론들은 근대성을 벗어나고자 하는 포스트모던 이론들의 발생과 매우 밀접한 관련을 맺고 있다. 특히 포스트구조주의는 서구의 합리성과 데카르트적 자아에 대한 근본적인 비판을 제기했으며, 그로부터 서구의 근대적 주체와 지식에 대한 근본적인 회의가 발생하였다. 즉 근대성의 기반이 되었던 남성중심적 자아, 주체, 지식의 문제점을 극복하고자 '여성적인 것'에 눈을 돌리게 된 것이다. 그런데 이러한 근대적 자아 및 주체의 위기를 극복하고자 하는 관심의 전환은 과연 진정으로 바람직한 성해방을 가져올 수 있는가?

브라이도티는 우리가, '포스트모던 지식의 장에서의 여성화', 즉 '이론적 담론의 새로운 지평으로서의 여성들에 대한 담론들의 폭발'이야말로 또 하나의 함정일 수 있음을 자각하고 있어야 한다고 주장한다.3 근대성의 위기라는 배경으로부터 여성적인 것에로의 관심전환이 이루어지고 있기는 하지만, 근대성을 탈피하기 위한 방편으로서의 여성적인 것의 대두가, 또다시 남성들의 환상에 머물거나 탈성화될 수 있는 위험이 여전히 남아 있기 때문이다. 따라서 근대성의 비판과 이성적 주체를 해체하는 전략에서조차 근본적으로 성적인 비대칭이 전제되어 있지는 않은지, '여성'에 대해 전보다 많이 논의하고는 하지만 그것이 과연 '여성주의'적인지에 대한 좀 더 면밀한 검토가 필요한 시점이다.

물론 오늘날 여성주의담론과 문화담론이 그 어느 때보다 많은 사람들의 관심을 받고 있으며, 또한 학제간의 연구들을 통해서 이 분야들에 대한 논의가 활발해진 것도 사실이다. 그러나 실제로 연구된 성과들을 살펴보면, 외국의 담론들을 단지 수입 혹은 번역하면서 각각의 담론 안에서만 폐쇄적으로 머무는 경우들이 많고, 학제간의 논의를 병렬해 놓는 것에 만족하는 경우들도 많다. 그렇다면 우리는 왜 학제간의 논의를 좀 더 생산적으로 발전시킬 수 없는가? 여러 요인들이 있겠지만, 우선적으로 지적할 수 있는 문제가 '용어들의 낯설음'이다. 같은 문제와 주제를 다루는 데도 사용되는 용어들이 상이하며, 또한 전문용어들이 마치 은어와 같이 각각의 폐쇄된 영역에서 이미 전제된 이해를 독자에게 요구하기 때문에, 각각의 언어게임에 동참하지 않고서는 그 내용에 접근할 수도 없게 된다.

현대철학을 전공한 필자는 평소에 문화이론, 여성주의, 문학, 예술 등에 다양한 흥미를 가지고 있었는데, 영역을 넘나들며 함께 다룰 수 있는 주제임에도 각각의 담론이 지니는 틀을 벗어나지 못해 소통이 제한되고 있는 현실이 매우 아쉬웠다. 그렇다면 어떻게 이러한 어려움을 극복할 것인가? 필자가 이 책에서 선택한 하나의 해결방식은 주요 쟁점을 중심으로 학제간의 연구들을 고찰하되, 거기서 문제가 되는 것들을 필자의 영역인 철학을 통해서 접근하는 것이다. 이는 여성주의 문화철학적 접근, 즉 여성주의적 문제의식으로부터 생겨난 쟁점에 대해 문화비판을 통해 철학적으로 접근하는 것을 의미한다. 이 책에서 하려는 작업과 관련지어 좀 더 구체적으로 표현하자면, 문화이론과 여성주의적 문제의식으로부터 '여성정체성', '자아', '주체성'의 주제들을 이끌어내고, 그에 대한 철학적 토론을 통하여 이론을 구축한 뒤에, 이를 기반으로 텍스트를 분석하려는 것이다. 물론 그 과정에서 필자는 문화이론, 여성주의, 문학이론 및 신화분석 등과 관련하여 이미 이루어진 수많은 학제적 성과들과 만날 수 있었다. 그러나 이러한 성과들을 가로지르고 꿰뚫는 철학적 만남과 숙고는 아직 많이 이루어지지 않았기 때문에, 한편으로는 지난한 작업이기도 했지만, 그럼에도 그러한 과제에 대한 도전은 필자자신의 고유한 문제로부터 '철학함'이라는 역동성을 주기에 충분했다. 그렇다면 이제 이러한 이론들과 만나면서 필자가 가지게 된 문제의식이 어디로부터 출발하며, 왜 포스트모더니티의 문제성을 다룰 수밖에 없었고, 이를 이론적으로 해결하기 위해 여성주의가 아도르노의 사상을 전유專有, appropriation[4]하려는 의의는 무엇인지, 그리고 그러한 이론에 근거하여 『오디세이』 신화를 분석하는 의미는 무엇인지에 대해 개괄적인 소개를 하고자 한다.

2. 확장된 문화개념의 여성주의적 함축성

1) 성과 젠더

여성주의담론은 성sex과 젠더gender의 구분으로부터 출발한다. 전자는 생물학적으로 여성female과 남성male이 타고나는, 생리적이고 유전적인 특징들을 가리킨다. 반면 후자는 사회 · 문화적으로 '여성적인 것'과 '남성적인 것', '여성다움'과 '남성다움'이 구성되는 방식과 그 의미를 부여하고 있는 구조들에 관심을 가진다. 그렇다면 이렇듯 '성'과 '젠더'의 범주를 구분하여 사용5하는 이유는 무엇이며, 여성주의는 왜 그러한 구분으로부터 출발하는가?

먼저 우리나라의 유교적 가족제도와 사회적 구조를 중심으로 성과 젠더의 구분의 의미를 생각해보도록 하자. 경제적 근대화가 본격적으로 이루어지기 이전, 교육의 기회는 자식들 중에서도 당연히 아들위주로 주어졌다. 그로 인해 많은 여성들은 기본적인 공교육의 기회조차 포기해야 하는 경우가 많았다. 특히 등록금이 많이 드는 대학에 형제들이 진학하는 경우, 대부분의 딸들은 스스로 학업을 위한 기회를 포기할 뿐만 아니라, 다른 형제들의 학비를 벌기 위해 저임금노동자로 나서기도 했다. 딸들에게는 이러한 양보와 인내의 미덕이 강요되었으며, 형제들을 위한 희생은 유교적인 가족구조 안에서 특별히 칭찬받을만한 일이라기보다는 오히려 당연한 도리처럼 여겨졌다.

한편 혼인적령기가 된 여성들은 남성을 만나 결혼을 하는 것이 당연시되었는데, 이때부터 아내로서 여성의 영역과 남편으로서 남성의 영역은 더욱 철저하게 구분되기 시작한다. 즉 결혼한 여성은 가사와 육아, 그리고 가족관계 등의 사적인 영역을 담당하는 '아내'가 되며, 남성들은 공적인 직장에서의 사회적 영역을 담당하고 가계를 책임지는 '가장'이 된다. 아내들은 학벌이나 교육의 정도와 무관하게 공적인 영역에서 배제되고 가정이라는 사적인 울타리 안에 갇히게 된다. 혼인과 함께 명시적으로 직장을 그만 두어야 하는 경우도 많았으며, 직접적으로 사표를 강요받지 않는다 하더라도 많은 여성들이 사회적 강압을 암묵적으로 감지하며 임신과 함께 가정으로 돌아갈 수밖에 없었다. 출산 뒤, 다시 직장으로 복귀한다 하더라도 이전에 자신이 담당했던 공적인 역할과 사회적 위치를 회복하거나 유지할 수 없다는 것을 암암리에 느낄 수 있었기 때문이다. 마치 결혼을 한 이상은 피할 수 없는 운명처럼, 가족 간의 사랑과 화해를 위해 헌신하는 어머니이자 아내로서의 역할과 의무가, 어느덧 여성에게는 매우 자연스럽게 우선시되고 만다.

이와 같이 생물학적으로 '여성'으로 태어났다는 사실은 가족 안에서 딸로서 성장하는 여성들에게 아들과는 '다른 교육'의 기회를 갖게 하였고, 그러한 기회의 박탈은 형제들과는 '다른 도덕'의 강요로 딸들에게 정당화되었다. 설사 학교에서 기본적인 교육을 받게 될지라도 같은 학생으로서의 여성들은 학급의 대표이기 보다는 부대표로 늘 남성들에 비해 부차적이고 수동적인 존재로 스스로를 인식하게끔 사회화되고 교육받는다. 또한 결혼한 이후 아내로서의 여성은 공사영역의 분리와 철저한 성별분업 속에서 파트너인 남성과는 '다른 사회적 역할과 기능'을 담당하며, 그에 따른 '다른 도덕적 임무와 역할'을 부여받고 '제2의 신사임당'으로 거듭나기 위해 혼신의 힘을 기울여야만 한다.

물론 최근 여성들의 사회적 진출이 늘어났고, 혼인한 여성들의 취업상황과 관련하여 법적인 지위가 달라진 것도 사실이다. 그러나 많이 향상된 것처럼 보이는 여성들의 지위는 여전히 불안정한데, IMF 위기에서 경험한 바 있듯이, 경제가 어려워지거나 위기상황이 닥쳐올 경우, 여성들은 정규직에서 비정규직으로 전환되거나, 가장 먼저 감원의 대상이 된다. 즉 성별

분업의 이데올로기는 사회의 필요에 따라 언제고 다시 불러들일 수 있는 잠재된 틀로서 작용한다.[6]

이렇듯 생물학적인 '여성'은 '딸'과 '아내'로서의 문화적 관습들과 사회적인 틀에 의해 길러지면서, 비로소 '여성다운' 삶에로 진입하여 스스로의 정체성을 찾고 살아가게 마련이다. 그런데 여성에게 남성과는 다른 교육, 다른 도덕, 다른 역할들이 사회적 강요와 현실로 주어지는 상황은 과연 타당한가? 성과 젠더의 구분은 내가 생물학적으로 '여성'이라는 사실과 사회·문화적으로 여성적인 특징들, 범주들, 도덕원칙들에 의해 길러진다는 것의 연쇄 고리가 자연스러운 것이 아니라는 자각에서 비롯된다. 특히 문화적인 젠더개념은 여성이라는 생물학적인 몸을 타고났기 때문에 남성과는 다르게 교육을 받고 다른 사회적 역할과 의무가 주어지는 것, 차별적이고 열등한 위치에 놓이게 되는 것이 필연적인 것은 아니라는 사실을 보여준다. 그리하여 생물학적인 본질주의나 결정론에 의해 문화적으로 덮어씌워진 사회현실을 비판적으로 바라보고, 그러한 '문화적' 구조를 분석함으로써 젠더구조의 구성과 재생산을 고찰하여 새로운 삶의 문화를 창출해내고자 하는 문화연구, 문화이론, 문화비판이 절실히 요구된다.[7]

2) 문화개념의 의미변화와 확장

'문화'라는 단어는 최근 들어 매우 각광받는 어휘이자 유행어가 되고 있다. 예를 들어 청소년문화, 대중문화, 여성문화, 음식문화, TV문화, 소비문화, 서구문화, 한국문화 등 문화를 바라보는 각각의 관점에 따라, 즉 문화의 주체, 문화의 내용, 문화의 의미, 문화의 전달매체, 문화의 경제적, 정치적, 사회적 배경에 따라 문화라는 용어는 다양하게 사용된다. 오늘날 우리는 문화라는 용어를 폭넓은 맥락에서 사용하지만, '문화'라는 개념은 역사와 시대적인 배경에 따라 그 의미가 달라져 왔다.

문화에 대한 최초의 정의는 인간의 고유한 능력인 이성과 상상력을 이용하여 거친 자연을 경작하는 행위와 관련된다. 동양적 의미에서 문화, 즉 文化에서의 文이란, '문장', '글' 뿐만 아니라 워낙 무늬라는 의미의 紋을 뜻했다. 이는 인간이 자연을 그대로 수용하기보다는 자기 나름의 방식대로 변형시켰음을 의미하는데, 여기서 자연을 변형한다는 것은 자연물에 일종의 무늬, 즉 문양文樣을 놓고 채색彩色하는 것을 말한다. 또한 서구적 의미에서 문화, 즉 culture의 원사태를 지칭하는 colere라는 라틴어 동사는 '보살피다, 가꾸다, 개작하다, 경작하다, 재배하다' 등의 의미를 지닌다. 그러므로 문화는 인간이 자연을 경작하여 얻은 자기 활동의 산물이며, 자연을 경작하기 위한 수단의 발달여부에 따라 문화의 진보에 대한 척도가 가늠되기도 한다.[8]

이러한 원초적인 의미로부터, 문화는 더 이상 외적인 자연을 개작하고 경작하는 것만이 아니라 추상적인 정신을 가꾸는 것으로 변모해간다. 문화가 인간의 의식과 밀접하게 관련되자, 인간들은 그 표현 양식과 기술을 더욱 발전시키고 훈련시키는 데에 주력하였다. 그리하여 더욱 세련된 형태의 결과물들과 그 결과물들에 담긴 인간의 정신이 중요시 되었다. 아놀드 Arnold는 문화를 "아름다움과 지성의 완성"이라고 보고, 지금까지의 인간 사고와 표현을 뛰어나게 담고 있는 문학, 미술, 음악 등에서 그 정수를 만끽할 수 있다고 주장한다. 그는 문화가 본질적으로 공평무사하게 시도되는 것disinterestedly trying이며, 나아가 "인간의 진실한 완성, 인간성의 모든 면을 발전시키는 조화로운harmonious 완성, 우리사회의 모든 면을 발전시키는 일반적인general 완성으로 이르게 하는 것"[9]이라고 정의한다. 또한 그는 이러한 인간의 조화로운 완성과 일반적인 완성이 외부의 환경 속에 있는 것이 아니라 인간의 마음과 정신 속에 내재되어 있는 것이라고 강조한다.[10] 여기서 문화란 좀 더 구체적으로 문학, 음악, 회화, 조각, 연극 등의 분야를 의미하며, 그러한 문화의 생산자가 되기 위해서는 오랜 교육이나 훈련과 같은 전문적인 과정이 필요했다. 또한 이러한 문화를 향유하고 소비할 수 있던 사람들은 귀족, 왕족 등 특정 계급에 국한되어 있었다.

그런데 점차 문화개념은 이러한 관념적이고 추상적인 예술과 동일시되었던 의미의 제한성을 벗어나기 시작했다. 그리하여 문화는 전체적이고 유기체적인 방식에서 좀 더 폭넓은 의미로 이해되었으며, 삶과 관련된 모든 것을 포함시키기에 이른다. 이렇듯 현대적인 의미를 이끌어 냄으로써 문화개념의 인류학적 확장을 가능하게 한 사람은 바로 엘리오트Eliot이다. 그에 따르면, 문화란 무엇보다 "어느 일정한 장소에서 함께 살고 있는 특정한 사람들이 지닌 삶의 양식이다. 바로 그 문화는 그들의 예술, 그들의 사회제도, 그들의 습관과 관습, 그들의 종교를 통해서 가시화 된다."[11] 엘리오트는 문화를 모든 사람이 공유하는 것이라고 주장한다. 그러나 이때 공동의 문화라는 것은 모두가 공평하게 참여하는 것이라기보다 사회의 문화적 엘리트들만이 의식적으로 이해할 수 있는 것에 불과했다. 이는 그가 특히 민족 종교를 중심으로 하는 문화를 중요시하고, 중세 그리스도교를 그 핵심 모델로 삼고 있었다는 사실에서 잘 드러난다.

이와 같이 문화개념의 의미가 변화해왔지만, 문화에 대한 본격적인 연구와 더불어 문화개념의 이론화 작업에 적극적으로 기여함으로써 이른바 '문화주의'culturalism를 탄생시킨 사람들은 윌리엄스, 호가트, 톰슨 등이다. 이들은 영국에서 그 이전의 아놀드, 엘리오트, 리비스 등으로 이어지는 영문학적 전통과 맑스주의를 이론적으로 연관시키면서도 문화의 수동적 소비보다는 능동적 생산과 작용의 측면을 부각시킨다.

특히 윌리엄스Williams는 엘리오트의 개념을 이어 받아 문화를 '삶의 총체적인 방식'a whole way of life이라고 이해하면서도, 그의 관념적이고 복고적이며 엘리트중심적인 문화개념의 한계를 벗어나기 위해 주력한다. 윌리엄스에 의하면, 문화가 총체적인 삶의 방식과 관련될 경우, 이는 그 이전의 고전적 엘리트 중심의 문화로부터 일반인들의 일상생활에로 구심점의 이동과 다양한 계급에 의한 공동체성의 강조까지를 포괄한다. 따라서 추상적이고 절대적인 가치를 지닌 하나의 보편적인 문화와 그 결과물들만이 중심을 차지하는 것이 아니라, 일상성 속에서의 다양한 문화들, 특히 일반인들의 살아있는 문화행위들의 중요성이 부각된다. 윌리엄스는 문화를 단지 문화생산의 결과물이나, 문화산업이 만들어 낸 문화상품으로 국한하기보다는 오히려 문화생산자와 소비자들 사이의 상호작용을 포함하고 있는 문화적 텍스트의 중요성에 주목했다.[12] 그에 따라 문화는 한 집단 내에서 의미가 생산되고 교환되는 실천들, 기호화하고 의미부여하는 모든 과정들을 포함하기에 이르렀다.

또한 윌리엄스는 그람시의 헤게모니이론을 적극 수용하여, 문화를 지배와 대항 헤게모니의 역동적 관계 속에서 파악하고, 그람시의 전통적, 유기체적 지식인의 구분을 확장시켜, 각각 지배적인dominant 문화요소, 잔여적인residal 문화요소, 창발적인emergent 문화요소로 구분을 짓는다. 여기서 잔여적인 문화요소란 말 그대로, 이전의 사회 문화적인 제도들과 구성체들이 잔존하는 것을 토대로 여전히 현존하며 능동적인 부분으로 계속 경험되고 실행되는 문화적 요소들을 의미하며, 창발적인 문화요소들은 전적으로 새로운 의미와 가치들, 실천들, 관계들을 뜻하는데, 이 양 문화요소들은 지배문화에 저항적oppositional이거나 대안적인alternative 성격을 지닐 수 있다. 그렇다면 특히 창발적인 문화요소들은 어떻게 생겨나는가?

이와 관련하여 윌리엄스는 집단적으로 창발적인 문화를 가능케 하는 근거가 '감정의 구조'structure of feeling에 있다고 주장한다. 감정의 구조는 "아직 명확하게 표명되지 않았지만 새롭게 떠오르기 이전의 것pre-emergency이자 능동적이면서 압박을 가해오는 것"13으로 나타나며, 그 감정의 구조들은 "녹아들어 있는 사회적인 경험들social experiences in solution로서 정의될 수 있다. 이는 응결되어precipitated 있으며, 더 분명하고 더 즉각적으로 유용할 수 있는, 다른 사회 의미론적 형성물들과는 구분된다. (……) 대부분 실제 예술의 효과적인 형성물들은 이미 명백한 사회적 형성물들 ― 지배적이든 잔여적이든 ― 에 관련된다. 녹아들어 있는 것으로서as solution 감정의 구조는 (비록 가끔은 더 오래된 형태들 속에 변형되었거나 요란한 형태로) 무엇보다 창발적인 형성물과 관련된다."14 이와 같은 '감정의 구조'개념으로부터 그는 초기에 역설한 바 있는 심층적 공동체deep community의 구체적인 가능성을 설명할 수 있게 되었고, 나아가 '기나긴 혁명'으로서 공동체 문화의 실현에 대한 낙관적 견해를 피력하게 된다.

3) 문화이론들과 여성주의

오늘날 문화를 본격적인 이론으로 정립하게 된 데에는 무엇보다 문화주의가 매우 커다란 역할을 담당했다. 그런데 왜 그들이 문화를 문제 삼을 수밖에 없었는지를 살펴볼 필요가 있다. 그들의 문제의식, 즉 그들이 **문명과 문화**를 대립적 관계로 보는 전제에서 출발하고 있다는 사실은 오늘날 문화 비판에서도 여전히 유효한 시사적 의미를 지니기 때문이다. 문명은 다름 아닌 자본주의적 경제체제를 근간으로 하는 사회-문화적인 근대화를 의미하는데, 문화주의는 바로 그 자본주의 문명이 지닌 모순을 극복하려는 가운데 문화에 대한 이론의 필요성을 절감한다. 그렇다면 자본주의 문명의 모순은 어떠한 문화 논리에 의해 지지되었는가?

자본주의의 문명을 가장 대표적으로 정당화해주는 문화이론으로서 공리주의utilitarianism를 들 수 있다. 공리주의는 합리적인 개인들로 구성된 사회의 세계관을 대표하는데, 그 개인들은 오로지 고통을 피하고 쾌락, 혹은 "유용성"utility을 추구한다. 이와 같이 개인들의 소유와 자유를 확산시키고자 공리주의는 17세기 영국의 홉스, 로크, 흄, 벤덤, 밀 등에 의해 주장되었고, 오늘날 신자유주의의 정치사상에 이르기까지 '최대다수의 최대 행복'을 내세우며 자본주의 사회의 조직이 지닌 특징들을 형상화하는 데 매우 강력한 정당화를 제공하는 입장이다. 한편으로 공리주의는 '경제적 합리주의'를 표방하는 시장경제학 혹은 정치이론의 형태를 띠기도 하지만, 무엇보다 자본주의 문명의 눈부신 발전을 가능케 한, 현재까지도 가장 막강한 영향력을 갖는 문화적 패러다임이기도 하다.

다른 한편으로 공리주의를 자본주의 문명이 지닌 문제의 핵심으로 파악하고 이를 비판하고자 하는 시도들이 생겨났는데, 그 대표적인 이론으로 문화주의, 맑스주의marxism, 구조주의structuralism 등을 들 수 있다. 특히 문화주의는 문화culture의 가치와 근대 자본주의의 물질적 문명civilization이 대립된다고 보았고, 문화의 총체적인 통일성을 강조하였으며, 자본주의적 경제에 의한 근대화에 대항하여 반대 입장을 표명한다. 또한 맑스주의는 '이데올로기'ideology라는 개념을 중심으로 문화에 접근하는데, 각 계급의 물질적 이익과 이윤체계인 하부구조가 믿음, 신념 등의 상부구조와 어떻게 연관되는지를 분석한다. 나아가 구조주의는 문화현상의 밑바닥에 깔린 채 작동하고 있는 각 문화의 패턴들과 그 패턴들의 '의미작용'signification을 중심으로 문화의 언어적·기호학적 유형들을 파악한다.

여성주의feminism는 이와 같은 문제의식, 즉 공리주의에 바탕을 둔 자본주의 문명에 대한 문화 이론들의 비판을 공유하면서도, '가부장제'patriarchy를 문화의 핵심 개념으로 보고 이를 넘어서기 위해 노력한다. 즉 인간의 문화가 어떻게 젠더화된 구분 속에서 구축되어 왔으며, 성적 불평등이라는 사회적 구조와는 또 어떻게 연관되어 왔는지를 문제삼는다. 가부장제는 남성들을 중심으로 작동하는 사회적 권력이 여성들을 체계적으로 억압함으로써 불평등을 낳는 사회문화적인 체계이다. 이러한 가부장제의 역사는 멀게는 신화시대로부터 가까이는 현대에 이르기까지 통시적으로 연결되어 있으며, 전 인류의 다양한 문화적 차이에도 불구하고 공시적으로 광범위하게 드러나 있다.[15]

그런데 오늘날의 여성주의가 문화이론으로 자리 잡게 된 데에는 무엇보다 포스트구조주의와 포스트모더니즘의 영향이 매우 크다고 할 수 있다. 먼저 **포스트구조주의**의 영향력을 살펴보면, 푸코, 데리다, 라캉 등이 특히 여성주의에 많은 시사점을 제공했으며, 여전히 주목할 만한 반향을 일으키고 있다. 포스트구조주의가 여성주의뿐 아니라 포스트식민주의postcolonialism와 다문화주의multiculturalism에 제공하는 이론적 토대는 다름아닌 '상대화를 통한 탈신비화의 정치학'a politics of demystification through relativization이라고 할 수 있다. 포스트구조주의는 텍스트가 지니는 권위를 상대화하고 해체함으로써 지배 담론에 동일화될 수 없는 주변적 진리들을 새로이 발견할 수 있게 한다. 여성주의는 특히 프랑스를 중심으로 하는 라캉의 정신분석과 바르트의 기호학의 영향을 받게 되면서, 이전의 정치경제학이나 사회학적 관심으로부터 벗어나 문학과 문화에 대한 연구에 더욱 큰 관심을 기울이기 시작했다. 그리하여 가부장적 텍스트가 과연 여성독자들을 어떻게 구성하는지 그 구조에 대한 분석과 함께, 그러한 텍스트를 수용하는 데 있어 여성독자들 자신이 미시적 저항과 즐거움을 생산할 수 있는 방식은 없는지를 탐구하기 시작했다.

이처럼 포스트구조주의는 상대화라는 전략을 통해 '탈중심화'를 가능케 하고 '차이'의 정치학에로 다가갈 수 있는 계기를 마련하였으며, 주변적 진리의 중요성을 처음으로 일깨워 주었다. 그러나 그렇다고 해서 그들의 영향을 받은 여성주의자들을 단순히 포스트모더니스트라고 분류할 수는 없다. 왜냐하면 '여성적 글쓰기'écriture féminine를 주창했던 크리스테바Kristeva나 식수Cixous에게서 드러나는 바와 같이, 여전히 그들은 글쓰기를 통하여 삶이 구원받을 수 있다는 모더니즘적인 경향에 여전히 머물러 있기 때문이다. 크리스테바는 상징계를 전복할 수 있는 시적 언어의 혁명이 말라르메, 로트레몽, 조이스, 베케트 등의 시에서 나타나고 있다고 주장함으로써 모더니스트들에 대한 긍정적인 평가를 내린다. 결국 포스트구조주의의 영향을 받은 프랑스 여성주의는 모더니즘적인 텍스트들에 우선권을 부여함으로써 텍스트 자체를 중시하며 비정치화를 표방하게 된다. 그리하여 모더니즘의 미학과 마찬가지로 대중적인 것과의 적대적인 관계를 유지하게 되고 텍스트의 경박함을 즐기는 자기탐닉에 열중함으로써 급진적인 지식인들의 체제동화적인 특성을 보여주고 만다.[16]

이와 달리 **포스트모더니즘**은 포스트구조주의의 영향을 이어받기는 하지만 그들의 비정치적인 학문주의나 엘리트 중심적인 모더니즘 문화의 경향을 벗어나 '대중적인 것'을 적극적으로 수용한다. 모더니즘의 문화 속에서 대중적인 것과 여성적인 것은 열등한 것으로 취급되었다. 그러나 포스트모더니즘은 이러한 모더니즘을 탈중심화할 뿐만 아니라 주변화 되었던 대중적인 것과 여성적인 것을 재중심화함으로써 가부장제에 대해 근본적으로 전복적subversive일 수 있는 근본적 이론의 토대를 제공한다. 기존의 보편적 권위와 유일한 진리의 중심이었던 가부장적 주체를 비판하고 해체하며, 권위로부터 밀려나있던 것들과 여성들의 차이의 진리들에 주목하는 포스트모더니즘의 중심이동은 여성주의의 새로운 해방적 전략으로 자리잡게 된다.

그럼에도 우리는 카플란Kaplan의 지적처럼 포스트모더니즘의 양가적인, 즉 한편으로 상업적commercial이고, 다른 한편으로는 유토피아적인utopian 얼굴에 주목해야 한다.17 따라서 포스트구조주의나 포스트모더니즘으로부터 여성주의가 물려받고 있는 '탈중심화'와 '차이'의 전복적인 의미가 과연 무엇을 통해 어떻게 완성되고 있는지에 대해서 좀 더 철저하고 비판적인 분석을 감행해야 한다. 왜냐하면 '탈중심화'를 가능케 하는 '대중적인 것'이 철두철미하게 자본의 논리에 의한 '상품화'18와 체제 동화적인 '즐김'을 긍정하는 결과물들에 불과할 경우, 그것은 여성주의가 진정으로 지향하고 있는 '문화적 민주주의'cultural democracy로 다가가기보다는 오히려 자본의 논리에 의한 '재중심화'와 '사이비대중주의'pseudo-populism로 전락할 수 있는 한계를 내포하기 때문이다. 이외에도 포스트구조주의와 포스트모더니즘이 지닌 탈중심화의 전략은 가부장적 본질주의를 해체하는 데에 매우 효과적임에도 불구하고 자칫 그러한 이론적 급진성으로 인해 상대주의에 빠져들 위험을 내포하고 있다는 사실에도 유념할 필요가 있다. 이러한 포스트구조주의의 상대화논리는 다문화주의, 포스트식민주의에 대한 논쟁에서와 마찬가지로 가부장제를 비판하는 여성주의가 기댈 근원적인 토대마저 해체시켜 버릴 수가 있기 때문에, 그 딜레마를 어떻게 해결해야 하는가의 문제가 오늘날 여성주의가 안고 있는 난제이다.

4) 여성정체성과 여성주체성

오늘날 여성주의 문화이론이 포스트모던 이론들을 수용함으로써 지지하게 된 '차이의 정치학'은 한편으로 가부장제를 비판하고 해체하면서도, 다른 한편으로 사회·문화적인 다원주의pluralism를 받아들이며, 또한 그 안에서 스스로를 이해하고 재구성해야 하는 복합적인 과제를 안고 있다. 그리하여 가부장제의 보편적이고 일의적인 논리로부터 탈중심화 하면서도, 다양한 여성들의 경험을 어떻게 담아내고, 그 안에서 여성이 스스로의 자아를 어떻게 인식하며, 나아가 단순히 가부장적 문화에 의해 구성되는 수동적인 피해자 여성이 아닌 스스로를 책임지고 행동하는, 좀 더 능동적인 의미의 '여성정체성' 및 '여성주체성'을 어떻게 형상화할 것인지가 최근 가장 중요한 여성주의의 주제들로 대두되었다.

이에 대한 기존 논의의 맥락은 대체로 두 가지로 나뉜다. 우선 프랑스를 중심으로 하는 '여성적 글쓰기'의 입장은 여성의 능동적인 욕망, 쾌락 등을 적극적으로 해석하고 체현함으로써 '여성고유의 경험과 '차이', 즉 '성차'sexual difference에 주목한다. 반면 버틀러Butler, 해러웨이Haraway 등을 위시한 영미계통의 여성주의적 해체주의자들은 아예 남녀의 이분법적인 구별들, 성과 젠더의 구분조차 모두 해체하고자 한다. 해러웨이의 「사이보그를 위한 선언문」은 인간/동물, 정신/육체, 여성/남성, 백인/흑인 등의 이분법을 뛰어넘는 "사이보그"Cybog가 가부장적인 지배담론과 지식체계를 해체하고 재구성된 여성주체로 등장한다. 요약하자면, 양자 모두 남성중심적이고 가부장적 문화의 해체와 재구성을 염두에 두고는 있지만, 성차에 입각해 '차이'를 강조하는 입장과 좀 더 적극적인 젠더의 해체를 통해 '평등'을 주장하는 입장이 대비됨을 알 수 있다.[19]

그러나 최근 여성주의 문화이론의 소장학파들을 중심으로 '평등'과 '차이' 모두를 아우르고자 하는 시도들도 나타난다. 이들은 대문자 여성으로서 여성들이 공유하고 있는 억압의 현실을 비판하면서도, 자칫 대문자 여성 속에서 일반화되고 평면화될 수 있는 다양한 여성들의 현실적 경험들을 외면하지 않기 위해, 소문자 여성들 각각의 차이와 각 여성들 안에서조차 분명하게 드러나는 다양성을 수용하고 이를 이론적으로 정립하고자 노력한다. 결국, 여성의 고유한 '정체성', '자아', '주체성'을 주장하면서도 얼마만큼 본질주의를 피할 수 있는지 그리고 위계적인 젠더이원론을 극복하면서도 성차를 중화시키는 탈젠더화된 여성주의의 모순을 얼마만큼 피해갈 수 있는지[20]가 오늘날 여성주의가 해결해야 할 가장 중요한 과제로 대두된다.

3. 아도르노의 철학과 『오디세이』신화분석의 의미

지금까지 문화개념의 의미변화와 문화이론들의 발단 및 전개를 살펴보는 속에서 여성주의 문화이론의 성립배경을 알아보고, 나아가 여성주의가 그 문화이론들을 수용하면서 지니게 된 한계를 살펴본 뒤, 현재 논의를 필요로 하는 주제들에 대해 밝혀 보았다. 이제 여성주의 문화철학이 왜 이러한 주제와 더불어 아도르노의 철학에 주목하고, 나아가 『오디세이』신화를 분석하려는지, 그 의미를 알아보고자 한다.

여성주의적 문제의식으로부터 이 책을 관통하게 될 주제는 '여성의 정체성', '자아', '주체성'이다. 이 주제들에 대한 본격적인 논의와 철학적 토론은 다음 장에서 다룰 것이고, 여기서는 단지 왜 그 주제를 다루는데, 이론적으로는 아도르노를, 그 이론에 근거를 둔 텍스트 분석에는 그리스 신화, 그것도 『오디세이』를 선별했는가에 대해 그 배경을 설명하고자 한다.

포스트모더니티의 문제성으로부터 오늘날의 여성주의는 모더니티의 남성중심적인 '정체성', '자아', '주체'를 비판한다. 그러나 여타의 포스트모던 이론들처럼 그 이론을 급진적으로 전개할 경우, 성차를 규정하는 본질주의를 모두 거부하게 되면서, '여성'을 정의할 수도 없고, '여성의 정체성'이나 '여성주체성'을 주장할 수도 없게 되는 딜레마에 처하게 된다. 따라서 여성주의는 남성중심적인 모더니티도, 마치 여성친화적으로 보였던 포스트모더니티에도 동의할 수 없는 상황에 빠지고 만다. 이러한 문제를 해결하기 위해 필자는 모더니티와 포스트모더니티 사이에서 철학을 전개한 아도르노에 주목하고자 한다. 물론 아도르노가 여성주의적 문제의식으로부터 자신의 사상을 펼친 것은 아니기 때문에 그의 모더니티 비판을 전적으로 수용할 수 없는 한계가 있는 것도 사실이다. 그러나 그 한계를 분명히 하면서도 그의 사상이 지니는 의미를 고찰할 필요가 있다. 왜냐하면 그의 모더니티비판은 여성주의적 문제의식으로부터 가부장적 문화를 비판할 수 있는 이론적인 토대가 될 수 있기 때문이다. 또한 그가 여타의 포스트모더니티 사상가들처럼 모더니티로부터의 일탈, 혹은 급진적 패러다임전환을 주장하는 것이 아니라 모더니티의 비판과 극복을 동시에 시도한다는 점은 여성주의가 자신의 이론을 구축하는 데에 많은 시사점을 줄 수 있다. 따라서 필자는 여성주의의 난제를 해결하고 그 이론을 정립하기 위해 아도르노 사상의 핵심을 되짚어 보고, 이를 적극적으로 전유하고자 한다. 그리하여 여성주의로 하여금 모더니티와 포스트모더니티, 동일성과 차이의 양자택일적인 딜레마에서 벗어나 가부장적 문화에 대한 비판을 감행하면서도, '정체성', '자아', '주체성'을 재구성하기 위한 이론의 토대를 다지도록 할 것이다. 이 작업은 단순히 여성주의나 문화이론의 차원을 넘어서, 그야말로 "개념을 통해서 개념을 넘어서는"21 철학적 사유의 근본적인 전개까지를 필요로 한다.

다음으로 이러한 여성주의 문화철학의 이론적 작업을 토대로 이 책이 왜 『오디세이』를 분석하려 하는지에 대해 생각해보고자 한다. 여기서 우리는 앞서 언급한 바 있는 윌리엄스의 문화개념을 상기할 필요가 있다. 그의 문화개념을 우리의 출발점으로 삼을 경우, 문화는 단순한 문화적 상품과 결과물들만이 아니라 의미를 부여하고 실천하는 모든 과정을 의미하게 된다.22 이와 같이 확장된 문화개념을 전제 삼아, 필자는 단순히 『오디세이』를 비판할 뿐 아니라, 해체적으로 다시 읽고, 나아가 재구성해보고자 한다. 비록 『오디세이』가 고전적인 의미의 가부장적 신화로 씌어졌고, 그 텍스트가 역사적으로 수용되어온 과정 또한 교육받은 남성 엘리트들을 중심으로 이루어졌다고 하더라도, 오늘날 여성들은 그것을 기존의 전통과는 다르게 의미부여하고 해석할 수 있다. 즉 윌리엄스의 문화개념에 따라, 문화적 실천의 주체로서의 여성들은 자신의 일상적 삶을 콘텍스트로 삼으면서 스스로의 '감정의 구조', 즉 자신들의 삶에 녹아들어 있는 사회적 경험들에 근거하여,23 그 신화 텍스트를 충분히 다른 방식으로 읽어 낼 수 있다. 그리하여 비록 지배적인 가부장적 문화생산물 속에서 아직은 명확하게 표명되고 있지 않지만 여성들로 하여금 무언가 그 이면에 눈을 돌리도록 하거나 표현하게끔 압박을 가하고 있는 것들을 찾아내어 그것을 개념화하고 형상화함으로써, 가부장적이고 지배적인 문화권력에 대항하는, 창발적 문화를 실천적으로 창출할 수 있다. 그로츠의 말대로 "여성주의 투쟁은 매우 다양한 실천들, 즉 의미, 담론, 지식들의 생산의 실천 등을 포함하고 있는 다양한 실천들에서 일어나고 있다. (……) 이와 같이 다르게 쓰고, 읽고, 알 권리를 위한 투쟁은 여성주의 정치학 안에서 단순히 작거나 이차적인 일에 불과한 것이 아니다."24

   그렇다면 『오디세이』신화분석의 의미를 직접적으로 다루기에 앞서, 여성주의에 대해 신화가 지니는 의미와 여성주의 문화철학적 분석이 필요한 이유에 대해 좀 더 천착해보고자 한다. 신화는 문명이나 학문이 성립되기 이전의 총체적인 삶의 원형을 담고 있으며, 신화의 전승은 문학과 예술 등의 다양한 영역에서 삶을 풍요롭게 해주었다. 그러나 서구의 근대화 과정 속에 과학적 세계관이 자리잡게 되면서 신화는 단순히 비논리적이고 거짓된 이야기로서 폄하되고 말았다. 또한 이성중심의 데카르트적 철학에서 신화적 요소들은 비이성적인 것들로 간주되어 억압되거나 배제되었다.

그런데 오늘날 서구의 모더니티에 대한 다양한 비판들이 등장하면서, 신화와 과학의 대립적 구도에 대한 이의가 제기되었고, 신화적 상상력과 사유가 오히려 모더니티의 사유를 극복하기 위한 대안으로서 다시금 주목 받고 있다. 이와 더불어 신화에 대한 다양한 학제간의 연구들이 활기를 띠게 되었으며, 이로써 오늘날 '신화의 르네상스'를 맞이했다 해도 과언이 아니다. 신화에 대한 대중적 관심과 더불어 새삼 여성을 소재로 하는 신화들에 대한 관심도 늘어나고 있다.[25] 또한 신화에 대한 다양한 분야, 즉 문학, 예술, 민속학, 신화학, 심리학 등의 연구들에서 여성 주인공이나 여신의 다양한 성격을 구분하거나 여성을 중심으로 펼쳐지는 이야기의 신화소들이 발굴되어 해석되기도 하고[26], 그 신화소들의 문화사적 의미가 밝혀지기도 한다. 왜냐하면 "신화의 이미지들은 그 신화를 만든 집단의 구성원들이 공유한 정치조직, 사회제도, 의례, 관습, 믿음 또는 사상들을 토대로 해서 만들어"지기 때문이다.[27]

그런데 이와 같이 다양한 학제간의 연구들을 바탕으로 하면서도, 이러한 연구들로부터 '여성성'이나 '여성들의 내러티브'가 과연 어떤 의미를 지니는지에 대한 좀 더 근본적인, 즉 여성주의적 관점에서 문화비판을 통해 접근한 철학적 분석은 여전히 미흡한 실정이다. 예컨대 단순히 여성이 주인공으로 등장한다는 사실이나 여신들이 갖가지 기능을 통해 아직도 작동하고 있다는 것을 내용적으로 이끌어내는 데에 그치는 것이 아니라, 각 신화 속에 등장하는 '여성성'이 어떤 상징체계 속에서 여성 억압적으로 또는 해방적으로 구성되었는지, 또한 그 사회 속에서 어떻게 작동되어 왔는지를 비판적으로 밝히고, 이를 개념적으로 재구성해 볼 필요가 있다. '여성'에 대한 신화적 이미지와 상징들은 복합적이고 다차원적으로 결정되어온 문화적 실재[28]다. 따라서 '여성성'에 대한 근원적인 의미가 지니는 긍정적 차원과 그 의미가 왜곡되는 부정적 과정을 명확히 구분하여 바로 잡는 작업이 수행되어야 한다. 즉 한편으로는 신화에조차 깃들여 있는 가부장적 질서에 의해 채색된 이데올로기를 추려내어 비판하고, 다른 한편으로는 상상력의 보고인 신화의 이미지와 상징들로부터 가부장적 사회의 현실에서의 여성들과는 다른 여성의 원형들을 발굴해내고 개념화함으로써 신화를 여성주의적 관점에서 새로이 전유할 필요가 있다.

이를 위해 특히 여성주의적 관점에서의 그리스 신화에 대한 비판과 해체, 재구성은 필수 작업이 아닐 수가 없다. 그리스 신화는 서구 문화의 자양분이자 주춧돌로서 기능해왔다. 이러한 그리스 신화의 대중적 흡인력은 신화가 지닌 인본주의적 성격에 있으며, 그와 더불어 긴 스토리와 잘 짜인 플롯을 지니고 있기 때문이라고 할 수 있다.[29] 그 중에서도 『오디세이』는 서구 문명의 발상을 밝혀줄 뿐만 아니라, 더 근원적으로 거슬러 올라가 서구의 근대적 자아와 주체성의 내러티브가 신화로부터 오늘날까지 이어지고 있음을 탁월하게 보여준다. 물론 고전적인 의미에서의 『오디세이』는 애초 가부장적 텍스트로 씌어졌고, 이 텍스트의 역사적 전승 과정 역시 서구의 가부장적 전통 속에서 이루어졌다. 『오디세이』는 주인공이자 이야기의 중심인 남성영웅 '오디세우스'와 늘 결핍되고 부족해서 주변화된 다수의 여성들 사이의 존재 대비를 통하여 기존의 가부장적 문화를 매우 전형적인 방식으로 상징화한다. 더욱이 아도르노와 호르크하이머의 분석에서도 지적된 바와 같이, 최초의 합리성을 지닌 계몽적 인간으로서의 오디세우스는 서구의 근대적 자아 및 주체성의 발단을 매우 탁월한 방식으로 보여준다.

따라서 오늘날 여성주의의 입장에서 『오디세이』를 다시 읽고 재해석하는 것은 기존의 인간정체성과 주체성에 대해 서구 가부장적 문화의 발생으로부터 그 전승과정 전반을 비판 및 해체하기 위해, 매우 긴요한 작업이다. 나아가 여성들의 자아와 주체성에 대한 대안적 함의를 이끌어내기 위해서도 『오디세이』와의 대결은 필수적이다. 『오디세이』 신화를 여성주의적 관점에서 다르게 읽고 의미부여할 경우, 폭넓은 의미에서의 '여성성'뿐만 아니라 '여성정체성', '자아', '주체성'들에 대한 풍부한 상징들까지 이끌어낼 수 있기 때문이다.

이 책에서 시도될 『오디세이』에 대한 여성주의 문화철학적인 텍스트분석은 자아와 주체성이 형성되는 원초적인 과정에서의 남성중심성과 여성소외의 구체적인 내용을 비판할 뿐만 아니라, 그 텍스트를 해체하고 뒤집어 읽음으로써, 여성들의 자아와 주체성에 대한 새로운 형상화를 시도하는 것을 목표로 삼는다. 즉 기존의 신화에서 감추어진 여성들의 내러티브를 새로 쓰는 작업에까지 도전하고자 한다. 그리하여 오랫동안 역사 속에서 침묵하면서도 숱한 타인들을 살려낸 사이렌들이 다시금 비상하여 떼를 지어 날고, 우렁찬 아리아를 부르며 귀향하는 그 날을 하루라도 앞당길 수 있기를 희망해 본다.

여성주의 문화철학

포스트모더니티, 여성주의, 아도르노

제1부에서는 '인간정체성', '주체성' 등의 쟁점을 중심으로 여성주의 문화철학의 이론적 측면을 다룬다. 우선 현대 사회에서 '인간정체성'의 문제에 직면하여 왜 젠더를 논의해야 하는지를 알아보기 위해, 포스트모더니티[1]와 현대 여성주의 이론의 전반적인 배경을 소개하고자 한다. 나아가 '자아' 및 '주체성'의 핵심주제를 중심으로 포스트구조주의와 여성주의의 이론적인 연관성을 면밀히 검토하고 난 뒤, 오늘날의 여성주의가 포스트구조주의를 수용하면서 지니게 된 난제가 무엇인지를 밝혀본다.

그렇다면 여성주의는 이러한 난제를 어떻게 해결할 것인가? 이를 위해 모더니티와 포스트모더니티 사이에서 자신의 사상을 전개한 아도르노의 철학에 주목한다. 그리하여 아도르노의 모더니티비판과 극복의 시도 속에 나타난 핵심 내용들을 살펴본 뒤, 이를 여성주의에 전용해보면서, 때로는 아도르노와 함께 때로는 아도르노를 넘어서서 여성주의가 모더니티를 비판할 수밖에 없는 이유를 밝혀내고, 나아가 그 모더니티를 극복하기 위해 필요한 여성주의 문화철학의 이론적인 토대를 구축해 본다.

제1장

포스트모더니티와 여성주의에서 본 인간정체성과 젠더

현대 사회에는 인간의 정체성에 대한 어떤 논의들이 있는가? 더욱이 인간의 정체성을 논의하는 데 왜 하필 '젠더'가 문제시되는가? 이번 장에서는 근대 이후 인간정체성에 대한 물음이 철학사적으로 어떻게 제기되어왔으며, 그것이 오늘날 어떤 의미를 지니고 있는가를 성찰해 본다. 우선 포스트모더니티와 여성주의의 연관성에 대한 사상사적 맥락을 명확히 하면서, 왜 젠더가 정체성 문제를 다루는데 중요한 범주로 등장하는가를 알아본다.

나아가 여성주의가 포스트모더니티의 비판적 문제의식을 공유하면서도, 포스트구조주의와 포스트모더니즘의 이론에 전적으로 동의할 수 없는 부분이 무엇인지에 대해 지적해 보고난 뒤, 과연 젠더를 통해 본, 즉 '젠더화된' 정체성이 어떤 의미를 지니는지에 관해 밝혀본다. 그리하여 오늘날 여성주의의 입장에서 인간정체성의 위기에 대처할 수 있는 대안적 사유를 탐색하고, 이에 근거하여 여성의 정체성과 주체성을 재구성해 보고자 한다.

1. 인간정체성에 대한 물음

인간은 자신의 삶에 대해 성찰할 줄 아는 존재이며, 스스로의 정체성에 대한 물음을 지닌 존재이다. 인간이라면 누구나 '나 자신은 누구이며, 인간이란 어떤 존재인가'라는 질문을 지닌 채 살아간다. 이러한 질문에 대한 답변을 통해 어느 정도 자신의 정체성을 확인하게 되면, 인간은 현재 자신이 처해있는 상황 속에서 스스로를 이해하고, 타자와의 관계는 물론 세계와의 연관성을 의미 있게 받아들이며, 나아가 과거로부터 현재, 현재로부터 미래의 삶을 전체적으로 조망할 수 있게 된다. 이와 같이 정체성에 대한 질문은 인간이라면 누구나 제기할 수 있는 자연스러운 물음이었고, 개인의 차원에서 뿐만 아니라 전 인류적 차원에서 다양한 방식으로 답변되어 왔다.

4세기 말, 아우구스티누스Augustinus는 깊은 내면적 성찰로부터 매우 현대적인 의미의 '자아'self 개념을 이끌어 내었다. 그는 인간이 본래적인 자아와 만나기 위해서는 무엇보다도 고유한 내면성에로의 '회귀'conversio와 현재에 대한 집요한 주의집중에 따른 '기억'memoria이 필수적이라고 역설하였다.2 이러한 자아이해는 현대 철학과 심리학 이론에 놀라울 정도로 근접해 있으며, 근대 합리론과 경험론에 이르면 자아와 주체에 대한 논의가 본격적으로 이루어지기 시작한다.

데카르트Descartes는 '방법론적 의심'을 통해 누구보다도 자아의 확실성을 추구하였다. 그리하여 '의심할 수 있는' 감각경험 및 수학적 원리는 확실하지 않지만, 의심하고 있는 의식 활동의 주체로서 사유하는 나 자신은 아무리 의심하려 해도 의심할 수 없이 확실하다는 결론에 이른다. 그가 도달한 유명한 명제인 "나는 생각한다. 고로 나는 존재한다cogito ergo sum"는 자아의 본질이 사유하는 실체로서의 정신임을 명시적으로 표현하고 있다. 그는 상호 독립적이고 아무런 영향도 주고받지 않는 존재, 즉 독립된 실체로서 정신과 육체를 나누고 있으며, 정신의 속성은 사유cogitatio로, 육체의 속성은 연장extensio으로 보았다.

그러나 이와 동시에 데카르트는 심신문제mind-body problem를 난제로 남기고 말았다. 물론 이 문제에 대해 평행론parallelism, 유물론materialism, 현대의 수반론epiphenomenalism 등의 답변들이 있어 왔지만, 데카르트의 마음과 몸에 대한 이원론dualism적 입장은 특히 오늘날 포스트모더니티 이론들의 등장과 함께 많은 비판에 부딪히게 되었다. 또한 데카르트에게서 확실성의 자아는 외적이고 객관적인 세계와 분리된 의식 내면의 밀폐된 자아를 의미하는데, 이러한 유아론solipsism의 자아 역시 그 동안 상실되어왔던 타자 및 주변세계와의 연관성의 회복이 요구되면서 비판의 대상이 되었다.

한편 오늘날 모더니티를 벗어나고자 하는 포스트모더니티의 철학은 데카르트의 이원론 및 유아론적 자아와 서구의 이성 및 동일성에 근거한 주체에 대해 근본적인 비판을 제기하였으며, 이로 인해 서구의 근대적 인간정체성에 대한 근본적인 회의를 불러 일으켰다. 나아가 모더니티의 사유에 입각한 인간정체성을 극복하고자 하는 포스트모더니티의 비판적 문제의식을 통해 볼 때, 근대적인 인간정체성이 곧 남성중심적 사유에 근거하고 있으며, 바로 이러한 남성중심적 자아, 주체, 지식의 문제점을 극복하기 위해서 '여성적인 것' 내지는 남성과 여성의 차이를 밝혀주는 '젠더'의 범주가 지니는 영향력에 눈을 돌리게 된 것임을 알 수 있다.

2. 근대적 인간정체성에 대한 비판 : 포스트모더니티와 여성주의

이번 절에서는 인간정체성의 주제를 중심으로 모더니티와 포스트모더니티 사이에 위치하고 있는 여성주의의 지형학을 검토하고자 한다. 포스트모더니티의 문제의식에서 제기하고 있는 근대적 인간정체성에 대한 비판이 여성주의 이론을 정립하는 데 기여하는 바는 무엇인가? 포스트모더니티의 이론들과 만나게 된 여성주의는 자신의 이론적 전제들을 어떻게 정립하는가? 이러한 탐구를 통해 필자는 여성주의가 포스트모던 이론들, 즉 포스트구조주의 및 포스트모더니즘 이론과 교차되는 지점을 명확히 밝히고자 한다.

1) '이성적' 주체에 대한 비판

우선적으로 여성주의자들은 포스트모더니티의 문제의식으로부터 출발하여, 인간의 정체성을 다루는 모더니티 철학의 전제인 '이성적 주체'에 대해 비판한다. 데카르트는 방법론적 회의를 통해 외적, 객관적 세계와 분리된 의식 내면의 밀폐된 자아로부터 확실성의 보편적 지식을 추구했으며, 칸트Kant는 '선험적 주체성'으로부터 보편타당한 인식과 윤리의 기초를 제공하고자 노력했다. 또한 헤겔Hegel은 영원불변하는 실재로서 절대정신을 상정하고, 그 절대정신이 변증법적 종합을 통해 역사의 진보를 주도하고 있다고 주장했다. 이와 같이 모더니티의 철학은 이성적 인식주체를 중심에 놓고 외부 대상들의 세계를 인식주체에로 동일화시키고 절대화함으로써 보편적인 진리를 추구했다. 그 가운데 근대적 인간은 의식적이고 합리적인 사고에 의해서 지배되는, 즉 탈육체화되고 추상적인 보편주체로서의 개인으로 표상된다. 포스트모더니티에 기반을 둔 여성주의는 이러한 근대적 인간상을 비판하고, 특히 이성적 주체의 지위에 도전한다.

로이드Lloyd는 데카르트가 이성적인 정신과 비이성적인 육체라는 이분법을 취하면서 이성적인 요소와 비이성적인 요소를 모두 포함하고 있었던 아리스토텔레스의 "영혼" 개념을 거부한 것이, 이후의 인간이해에 중요한 영향을 끼쳤으며 성적 고정관념을 낳도록 했다고 주장한다.[3] 그녀에 따르면, 아리스토텔레스는 영혼 개념을 통해 여성을 합리적 존재의 연속선상에 놓고 덜 합리적이고 결여된 인간으로 본 데에 반해, 데카르트가 정신과 육체의 실체적 구분에 의해 순수하게 지성적인 것과 육체적인 물질을 양극화시킨 것은 정신적인 것을 추구할 수 있는 남성과 그 추구에서 제외된 여성 사이의 위계적인 성별 구분을 낳는 결정적 근거가 되었다.

한편 데카르트의 인간이해에서 여성과 남성은 똑같이 정신과 영혼을 가진 존재로 볼 수도 있는데, 정신이 마치 누구에게나 가능한, 즉 성적으로 중립적인 이성적 능력처럼 보일 수 있기 때문이다. 그러나 당대의 역사적 현실을 살펴보면, 여성은 이미 자연스럽게 육체적인 존재로 연상되었으며, 여성에게는 이성적 방법론에 접근할 실천적 교육의 기회조차 주어지지 않았다. 이러한 맥락에서 데카르트의 순수하게 사변적인 이성과 비이성적인 육체의 이원론적 개념은 나아가 그러한 이성적 능력에 대한 남녀의 차이가 육체적인 차이를 통해 설명될 수 있도록 만들었다. 물론 정신 그 자체는 성sex을 가지고 있지 않기 때문에, 이성적 능력은 성적으로 중립적sex-neutral이라고 할 수 있다. 그러나 인간의 정신은 독자적으로 존재하는 것이 아니라 육체 속에 깃들여 존재한다. 따라서 이성적 능력의 차이는 곧 육체적 차이를 통해서 설명될 수밖에 없는데, 이로써 이성은 "여성화된 육체성"feminized corporeality을 초월하는 어떤 것으로 표현된다.[4] 이와 같이 데카르트는 육체에는 개연성probability을, 정신에는 확실성certainty을 부여하고 있으며 육체에 대해서는 강한 불신을 드러낸다. 그런데 이런 불신은 결국 여성주의적 관점에서 볼 때 정신적이고 합리적인 것은 남성적인 것rational/male이고, 육체적이고 정서적인 것은 여성적인 것bodily, emotional/female이라는 젠더 상징성[5]과 그 위계적 사유를 전제로 한 것이다.[6]

데카르트에게서 유래된 이원론은 나아가 지식의 영역에서 노동의 성별 분업을 정당화하는데 쓰이기도 한다. 즉 추상적인 이성과 객관적 지식의 획득은 이성을 소유한 남성의 영역이 되는 반면에, 일상적인 육체적 삶의 욕구충족에 필요한 실천적인 이성은 여성의 영역이 된다.7 따라서 우리는 데카르트로부터 비롯된 이성, 즉 남성으로 대표되는 근대적 인간의 인식능력으로서의 이성이 시간과 공간의 제약을 넘어서서 참인 지식에 접근할 수 있는 객관적인 능력이라기보다는 오히려 특정하고, 편파적인 능력에 불과함을 알 수 있다. 여성주의적 입장에서 볼 때 이러한 이성적 주체에 근거하는 모더니티 철학의 문제점은 '차이'를 제대로 사고해내지 못하고 남성중심적 '동일성'의 철학에 고착화되는 것에 있다.

또한 데카르트에게서 확실성의 자아는 외적, 객관적 세계와 분리된 채 타자를 배제하고 있으며, 주변세계와 단절되어 있다. 따라서 데카르트가 유아론적 입장에서 고립되고 추상적인 자아와 정신에 우선성을 부여한 것은 결코 가치중립적이지 않으며 남성중심적이고 가부장적인male-centered, patriarchal 어떤 전형을 보여준다. 게이튼스Gatens는 이러한 모더니티 철학과 여성주의가 해체적 관계에 있음을 다음과 같이 말하고 있다: "어떤 철학의 패러다임도 중립적이지 않다는 것을 자의식적self-consciously으로 예시함으로써 여성주의자들은 자신들을 철학자이자 동시에 여성으로 가시화visible 시켰다. (……) 그들은 특정한 철학 분야에서 무엇이what 배제되었는가를 예시함과 함께 바로 그 철학이 존재하기 위해서 그것을 배제하는 것이 왜why 결정적인지를 예시했다."8

2) '자율적' 자아에 대한 비판

모더니티의 사상에서 인간의 정체성을 논의하는 데에 가장 핵심적인 전제들 중의 하나는 이상적인 도덕적 행위자agent로서 '자율적인' 개인이다. 오늘날 여성주의자들이 '자율적' 자아의 본성과 정체성에 대해 좀 더 광범위한 차원에서 비판적 관심을 가지게 된 데에는 발달심리학의 도덕적 자아와 도덕적 추론에 대한 연구가 기여한 바가 매우 크다.9 그러나 발달심리학에서 설명되고 있는 자아의 '독립성' 내지 '자율성'과 '관계성'의 대비가 과연 철학에서의 '자율성'과 '타율성'의 대비와 어떻게 연관될 수 있는가에 대해서는 좀 더 상세한 논의가 필요하다. 따라서 여기서는 단지 그러한 논쟁의 출발점으로 전제되고 있는 근대적 인간의 정체성에서 '자율적' 자아에 대한 여성주의의 비판적 입장이 무엇인지만을 밝혀보기로 한다.

칸트는 이상적인 도덕적 행위자가 적어도 다음의 두 가지 의미에서 '자율적'autonomous이라고 보았다. "첫째, 이상적인 도덕 행위자의 정체성은 특정한 인간관계와 역할들의 사회적이고 역사적인 우연성으로부터 본질적으로 분리될 수 있다. 그러나 둘째, 자율적인 도덕적 행위자는 보편적으로 적용될 수 있는 이성의 요구와 일치하는 입법에 의해서 오직 그 자체에만 도덕법을 부여한다. 이렇게 이해된 자율성은 칸트에게서 모든 도덕성의 궁극적인 원천이다."10

이와 같은 칸트의 전제에 대해서 여성주의자들은 다음과 같은 의문을 가지기 시작했다: 과연 도덕적 행위자는 근본적으로 사회적이고 역사적 환경, 그 관련성에서 분리될 수 있는가? '자율적 자아'에게 자연과 타자는 그저 방해하는 존재인가? 또한 칸트가 이성의 요구를 지나치게 강조한 것은 자아와 타자들 간의 근본적인 상호연관성을 긍정하는 데에 있어서 감정이 지니는 도덕적 중요성에 충분한 관심을 기울이지 않은 것은 아닌가?

'자율적 자아'에 대한 여성주의의 비판적 검토는 여성의 사회적, 정치적, 경제적 지위에 대한 도덕적인 성찰을 하게 할 뿐 아니라 도덕성의 본성 및 사회적, 정치적 삶의 도덕적 기반을 이해하는 데에도 결정적인 의미를 지닌다. 우선적으로 여성주의자들은 칸트에게서 독립된 초월적 자아 및 개인에 대해 의문을 제기한다. 그에게서 도덕적 선택이란 자신의 환경이나 삶의 조건들로부터 형성된 경향성이나 욕구와 같은 것들에 의해 좌우되지 않는 선택인데, 이와 같이 자아 외부에 있는 요인들로부터 초월해서 이성적인 결정을 내릴 때, 비로소 가장 자율적이고 도덕적인 선택을 할 수 있다는 것이다. 그러나 도덕적 행위자는 실제로 얼마만큼 자신의 환경을 초월할 수 있으며, 과연 얼마나 자신을 통제하고 객관적으로 사고할 수 있는가? 칸트의 이러한 자율성 개념은 "행위자가 실천적 문제에 직면해서 경험적 자아를 초월하여 문제를 완전히 객관적으로 볼 수 있는 보편적 관점에 설 것을 요구한다는 점에서 지나치게 강한 개념이라는 비판을 받아왔다".[11]

또한 칸트의 자율적 개인은 자아와 타자, 이성적 인간과 자연간의 근본적인 대립을 전제로 한다. 이로 인해 양자의 관계에 경쟁과 갈등이 필수적이라고 가정하는 도덕적이고 정치적인 이론들이 생겨나는데, 이에 대해 특히 오늘날 '관계이론'에 입각한 여성주의자들은 거부의사를 분명히 밝힌다. 인간들이 함께 협력하고 관계성 속에 있는 자아를 인식하는 것은 결코 자아의 독립성을 위협하는 일이 아니며, 오히려 '관계적 자아'에 근거한 공동체적 삶을 모색하는 것이야말로 오늘날 사회에서 매우 긴요한 일이 아닐 수 없기 때문이다.

나아가 칸트는 '타자'들에 대한 관계에 있어 '공평성'impartiality이 성숙한 도덕적 관점과 진정으로 양립할 수 있는 유일한 입장이라고 주장한다.[12] 그러나 이러한 공평성이 과연 이상적 인간성을 보장해 주는가? 혹은 실천적 상황에서 가장 바람직한가? 오히려 우리는 자주 타자의 구체적인 상황과 역사적 요구에 주의를 기울이는 것이 도덕적으로 필수적이라는 것을 깨닫게 된다. 따라서 구체적 타자에 대한 주의가 요구되는 상황들이 과연 도덕적인 성숙에 대한 요구와 무관한, 단지 개인적이고 사소한 관심의 영역일 뿐인지에 대해 좀 더 진지하게 재고해야 한다. 또한 공평성에 대한 객관적이고 보편적인 요구가 '정의'의 규범에 치우친 나머지 여성들의 구체적 삶에서 드러나고 있는 '사랑', '보살핌'의 규범들이 지니는 도덕적 중요성을 무시하거나 결여하고 있는 것은 아닌지 곰곰이 성찰해야 한다.

오늘날의 여성주의자들은 칸트의 윤리학에서 전제가 되고 있는 '자율적 자아'가 지니는 도덕적 함축성과 함께 그것의 인식론적 함축성에 대해서도 비판적으로 주목한다. 자율적 자아로서 인식의 주체가 된다는 것, 즉 모든 육체적인 방해물들이나 타자들의 외부적인 증언들을 물리치고 자신의 선험적 믿음에 의해 인식한다는 것을 우리는 과연 참된 인식이라고 받아들일 수 있는가? 코드Code는 인식주체로서의 '자율적 자아'를 이상화시킴으로써 참된 인식이 '객관적'이고 이론적인 탐구의 자율적이며 자기 충족적인 결과물이라고 보는 근대적 인식의 전형적 형태를 비판한다. 왜냐하면 지식은 탐구하는 공동체의 구성원인 탐구자들 간의 상호의존성과 별도로 존재할 수 없기 때문이다. 이러한 비판은 오늘날 실용주의자들이 전통적 인식의 자율성에 대해 비판하는 것과 일치하는 부분이며, 실용주의자들이 지식에 부여한 새로운 의미를 여성주의자들이 긍정적으로 수용한 것이다.[13]

이렇게 본다면 여성주의가 인식의 주체이자 도덕적 주체로서의 '자율적 자아'라는 근대적 인간정체성에 정면으로 도전하는 것으로만 여겨질 수도 있다. 그러나 과연 여성주의가 '자율성'을 남성적 가치라고 규정함으로써 전적으로 포기할 수 있는지에 대해서는 좀 더 진지한 논의가 필요하다. 예를 들어 '자체-입법'self-legislation이라는 기획이 국가의 간섭을 포함하여 외부의 간섭으로부터 집단을 보호할 뿐 아니라 공동체에 영향을 미치는 의사결정 과정에서 모든 개인들의 평등하고 적극적인 참여를 목표로 할 경우, 과연 이러한 자율성의 의미를 남성적이라고 포기할 수 있는가 하는 의문이 생겨난다.[14] 따라서 여성주의적 입장에서 자율성에 대한 비판은 자율성에 대한 전적인 거부라기보다는 "자율성에 대한 편파적인 해석에 대한 거부"15, 즉 무차별적이고 형식적인 보편주의에 근거한 근대적 인간이해와 젠더 차별적인 방식으로 구성된 자율성의 개념에 대한 도전으로서 이해되어야 한다. 오늘날의 여성주의자들은 자아와 타자의 상호연관성이 지니고 있는 도덕적인 중요성을 수용하면서도 행위자 개인의 자율성과 도덕적 자율성이 존중될 수 있는 가능성 그리고 자아와 타자의 관계성 속에서 스스로를 다스리는 입법 장치의 가능성에 대해 많은 관심을 기울이고 있다.

3) 근대적 정체성의 '거대 이야기', '메타이야기'에 대한 비판

이제 모더니티에 대한 여성주의의 비판은 근대적 인간의 정체성을 설명하는 지식의 형태인 메타이야기들로 향한다. 서구 사상에서 지식과 진리를 구성해온, 보편화하는 메타이야기에 대한 비판이야말로 여성주의가 포스트모더니티를 통해 수용한 핵심 영역이기도 하다. 『포스트모던의 조건』에서 리오타르Lyotard는 모더니티가 무엇보다도 과학과 보편화하고 정당화하는 메타이야기의 공존을 통해 특징지어지며, 모더니티는 궁극적으로 계몽주의에서 유래한다고 주장한다. 그는 '포스트모던'이라는 말을 다음과 같이 정의한다. "극단적으로 말해서 '포스트모던'postmodern이란 메타이야기métarécit에 대한 불신이다. 이 불신은 분명히 과학적 진보의 결과이다. 그러나 이 진보는 자신의 측면에서 본다면 메타이야기에 대한 불신을 전제로 하고 있다."16 리오타르는 이러한 메타이야기의 패러다임이 2차 세계대전 이후에 좌절되었으며, 포스트모던 조건들에 의해 메타이야기를 불신하게 된 이유가 메타이야기들 자신의 내적인 논리의 결과이기도 하고, 부분적으로는 후기 산업사회와의 상호 연관성에서 기인하고 있다고 본다.

그렇다면 지식의 포스트모던 조건은 구체적으로 무엇을 의미하는가? 리오타르에 따르면, 근대적 지식의 토대와 기능이 정당화를 지향하고 있는 반면에, 그러한 메타이야기에 대한 회의로 규정되는 포스트모던 지식의 조건은 "탈정당화"délégitimation이다. 그는 비트겐슈타인Wittgenstein의 후기 언어이론에 의존하면서, "단일 전체성의 원리 혹은 지식의 메타 담론에 의거하는 종합의 원리가 적용될 수 없음"17을 논증한다. 근대적 지식은 통일성의 형식을 지니고 있으며, 이 통일성은 메타이야기에 의해서 정당화되었다. 이러한 통일성을 정당화하고 보장하면서 세 가지 "거대 이야기들"grand récit, 즉 계몽주의에 의한 인류의 해방, 관념론에 의한 정신의 변증법, 역사주의에서의 의미의 해석학이 등장했다.

모더니티 철학의 정점은 헤겔에게서 명시적으로 드러나는데, 헤겔은 "진리는 전체이다. 그러나 전체는 오직 자신의 발전을 통해 완성되는 존재일 뿐이다"18라고 말한다. 그러나 이에 대해 아도르노Adorno는 거짓 화해를 강요하는 전체성에 대한 강한 거부감을 나타내며, "전체는 비진리다"19라고 적극 주장한다. 리오타르도 역시 전체성의 진리가 역사적으로 전체주의를 통해 실현될 수 있다는 점을 비판하면서, 오히려 포스트모더니티 아래서 삶의 조건은 전체성이 다양한 부분들의 관련들 속으로 분산되고, 또한 다원화된 삶의 형식들에 의해 규정된다고 주장한다. 이와 같이 근대적 거대 이야기들, 즉 '정당화의 기능을 가진' 메타이야기들 자체가 탈정당화되는 상황은 포스트모더니티의 한 획을 마련하고 있으며, 이로써 전체성과 통일성이 해체되고 다원주의가 등장하는 결정적 계기가 된다.

한편 여성주의자들은 자유주의, 맑스주의, 철학 및 과학의 서구적 '거대이야기'가 지니고 있는 정당성을 해체하는 포스트모던의 조건들을 수용하면서, 이 논의를 한층 더 심화시켜서 근대적 메타이야기가 개인들과 사회적 관계들을 구성하는 근본적인 범주로서의 '젠더'를 인식하는 데에 실패하고 있다는 점에 주목한다. 리오타르가 주장하고 있는 '거대 이야기'는 이성과 자유의 일관된 과정을 이야기하는 계몽주의와 같은 역사철학을 말하는데, "포스트모던의 조건은 정당화의 '거대 이야기'가 더 이상 신뢰할 만하지 않다는 것을 의미한다."[20] 일부 여성주의 철학은 메타이야기들 가운데 맑스주의 및 '생산 패러다임'에 대해서도 비판적 태도를 취한다. 그리하여 맑스의 '생산' 개념에 대해 다음과 같은 질문을 제기한다. "자신에게 주어진 대상을 만들거나 형상화하거나 변형시키는 능동적인 주체의 모델에 기초하고 있는 생산의 개념이 매우 상호 주관적으로 자녀를 양육하고 보살피는 전통적인 여성들의 활동을 과연 얼마나 잘 이해할 수 있는가?"[21] 맑스가 언급하고 있는 '생산'은 주로 상품의 생산에 관여하는 활동들을 의미하고 있는데 반해, 오늘날의 여성주의자들은 생산의 개념을 확장하여 음식의 생산뿐만 아니라 자녀를 양육하고 교육시키는 것까지 포함시킴으로써 인간의 재생산에 필요한 모든 활동을 포괄하고자 한다.[22]

또한 맑스의 이론이 기반으로 하고 있는 '노동' 개념과 관련해서도 의문을 제기하는데, 여성주의자들은 사회적 존재로서의 인간이 사회적인 노동분업에 의해 자신의 위치가 결정된다는 견해에 대해 비판적으로 주목한다. 맑스는 『독일 이데올로기』에서 "가족 안에서 노동의 자연적인 분업"에 대해 언급하는데, 이러한 맑스의 이론은 노동의 성별분업에 관해 전혀 만족스러운 역사적 설명을 제공하지 못하고 있기 때문이다.[23] 나아가 맑스의 '생산' 개념과 '노동' 개념은 여성들이 가정에서 행하고 있는 생산 및 재생산 활동에 주의를 기울이지 않고 있으며, 또한 사회적 노동을 하고 있는 여성들이 성적인 이유로 임금차별을 받고 있다는 현실에 대해서도 설득력 있는 답변을 제시하지 못한다. 이와 같이 볼 때, 근대적 인간의 '생산'과 '노동'에 기반하고 있는 메타이야기는 결코 젠더 중립적이지 않으며, 성별

분업을 전제로 하고 있는 특정한 역사와 문화의 구성물에 불과하다는 사실이 밝혀진다. 그러므로 이러한 메타이야기의 종언은 여성주의로 하여금 "단성적이고monovocal 단일한 논리에 의한 권위의 구성 방식을 뒷받침해 온 모던주의자들의 관점에 대해 그들 자신이 '훈련받아 온' 승낙을 포기"[24] 하게 하고, 대안적인 다른 이야기들을 구상해내도록 요구한다. 이로써 모더니티가 기반으로 하고 있던 남성중심적 거대 이야기들이 몰락하고, 수많은 여성들이 일상적 삶에서 자신들의 작은 이야기들에 관심을 기울일 수 있는 계기가 마련된 것이다.

3. 주체의 담론적 구성과 해체의 문제점 : 포스트구조주의와 여성주의

지금까지 근대적 인간정체성에 대한 비판을 검토하면서, 포스트모더니티와 여성주의의 교차점을 밝혀보았다. 이번 절에서는 여성주의가 포스트모더니티의 비판적 문제의식을 공유하면서도 좀 더 구체적으로 포스트구조주의와 포스트모더니즘의 이론에 전적으로 동의할 수 없는 부분이 무엇인지에 대해서 고찰하고자 한다. 데카르트적 자아와 주체에 대한 비판으로부터 시작하여 오늘날의 여성주의 이론을 정착시킨 데에는 무엇보다 포스트구조주의와 포스트모더니즘의 직·간접적인 영향이 매우 크다. 좀 더 정확히 표현하자면, 오늘날의 여성주의 이론은 이러한 포스트모던 이론들을 비판적으로 수용하면서 자신의 위치를 정립해 가고 있다고 할 수 있겠다. 그렇다면 포스트모던 이론들의 모더니티비판이 여성주의의 이론을 정립하는 데 많은 기여를 했음에도 불구하고, 여성주의가 이 이론들을 다시금 하나의 도전으로 받아들여야 하는 이유는 무엇인가? 다시 말해, 여성주의가 근대적 인간정체성에 대한 논의에서 남성중심적인 전제에 기초한 전통적인 자아와 주체개념의 비판에 동조하면서도, 그 개념들의 해체에 전적으로 동의할 수 없는 이유는 무엇인가?

1) 담론적 주체의 구성과 젠더의 해체

먼저 **포스트구조주의**의 영향력을 살펴보자면, 푸코Foucault, 데리다Derrida, 라캉Lacan 등의 사상가들은 특히 여성주의의 입장에서 인간정체성을 논의할 수 있도록 하는 데 많은 기여를 했으며, 여전히 많은 반향을 불러일으키고 있다. 포스트구조주의는 근대적 인간정체성의 핵심인 '주체', '주체성'이라는 쟁점에 대해 여성주의적 비판이 출발할 수 있는 토대를 제공한다. 위던Weedon에 따르면, 특히 근대적 인본주의에서의 주체개념은 "그 개인에게만 독특한 어떤 고정되고 일관된, 그녀를 그녀이게 하는 그 무엇"25, 즉 '본질'을 전제로 한다. 그것이 자유주의 정치철학에서는 "통합되고 합리적인 의식"이며, 급진적인 여성주의에서는 "여성의 본질"이고, 맑스주의에서는 "자본주의에 의해 소외된 진정한 인간 본성"이다. 그러나 이와 달리 포스트구조주의는 주체성이 '불안정하고 모순적이며, 진행 중에 있는 것으로서 다양한 담론을 통해서 계속적으로 재구성 된다'고 주장한다. 이와 같이 주체, 주체성을 해체하는 포스트구조주의의 정치적 의미는 주체성을 변화에 개방적이게 한다는 데에 있다. 따라서 주체성은 우리의 구체적인 사회적, 문화적 삶의 산물이며, 주체적인 형식들은 시대에 따라 달리 생산되고 그 형식을 구성하는 담론의 넓은 영역들 안에서 변화하는 것이다.

또한 포스트구조주의의 '담론'개념도 여성주의에 매우 유용한 원천이라 할 수 있다. 푸코의 '담론의 장'discursive field이라는 개념은 주체성을 언어, 사회제도들, 권력의 관계들과 연관성 속에서 이해할 수 있게 한다. 담론은 특정한 집단, 문화, 역사적 시기에 제한된 의미를 구성하는 방식을 지칭하며, "담론의 장은 현실에 의미를 부여하고 사회제도와 과정들을 체계화하는 일에 서로 경쟁적인 방식들로 이루어져 있다."[26] 위던에 따르면, 제도화된 권력구조와 지식의 형식 속에서 남성 권력은 담론을 통해서 표현되고 정당화되기 때문에, 담론에 대해 좀 더 상세하고 구체적인 역사적 분석이 요구된다. 또한 담론에 의해 개인들은 자신의 정체성과 주체성의 양식을 획득하게 되는데, 담론은 경쟁적이고, 모순적인 의미를 주는 복수적인 것이기 때문에, 그 담론을 통해서 개인들이 점유하게 되는 '주체성', '주체의 위치' 또한 다양하며, 그 개인들이 지니게 되는 권력도 다양할 수밖에 없다.

포스트구조주의의 입장에서 '담론'을 통해 구성되는 '주체'의 개념은 모더니티를 대표하는 서구의 자유주의와 인본주의에서의 '이성적'이고 '자율적인' 주체를 비판하고, 여성이 궁극적으로 불변하고 통일된 본질을 지니는 것이 아니라 담론 안에서 사회적이고 역사적인 구체성을 띠는 존재로 구성된다는 사실을 확인시켜 준다. 그러나 포스트구조주의는 여기서 그치지 않고 한 걸음 더 나아가 인간 주체라는 개념 그 자체를 거부하면서 전통적인 본질주의를 극단적으로 해체한다. 포스트구조주의에 있어서 주체는 더 이상 고정된 개념이라거나, '본질'의 표현이 아니며, '과정 중에 있는 주체'로서 단 한 번도 통일된 것이나 절대로 완성된 어떤 것도 아니다.[27] 이와 같은 반본질주의의 입장은 여성주의의 집단적인 정체성 개념마저 전체주의적이고 위험한 것으로 받아들이는 데서 그 절정을 이룬다.[28]

푸코가 인본주의의 이성적인 주체를 비판하고 '전체화'하는 담론을 거부하는 것에 영향을 받은 버틀러Butler는 푸코의 '계보학적' 방법론에 의거하여 여성주의의 '주체'까지도 해체하고 나선다. 그녀는 주체성을 남성적 혹은 여성적이라고 이분화하면서 '젠더'를 '사물화'하는데 반대하며, 여성의 정체성에 대한 개념 그 자체를 거부하고 나선다. 버틀러에 의하면, 젠더는

수행적performative이자 수행의 결과이며 수행 안에서 구성되기 때문에 젠더의 실재를 구성하는 여러 행위들로부터 동떨어져서는 어떠한 존재론적 위치도 가지지 않는다.[29] 이처럼 버틀러는 정체성의 위기를 해결하기보다는 이 위기를 한층 더 증폭시키고 강화시킨다. 그녀는 '젠더화된 정체성'의 개념 그 자체에 도전하면서, 단지 '수행성'으로서의 젠더만을 인정하고자 한다. 그렇다고 해서 버틀러에게서 "정체성의 해체가 정치학의 해체인 것은 아니다. 오히려 그것은 정체성이 표현되는 형태들을 정치적인 것으로 확립한다."[30] 따라서 버틀러에 의하면, 지배적 헤게모니에 대한 저항과 전복은 독립적이고 불연속적인 정체성을 주장하는 것이 아니라 '반복되는 재현의 실천' 안에서 나타나기 때문에,[31] 오로지 '재현의 무질서한 복수성'이 요구될 뿐이다.

이와 같은 버틀러의 전략은 젠더의 수행들을 분열시키고, "패러디를 통해서 고착된 젠더의 유형들을 '혼란'에 빠지게 하는 것"[32]이다. 벨 훅스bell hooks는 흑인 정체성 정치학에 대한 포스트구조주의 이론의 영향력을 논하면서, 포스트구조주의의 주체성비판이 흑인 정체성 정치학에 대해 문제를 일으키는 면도 있지만 무엇보다 먼저 그 비판에 담긴 해방적 의미에 주목할 필요가 있다고 말한다. 그녀에 따르면, "대중문화와 대중의식 안에 들어 있는 보편성 개념과 정체되고 과장된 정체성의 개념들에 도전하는 포스트모던 본질주의 비판은 자아의 구성과 행위성의 주장을 위해 새로운 가능성들을 펼칠 수 있다."[33]

그러나 버틀러의 수행적 젠더의 개념이 근대적 정체성을 탈주체화하고, 그럼으로써 푸코식의 끊임없는 자기창조의 필요성을 강조한다고 하더라도, 이러한 주체에 대한 반본질주의적 해체가 과연 여성들에게 유용한 것인가에 대해서는 여전히 논쟁 중에 있다. 왜냐하면 여성주의가 주체의 해체를·관철함으로써 여성에 대해 반본질적으로 접근하여 '여성'이라는 개념까지도 해체하려 할 경우, 여성의 억압이라는 바로 그 개념과 현실자체도 폐기될 수 있기 때문이다. 그렇게 되면 이를 위한 투쟁으로서의 여성주의는 그 존재이유를 잃게 될 것이다. 이와 더불어 모더니티의 남성중심적 주체에 대한 비판과 해체를 통해 이제 막 언급되고 문제되기 시작한 '여성', 여성의 '주체성' 및 '정체성'의 개념이 그와 같은 본질주의적 비판을 끝까지 고수하면 고수할수록 오히려 상대주의적인 유명론에 빠질 수밖에 없는 딜레마에 처하고 만다. 그러나 여성의 '주체성'이라는 것이 구성된 것, 심지어 허구에 불과하다 하더라도 동일성의 철학에서 배제된 타자로서의 '나'라는 존재는 삶에서 여전히 필수적으로 전제되어 있는데, 이렇게 생생하게 살아 있는 여성으로서 나, 행동하는 나는 어떻게 설명할 것인가?

이와 같이 포스트구조주의의 영향을 강력하게 받은 여성주의는 '여성'과 '젠더'에 대한 급진적인 비판에 의해 스스로를 배반할 위기에 처하게 된다. 라마자노글루Ramazanoğlu는 여성주의가 푸코식의 포스트구조주의를 지나치게 가까이할 경우 상대주의 정치학의 위험에 노출될 수 있음을 경고한 바 있다. 그녀는 "지식의 생산에서 중요한 지적인 세력으로 발전되어 가는 만큼, 더욱더 여성주의는 엘리트주의적이지만 학문적으로는 존경받을 만한 이론, 즉 젠더를 무시하고 여성을 무력하게 만들고 차이를 축소시키는 상대주의와 다원주의에 의해 좌초당할 위험에 처하게 되었다"[34]고 주장한다. 따라서 오늘날의 여성주의는 푸코식의 입장에서 젠더의 해체까지를 강력히 주장하게 될 경우, 사회적 관계를 설명하는 데에 있어 '젠더'를 무시하거나 여성들 간의 사회적 차별의 정치적 함의를 간과하게 됨으로써 오히려 남성들의 지배를 용이하게 할 수 있다는 점을 유념해야 한다.

2) 데리다의 해체와 '여성' 은유

포스트구조주의가 여성주의에 제공하는 이론적 토대는 한마디로 '상대화를 통한 탈신비화의 정치학'이다. 포스트구조주의는 텍스트가 지니는 권위를 상대화하고 해체함으로써 의미의 불확정성과 다양한 의미의 개방성을 가능하게 하며, 이를 통해 지배적인 담론에 동일화될 수 없고 주변화되어 있던 진리들의 차이를 적극적으로 발견할 수 있는 계기들을 마련한다. 특히 진리의 복수성을 자각하고 있는 데리다는 서구의 형이상학이 지녀온 이분법적인 구분들, 즉 정신/육체, 저자/독자, 서양/동양 등에서 드러난 전자들의 후자에 대한 위계질서의 문제점을 지적하고, 하나의 동일적 진리가 지닌 절대성과 중심 · 근원의 폭력성을 비판한다.

데리다의 『다른 곳』은 유럽이 항상 자신을 유일한 중심으로 형상화하고, 다른 문화들을 동일시함으로써 동일성을 형성하고 확립시켜온 역사를 비판적으로 성찰한다. 데리다는 이러한 동일시가 문화적인 것이지 결코 자연적인 것은 아니었음을 각성시키고, "유럽의 문화적 동일성이 '자신과의' 고유한 차이가 과도해짐에 따라 그만큼 자신에게나 타자에게나 균등해야 한다면, 그 유럽의 문화적 동일성은 일반적 동일성 혹은 동일화와 마찬가지로 이러한 불가능에 대한 경험에 속해 있고, 또 속해야 한다"[35]고 주장한다. 따라서 그의 '다른 곳'이라는 표현은 또 다른 한 방향을 알리거나 목적지의 변경을 암시하는데, 여기서 방향을 바꾼다는 것은 다른 곳이 있다는 사실을 상기시킨다. 데리다는 이러한 상기의 작업이 다층적으로 이루어져야 함을 다음과 같이 역설함으로써 그의 해체작업의 윤곽을 드러낸다. "이때에 우리의 곳notre cap을 넘어서서 또 다른 곳과 특히 타자의 곳에 도달하는 것에 그칠 것이 아니라 곳의 다른 쪽l'autre du cap, 다시 말해서 더 이상 곳의 형식 · 기호, 혹은 논리에 따르지 않는, 심지어 반대편 곳anti-cap, 혹은 탈곳화décapitation의 형식·기호, 혹은 논리에도 따르지 않는 타자와의 어떤 동일성 관계에까지 도달해야 한다."36

한편 이러한 입장에서 한 걸음 더 나아가 데리다는 『에쁘롱』에서 다른 곳의 타자들이 다름 아닌 '여성들'이라고 명시적으로 말한다. 그리하여 니체에게서 여성들을 '에쁘롱들'éperons이라는 은유를 통해 표현하면서, 가부장적인 문화의 중심을 탈중심화 하고자 한다. 이러한 데리다의 작업을 통해서 우리는 남성/여성의 이분법적인 대립 항에서 전자가 항상 우선권을 지니고 후자를 억압함으로써 '유일한 곳'으로 해석되어 온 남성 중심의 진리를 '탈곳화'하고, 다른 곳들, 즉 타자들로서의 여성들의 진리에 도달함과 동시에 곳의 다른 쪽들에 관심을 기울이게 된다. 특히 데리다는 니체의 『선악의 피안』에 등장한 '나의 진리들'meine Wahrheiten이라는 표현을 여성들과의 연관성 속에서 좀 더 적극적으로 해석한다. 그리하여 "하나의 진리 그 자체는 없으며, 더욱이 나를 위해서조차 나의 진리는 복수적"37이라고 말한다. 이러한 데리다의 니체 읽기로부터 우리는 타자로서의 여성들의 복수적 진리의 중요성을 인식할 수 있다.

그러나 이러한 비판적 통찰력에도 불구하고 데리다는 "성적 차이의 진리, 남성이나 여성에 관한 진리 그 자체는 없다"38고 단언함으로써 성차 그 자체를 뛰어넘어 버리고자 한다. 물론 데리다가 말하고 있는 '모든 존재의 비결정성'이 동일적 자아에 대한 비판으로서 동일적 자아의 전적인 해체를 겨냥하고 있다고는 하지만, 이러한 해체적 전략의 급진성은 '텍스트'에 국한된다. 그리하여 이러한 텍스트를 열린 텍스트로 만들고 해독 불가능한 상태로 일관적으로 남겨두기 위해 그가 도달한 진리의 심연에는 더 이상 '성차'가 존재하지 않게 된다.

그렇다면 우리는 여기서 데리다의 방식, 즉 근대적 인간이 지닌 동일적 자아의 진리를 비판하고 여성들의 자아를 탈중심화 한 뒤, 여성들의 복수적 진리에 도달하고 나서 결국 그 성차까지도 해체해 버린다는 것이, 과연 여성주의의 입장에서 무엇을 의미하는지 물어야 한다. 가부장적인 신화의 텍스트를 언어적으로 해체하고 나아가 그 이론적 일관성을 끝까지 유지하기 위해 성차까지도 해체해 버릴 경우, 여성들의 실제적 삶을 여전히 지배하고 있는 성차는 도대체 어떻게 극복할 것인가? 여성들의 현실 속에서 경험되는 불평등의 성차는 그저 열린 텍스트로, 비결정성 속에 그대로 남아 있을 수밖에 없는가?

데리다는 새로운 진리를 창조하기보다는 수많은 지배담론의 텍스트에 드러나고 있는 남근로고스중심주의phallogocentrism를 해체하고자 노력한다. 그의 해체주의는 한편으로 상대화라는 전략을 통해서 서양 형이상학의 남근중심적 주체의 '탈중심화'를 가능케 하고, 이로써 '차이'의 정치학에로 다가갈 수 있는 계기를 마련한다. 또한 주변화된 진리의 중요성을 일깨워 줌으로써 특히 '여성적 글쓰기'écriture féminine를 주창했던 크리스테바, 식수, 이리가라이 등에게 많은 영향을 주었다. 그러나 다른 한편으로 일부의 여성주의자들은 니체가 여성을 진리의 비-진리라는 은유의 한 방편으로 사용하고, 데리다 역시 니체의 여성을 비결정성의 은유로 차용하는 데에 우려를 나타낸다.[39] 왜냐하면 니체나 데리다에게서 여성 은유는 서구의 전통적 형이상학과 남근로고스중심주의에 도전할 수 있는 '하나의 기호'가 되고 있을 뿐, 해체적 도구 및 은유로서 '여성성'을 사용하는 이들의 방식이 과연 여성들에게 해방적 의미가 될 수 있는지가 의심스럽기 때문이다.

스피박은 데리다가 여성을 『에쁘롱』의 '주제'로 삼은 것, 즉 데리다가 여성을 "나의 주제"라고 표현한 것에 비판적으로 주목한다. 여기서 '주제'는 애매한 표현으로 '부하'라는 의미가 함께 담겨진 이중적 의미를 지닌다.

그녀에 따르면, 남근중심주의의 문화에서 여성은 태어날 때부터 자신의 자리를 박탈당하는데, 데리다의 이러한 애매한 표현으로 인해 여성은 자신의 박탈당한 현재의 위치조차도 또다시 박탈당하는 '이중적 박탈'을 경험하게 된다.[40] 이러한 맥락에서, 데리다의 작업은 서양 형이상학의 남근로고스중심주의를 해체함으로써 서양철학을 '여성화'하는 것처럼 보이지만, 사실상 그가 남성주체로서 자신의 위치까지 거부하는 것은 아니다. 오히려 데리다에게서 남성은 주체의 위치가 확고하기 때문에 주체를 해체할 수 있었지만, 그러한 남근로고스중심주의에서 그저 결핍된 존재로 표상되어온 여성은 결코 주체의 위치를 점유한 적도 없고 점유하지도 못한다. 이리가라이에 의하면 이러한 여성은 남성이 주도하는 교환게임의 '거래 대상'일 뿐이며, "타자의 코미디"에서 연기를 하면서도 자신은 그 안에 있지 않기 때문에 결과적으로 "기교적"일 수밖에 없다.[41]

데리다식의 해체 작업은 "여성들의 관계에 전혀 관심이 없기 때문에 여성들 사이의 수평적, 수직적 관계를 다루는 방법이나 여성의 발화주체로서의 갈등의 위치에 대해서는 어떠한 대처방안도 제시하지 않았다."[42] 따라서 여성주의는 그 해체작업의 함정을 깨달아야 한다. 이처럼 정체성 개념과 주체를 성공적으로 해체한다고 해도 남성주체는 여전히 괄호 안에 남아있기 쉬우며, 여성의 정체성이 확립되지 조차 않은 현실에 비추어 볼 때 데리다의 해체 작업은 오히려 여성의 주체에 관한 한 부정적인 영향을 끼치기 쉽다. 결국 데리다는 여성을 말하는 주체로 인식하지 못한 채, 서구의 이성중심적인 인간정체성의 진리를 전복하는 하나의 은유로서 사용하고 있을 뿐이다.

4. 젠더화된 정체성과 주체성의 재구성

이번 절에서는 포스트모더니티를 둘러싼 이론적 논쟁에서 오늘날 여성주의가 직면하고 있는 난제, 즉 여성의 정체성과 주체성을 어떻게 재구성할수 있는지의 문제를 다루고자 한다. 근대적 인간정체성의 근간이 되는 이성적이고 자율적 주체에 대한 비판은 포스트구조주의에 이르러 급기야 주체의 해체와 거부로까지 이어진다. 따라서 여성주의는 정체성과 주체성을적극적으로 주장할 수도, 또는 적극적으로 해체할 수도 없는 딜레마적 상황에 처하고 만다. 나아가 오늘날 여성주의는 리오타르가 제시한 지식과진리의 '정당화의 위기'를 인식하지 않을 수 없기 때문에, 근대적 정체성의거대 이야기의 종언과 함께 여성 자신의 정체성에 대한 지식과 진리를 어떻게 다른 방식으로 정당화하며 유지할 것인가의 문제와도 직면해 있다.그렇다면 한편으로 남근중심적인 전제에 기초한 전통적인 지식과 진리의동일성을 비판하고 해체하면서도, 다른 한편으로 전체성 속으로 획일화되지 않으면서 억압적이지 않은 방식으로 각각의 차이들을 수용하는 지식과진리는 어떻게 가능한가?

포스트모더니티의 철학이 근대적 인간정체성의 획일적이고 전체적인진리를 '탈중심화' 하고 '해체'와 '차이'를 강조함으로써 모더니티의 전통에서 주변화되었던 사람들에게 자신들의 정체성을 확인하고 자신들의 관심에서 목소리를 낼 수 있는 이론의 토대를 제공한 것은 매우 괄목할 만한성과이다. 이러한 포스트모더니티 철학의 해방적 잠재력은 여성주의, 포스트식민주의와 다문화주의에서 "목소리와 재현의 민주적 정치학"[43]으로 발전되고 있다.

그러나 앞서 고찰한대로 오늘날 여성주의는 한편으로 근대적 인간의 이성적이고 자율적 주체와 그 주체의 거대 이야기들에 대한 포스트모더니티 철학의 비판에 동의하면서도 다른 한편으로 주변화되었던 타자로서의 '여성'을 반인본주의, 반본질주의에 입각하여 전적으로 해체시킬 수만은 없는 입장에 처해 있다. 따라서 오늘날 여성주의가 당면하고 있는 문제는 벤하비브Benhabib의 지적에서처럼 "'포스트모더니즘'이라고 일컬어지는 입장의 메타 철학적인 전제가 단순히 이론적 입장에서가 아닌, 해방을 위한 여성의 투쟁에 관한 이론으로서 여성주의의 규범적 내용과 모순은 없는가"[44]를 성찰하는 것이다. 이와 같은 맥락에서 여성주의자들은 정체성 정치학의 중요성을 인식하고, 주체성에 대한 해체적인 접근과 살아 있는 주체성lived subjectivity 혹은 행위성agency[45]의 문제를 어떻게 연관시킬 것인가에 관해 지대한 관심을 기울인다. 전체화하는 보편주의나 본질주의적 개념에 기대지 않는 동시에 무차별적인 상대주의나 유명론에도 빠지지 않으면서, 여성주의의 대안적인 지식과 진리는 어떻게 가능할 것인가? 또한 여성주의는 어떻게 '저항의 장소들'을 마련할 수 있으며, 그 진리와 지식을 어떻게 정당화할 것인가?

1) '몸'을 통한 성차와 차이들의 주체성

대안적인 형태의 정체성을 논하기 위해서 우리는 우선, 알코프Alcoff가 제시한 "위치로서의 여성"woman as positionality이라는 개념을 재고해야 한다. 그녀는 본질주의와 유명론을 모두 거부하면서도 구체적인 습관, 실천, 담론이 유동적이라는 것을 염두에 두며 이것들과의 연관성 속에서 젠더화된 여성의 주체이론이 필요함을 역설한 바 있다. '위치'개념은 구조와 주체를 동시에 고려하고자 하는 것인데, 이러한 관점에서 젠더 정체성은 주어진 외부 조건들과 긴밀한 연관성 속에 있을 뿐 아니라 "여성 스스로 찾은 자신의 위치가 단순히 의미가 발견되는 곳이라기보다는 의미가 구성되는 장소로 적극 활용될 수 있다."[46]

이와 유사하게 "위치의 정치학"은 "얼굴 없고, 인종 없고, 계급 없는 모든 여성이라는 범주"가 아닌 여성들의 특수성을 고려하고자 한다. 사회 변혁을 위해서 여성들은 자신의 '복수적 위치들'로부터 책임감을 지니고 전략적인 개입을 해야 한다.[47] 따라서 '위치의 정치학'은 여성들을 동일시하는 구심체로서의 '정체성'과 저항지점에 대한 탐색을 가능케 하는 정치적 '주체성'에 대해 매우 유용한 출발점을 제공하며, 이를 통해 상대주의에 빠지지 않으면서 여성들 간의 차이를 존중하며 상호 연대할 수 있는 지반을 확보할 수 있게끔 한다. '위치'의 개념은 벤하비브에게서 '상황 속에 놓여 있음'situatedness이라고 표현되기도 한다. 벤하비브는 포스트모더니즘에서 드러나고 있는 경계의 상실과 이에 따라 고조되고 있는 영토적 불안감을 강도 있게 비판하고, 이러한 시점에서 우리가 할 수 있는 것은 상황 속에 있는 형태의 비판인데, 이는 일시적인 망명의 형태라 할 수 있다. 이에 반해 브라이도티는 "주변화된 망명객"이 아니라 보다 적극적인 의미에서 "유목적 주체",[48] 즉 "활동적인 유목주의"를 형상화하는 것이야말로 포스트모던 주체성의 핵심적인 형상화라고 주장한다.[49]

그렇다면 '위치'로 맥락화함으로써 여성들 사이에 존재하는 복수적인 차이들을 인식하는 정체성은 과연 어떻게 가능한가? '위치'location의 개념은 여성들 사이의 차이들을 간과하는 보편화하는 용어인 대문자 여성Woman을 비판하며 여성들 각자의 구체적인 위치, 장소로서의 여성의 몸에 초점을 맞춘다. 여기서 몸은 추상적이고 단일체적인 육체가 아니라 각 여성의 복수적이고 복잡한 물질적 장소를 의미한다. 몸은 애초부터 하나 이상의 정체성을 동시에 지니고 있다. 몸은 언제나 이미 성적인 차이를 드러내고 있으면서, 이와 동시에 인종, 계급, 성적 선호 등의 다양한 정체성의 축과

연관되어 있기 때문에, 각 개인들이 처해있는 구체적인 특수성에 따라 복수적인 목소리를 낼 수밖에 없다.[50]

이와 같이 여성주의가 여성들 간의 차이라는 것을 염두에 두면서도 몸을 통한 성차와 다양한 차이들에 주목하는 경우, 우리는 앞서 논의된 '위치로서의 몸'이 과연 협의의 물질적인 육체성만을 의미하는지에 대해 재고해 볼 필요가 있다. 그와 달리 좀 더 폭넓은 의미에서의 몸을 이해할 수는 없는가? 그렇다면 그것은 어떤 의미의 몸인가? 이러한 질문들에 답하기 위해서 우선 니체의 사상을 만나고자 한다.[51] 니체는 이성중심적인 근대적 인간정체성에서 상실된 인간의 구성요소들을 재통합하려 한다. 니체에게서 몸Leib은 육체Körper와는 다른 개념이다.[52] 후자가 생물학이나 자연과학에서 대상화된 물리적인 것을 지칭한다면, 전자는 살아서 활동하는 역동성을 지니는 어떤 것이다. 그 역동성은 "사유, 느낌, 의욕"Denken, Fühlen, Wollen의 복합적인 상호연관적인 생성의 작용에서 야기된다. 니체는 "몸이 곧 나"라고도 하고, 이러한 몸을 전통적인 의미에서 정신이라고 불리는 '작은 이성'die kleine Vernunft과 구분하여 '큰 이성'die große Vernunft이라고 명명하면서, 서구의 전통적인 근대적 인간관을 벗어나고자 시도한다[53]. 이로써 전통적 형이상학에서의 인식론적 자아는 해체되고, 단일하고 통일된 하나로서의 주체도 거부되는데, "주체란 힘에의 의지의 다수성으로서 단지 하나의 허구적 통일안에서 하나로 응축된 것", "내면세계의 힘들의 투쟁과 그 조직적 통일에서 성립하는 잠정적인 힘[의] 중심에 대한 명칭"[54]일 뿐이기 때문이다.

플레쓰너Plessner의 철학적 인간학에서도 '주체'는 항상 세계 안에서 세계와 관계를 맺으며 열려있는 존재이고, '몸'은 자아와 세계의 관계를 매개한다. 따라서 '자아'는 몸을 지닌 자아das leibliche Selbst 혹은 몸에 깃든 주체embodied subject로 파악된다. 또한 플레쓰너는 몸과 육체를 속성에 따라 나눌 수는 있지만 양자가 실체적으로 분리되지 않으며 상호교호성相互交互性, Verschränkung을 지닌다고 주장한다. 따라서 세계와 자신을 경험하는 자아로서 몸-주체는 자신의 몸성Leiblichkeit 내지 몸-존재Leib-Sein를 다름 아닌 육체를 가진 것Körper-Haben으로서 경험하게 된다.[55]

나아가 아도르노는 육체적인 것이 단순히 수동적인 사물에 불과한 것이 아니라 고통의 계기에 의해 사유의 직접적인 동인이 된다고 본다. 그는 산, 강, 바다 등의 외적 자연에 대비하여 인간의 육체 및 몸을 인간 스스로의 자연, 내지 내적 자연으로 표현하는데, 특히 그는 내적 자연의 고통에 주목한다. 왜냐하면 고통의 계기는 인식으로 하여금 자신의 자연에 대한 지배를 폐기하게 하고 내적 자연에 대해 다른 통로를 찾으라는 자극을 가하기 때문이다. 아도르노는 고통, 아픔이라는 불행한 의식 속에서 정신의 맹목적 허영심에 거부하는, 즉 정신이 몸으로부터 받아들이는 "본래적인 권리"(ND 203)가 놓여 있다고 본다. 따라서 아픔과 고통의 속성은 동일성에 근거하고 있는 인식이 지닌 비진리를 발견하는 한, 즉 정신과 자연을 지배적인 관계에 의해 분리시키는 것을 그만두는 데에로 이끌어지는 한, 희망의 표징이 될 수 있다. 아도르노에 따르면, 억압에 대항하여 비판하고 저항하는 이러한 계기에서 내적인 자연, 몸의 모든 잠재력이 드러나며, 이에 근거하여 "특히 유물론적인 것은 비판적인 것, 즉 사회적으로 변화되는 실천에로 수렴된다."(ND 203)

이와 같이 볼 때, 몸은 이미 규정되거나 정의된 개념이라기보다는 주체성을 논의하게 하는 시작점이고, 단순히 생물학적인 거점일 뿐 아니라 세계와 관계 맺는 구심점이자 변화를 자극하는 실천적 사유의 한 계기이다. 나아가 문화적이고 사회적인 상징의 요소들이 교차되어 논의되는 거점이 되기도 한다.[56] 여성주의가 이러한 몸에 대한 이해를 전제로 삼는 이유는 근대적 주체의 이원론적인 사고를 해체하고 비판하면서도 성차를 인식함과 동시에 다양한 차이들에 주목함으로써 여성의 주체성을 재구성하려는 의도와 연관된다. 브라이도티Braidotti는 근대적 주체의 이원론적 사고방식을 비판하고, 여성주체성을 인종, 계급, 성적 선호, 삶의 스타일 등의 다양한 특성들을 통해 정의하고자 주력한다. 이와 같은 시도는 주체성을 구조화하는 '상황적인' 조건들, 구체적으로 체현된 본성을 강조한다는 점에서 유물론적이기도 하지만, "여성주체성을 동시다발적인 권력 구성체들의 네트워크 [구성]과정이라는 측면에서 재정의"함으로써 전통적인 협의의 유물론과는 거리를 취한다. 따라서 여성주체성을 재정의 하는 출발점의 지반은 "말하는 주체의 체현된, 그러므로 성적으로 분화된 구조를 강조하는 새로운 형태의 유물론"[57]이다.[58] 이와 같이 여성주의자들은 몸을 "문화의 대립항이 아니라 문화의 탁월한preeminent 대상으로 재인식"[59]함으로써 성적 차이와 다양한 차이들을 존중하는 주체성을 말하고자 한다.

2) '관계적' 자아[60]

지금까지 새로운 몸의 이해에 기반을 두고 복수적 차이들을 수용하는 여성들의 주체성이 지닌 특성들을 살펴보았다. 그렇다면 복수적으로 구체화되고 성차를 통해 인지된 정체성을 어떻게 긍정적으로 설명할 수 있는가? 그리하여 몸을 통해 경험된 주체의 다층적인 구조들을 이끌어내는 것은 어떻게 가능한가? 몸을 통한 복수적 차이를 인정하는 여성주체들을 긍정하기 위해서는 여성으로서 '자아와 타자간의 관계'를 새로이 재정의해야 한다. 여성들의 자아와 타자의 관계에는 여성들 사이의 경험적 유대가 존재하며, 이러한 유대의 상호 연관성에 근거하는 '공동체' 개념은 여성의 집단적 주체성을 재정의 하는데 매우 핵심적이다.

오늘날 여성주의 철학자들은 개별적인 자아의 정체성이 사회적, 역사적, 물리적 환경으로부터 분리될 수 없으며, 자아와 다양한 타자들 간의 근원적인 상호 관계성 혹은 상호 연관성에 근거해 있다고 본다.[61] 이러한 '자아의 관계이론'relational theory of the self에는 "방해를 받는"encumbered, 혹은 "상황 속에 놓여 있는"situated 자아의 관념이 전제되는데, 여기에는 자아의 본성과 정체성을 사회적 역할에 의해 재정의 하고자 하는 의도가 담겨 있다. 따라서 여성주의자들의 관계이론은 칸트의 자율적 주체개념에서처럼 자율적 개인으로서의 이상적인 도덕 행위자가 우연적인 사회적 역할과 개인들의 관계들로부터 본질적으로 분리 · 독립되어 있다고 가정했던 근대적 정체성의 이론들에 대해 중요한 대안적 사유를 제공한다.

여성주의에서 논의되고 있는 관계이론은 대체로 두 종류로 나뉜다. 첫 번째 관계이론은 자녀에 대한 일차적인 보호자인 부모와 그 부모가 책임지는 대상인 자식 사이의 관계에서 드러나는 것처럼, 가족 내에서 가장 가까운 사람들 간의 관계를 자아의 본성과 정체성의 토대로 본다. 두 번째의 관계이론은 친구 관계에서 드러나는 유대가 가족적인 결속만큼이나 자아의 구성에 있어 중요하다고 주장한다. 특히 후자의 입장은 보다 광범위한 차원에서 인간들의 상호 관계성에 역점을 두고, 친구들 간에 존재하는 유대의 '자발성'이 가족 간의 유대보다 성숙한 자아를 구성하는데 더 중요한 것이라고 간주한다.[62]

이와 같은 관계이론의 입장에서 여성주의는 '개인성의 전제'를 폐기함으로써 근대의 독립적 자아의 개념을 변형시킬 뿐 아니라,[63] 모더니티에서 이상적인 도덕적 주체가 지녔던 '공평성'에도 이의를 제기하고 나선다. 그리하여 보편주의의 이름으로 주변화되고 배제되었던 타자, 나아가 개별적이고 구체적인 타자에 더욱 관심을 기울인다. 예를 들어 벤하비브는 "구체적인 타자"의 도덕적 중요성을 우리에게 상기시켜 준다. 그녀에 따르면, 우리 각자가 의존적인 어린이의 시절을 거쳐서 도덕적 능력을 갖춘 자기-충족적인 개인들로 성장해 갈 수 있었던 데에는 타자들의 양육, 보살핌, 책임감이 이미 필수적으로 전제되어 있다. 따라서 육체를 가진 자아로서 도덕적인 행위자 자신은 이미 타자에게 의존적인 존재이며, 또한 상처받을 수도 있는 존재라는 것을 잊지 말아야 한다. 또한 자율적 자아라고 해서 결코 탈육체화된 자아disembodied self가 아님을 깨달아야 한다.[64] 특히 여성들의 삶은 일반화되고 보편적인 타자가 아니라, '구체적인' 타자를 양육하고 보살피며 책임지는 도덕의 중요성을 경험적으로 매우 잘 보여주고 있으며, 이와 함께 자아와 타자의 친밀한 상호연관성으로부터 형성되는 공동체의 특성을 탁월하게 제시한다.

3) '작은 이야기들'로 구성되는 정체성

그렇다면 앞서 살펴 본 '관계적 자아', 즉 상황 속에 놓여 있는 자아로서 젠더화된 여성의 주체성은 어떻게 "저항의 장소들"을 마련할 수 있으며, 어떤 언어적 형상화를 통해서 각각 삶의 주체로 살아갈 수 있는가? 여기서 우리는 리오타르의 『포스트모던적 조건』을 다시 논의하고자 한다. 리오타르는 보편적으로 정당화될 수 있는 거대 이야기, 즉 이성중심적인 계몽주의 및 목적론의 종언을 역설하는데, 이는 여성주의자들에게 있어 가부장적 거대 이야기에 대한 비판과 해체를 의미한다. 그러나 여기에서 가부장적 거대 이야기의 해체만이 아니라 여성들 자신의 이야기마저 위기에 처한 것은 아닌가하는 의문이 생겨난다. 왜냐하면 역사 속에서 중심의 자리에 있어보지도 못한 채 주변화된 여성들의 이야기는 성립되기도 전에 해체될 위험에 먼저 처해 있기 때문이다. 그렇다면 이제 막 성립되기 시작한 여성들의 이야기는 어떻게 설명될 수 있는가? 거대 이야기의 종언과 함께 우리는 다양한 이야기들의 새로운 지식을 정당화할 수 있는 또 다른 모델을 발견할 수는 없는가?

리오타르에 의하면 모더니티의 지식을 정당화했던 거대 이야기는 지식의 총화로서의 정당성을 상실했기 때문에 과학적 지식도 그 스스로를 정당화해야 하는 여러 이야기들 중에 하나가 된다.[65] 리오타르는 화용론적 언어 분석을 통해서 세 모델을 구분하고, 고전주의적 실재론이 지시대상을 절대화하고 모더니즘이 화자를 특권화한 것과는 달리 포스트모더니즘에서는 화자, 청자, 이야기의 대상 중에 어느 것도 다른 계기들을 지배하거나 우선적일 수 없다고 주장한다. 그는 이야기적 지식의 정당화 모델로 카시나와 족의 한 설화작가의 예를 들고 있는데, 이 작가는 과학적 지식이 진리로 정당화되기 위해서 규칙을 따르듯이 일상적 이야기도 나름대로의 규칙을 따르고 있음을 보여준다. 즉 그 설화작가는 "여기에 …… 에 관한 이야기가 있습니다. 이것은 내가 항상 들어 왔던 이야기입니다. 나는 여러분에게 이 이야기를 들려주려 합니다. 들어 주십시오"라고 시작하여, "여기에서 …… 의 이야기가 끝납니다. 여러분에게 이야기를 들려 준 사람은 …… (카시나와족의 이름)이며, 백인 식으로는 …… (스페인 혹은 포르투갈 식 이름)입니다"[66]라고 끝맺는다. 이와 같은 이야기의 구조 속에서 우리는 이야기의 중심에 자리잡고 있는 근대적 인식 주체를 찾아볼 수 없다. 또한 화자가 청자의 역할을 하기도 하고, 때로는 이야기의 주인공도 될 수 있으며, 이야기의 대상이 이야기와 함께 구성되고 있음을 알 수 있다. 이러한 이야기에서의 지식은 과학적 지식에서처럼 다른 이야기들을 배제하면서 대상을 서술하는 언표들의 총체가 아니라 언어게임의 다양성을 인정하는 총체적인 능력을 전제로 한다. 이 지식은 "능력들의 포괄적 '교화'[교양]와 일치하며, 자신을 구성하는 다양한 종류의 능력들로 이루어진 주체 속에 구현된 유일한 형태"67이다. 따라서 주체는 이야기 바깥에 초월적이고 이성적인 것으로 설정된 초시간적인 존재가 아니라, 항상 **이야기 행위를** 통해서 그 이야기의 시간성 속에서 형성된다.68

리오타르의 이야기적 지식의 정당화와 연관시켜 볼 때, 우리는 여성주체들의 이야기에 대한 새로운 의미들을 발견할 수 있다. 가부장적 메타이야기들의 붕괴로 인해 주변화되었던 **많은 여성들의 작은 이야기들**petit récit 이 쏟아져 나오게 되었다. 그 작은 이야기들은 다시금 하나의 총체적인 거대 이야기로 환원되는 것에 저항하면서 끊임없는 변형을 통해 새로운 생명력을 지닌다. 더욱이 이러한 작은 이야기들 속에서 여성들은 자기 스스로를 이해하고 삶의 방향성을 획득함으로써 자신의 정체성을 구성해낸다.69

이와 같이 우리는 한 사람의 정체성을 "어떤 특정한 이야기를 계속 진행시킬 수 있는 능력"70 속에서 찾을 수 있는데, 바로 그 정체성을 구성하는 여성들의 이야기적 **지식은** 또 다른 실천적 의미를 획득한다. 왜냐하면 그러한 지식은 근대 서구 담론들에 내재되어 있던 절대적 이성에 근거하고 있는 보편적이고 객관적인 지식이 아니라, 타자와 연관된 이야기 속에서 '구체적인 타자'를 이해하고 '공감'하며 타자의 문제를 해결해내는, 즉 특정한 위치에 **맥락화된 실천적 지식을** 의미하기 때문이다. 나아가 여성들의 작은 이야기들 속에서 드러나는 맥락의 다양성은 상이한 환경에서 얻은 요소들을 하나의 이야기로 끌어들여 능동적으로 결합시킴으로써 오히려 자아의 통합성을 촉진할 수 있는 중요한 계기들로 작동할 수 있다.

이처럼 여성들의 자아 정체성은 다양한 이야기들을 통해 거듭 재창조되고 재구성되는데, 특히 오늘날에는 **대중매체들**, 즉 텔레비전, 영화 등의 영상매체들과 신문, 잡지 등의 인쇄매체들을 통해 매개된 경험의 다양한 원천들이 몽타주나 콜라주 효과를 일으키면서 자아 개념의 형성과 발달에 많은 영향을 끼치고 있다.[71] 또한 자아와 자서전적인 기억 사이에 있는 밀접한 연관성을 토대로 최근에는 '자서전적인 이야기 자아'에 대한 다양한 심리학적 또는 철학적 연구들이 시도되고 있다.[72] 이러한 기억과 여성정체성의 재구성이라는 주제와 관련하여, 개인적 삶의 경험들을 수집하고 재구성하여 의미화하는 '개인의 자서전적인 기억'들 뿐만 아니라 '집단으로서의 여성들'의 기억 속에서 과거로부터 현재로 이어지는 이야기들, 즉 신화나 구비문학작품, 설화 등에도 적극 관심을 가지고 이를 비판적으로 분석할 필요가 있다. 왜냐하면 그러한 이야기들이 한 문화 안에서 원형적인 틀로 자리매김하면서 다시금 개인적 삶의 의미와 정체성을 구성하고 있기 때문이다. 따라서 그러한 이야기들 속에 공시적으로 공유되고 통시적으로 전유되어온 사회집단적이고 문화적인 지식의 한계를 비판적으로 해체하고, 남성들의 자아와 동일시할 수 없었던 흔적들을 기억해내며 발굴해내는 작업이 수행되어야 한다. 그러므로 여성들의 자아 정체성의 의미를 사회·문화적인 맥락과의 상호연관 속에서 가시화하고 규명함으로써 그 지형도를 새롭게 만들어내는 것은 오늘날 여성주의에 있어 매우 중요한 과제가 아닐 수 없다.

이제 여성들은 근대 서구 담론들의 구조에 내재되어 있던 진리의 기준이 보편적이고 객관적인 것이 아니라 오히려 남성중심적이면서 유럽중심적임을 깨닫고, 이와 동시에 각자의 위치에서 자신들의 이야기를 시작할 수밖에 없으며, 또한 시작해야 한다. 그런데 스피박에 따르면, "이야기가 구성되었을 때 어떤 것은 제외된다. 하나의 목적이 정의되었을 때, 다른 목적들은 거부되고, 사람들은 그 목적들이 무엇인지 알지 못할 것이다."[73]

예를 들어서, 해방적인 자유주의적 여성주의나 맑스주의적 여성주의와 같이 역사적인 진보들에 대한 일반적이고 보편적인 이론들로 구성된 서구 여성주의 이론들의 호소는 흑인여성과 제3세계 여성들의 '특수한' 관심들을 제외시키기 쉽다. 따라서 여성들이 엮어내는 이야기들은 더 이상 이야기의 보편적 주체로서 '여성'에 대한 단일한 개념에 의존하기보다는 좀 더 다양한 여성들의 특정한 지역적 이야기들로 더욱 다원화되어야 한다.

때때로 여성들의 다양한 이야기들이 무차별적 상대주의에 빠질 수 있기 때문에 여성들의 억압과 해방에 대한 일반적인 이론이 필요하다는 주장들이 생겨나기도 한다. 일부 여성주의자들은 여성주의 정치학을 포스트모더니즘의 관점에서 이끌어 내는 것이 불가능하다고 주장한다. 왜냐하면 여성주의는 사회적 주체로서의 '여성'에 대한 단일한 개념을 전제로 하고 있는데, 바로 그 개념이 포스트모더니즘의 공격을 받을 수 있기 때문이다. 디스테파노는 여성주의가 '여성'의 범주 없이 다원주의로 빠지게 될 경우의 위험성을 오웬의 구절을 인용하면서 다음과 같이 제시한다. "다원주의는 …… 우리를 타자들 중에 있는 하나의 타자로 환원시킨다; 그것은 인정이 아니라 절대적인 무차별성, 등가, 상호교환가능성의 차이에로의 환원일 따름이다."74

이러한 비판에서 다원주의는 무차별적인 상대주의와 같은 의미로 사용된다. 그러나 우리는 여기서 정치적으로 무력하고 무차별적인 강한 의미의 상대주의와 가치의 다원주의에 입각한 약한 의미의 상대주의, 즉 부분적이고 특정하게 지역화된localized 이론과 실천을 제공할 수 있는 상대주의를 구별할 필요가 있다. 다시 말해서 전자는 차이를 절대화함으로써 무차별적인 개방성을 지니는 반면에, 후자는 타자에 대한 배려와 관심을 전제로 하는 관용적인 개방성을 지닌다.75 따라서 가치의 다원성을 관용적으로 인정하는 상대주의의 입장에서 오늘날의 여성주의는 때로 경쟁적으로 갈등을 빚는 관심들, 예를 들어서 백인 여성주의만이 아니라 흑인 여성주의의 진술들을 허용하면서도 또 다른 여성들 간의 관련성을 지속적인 관심을 가지고 추적해 나가야 한다. 이와 같이 서로 다른 여성 집단들 간에 내부적으로나 외부적으로 발생하는 불평등의 구조적인 관계들을 잘 인지하고 다루는 것이야말로 오늘날 여성주의의 '차이의 정치학'이 지닌 특징을 가장 잘 드러낸다.[76] 따라서 벨 훅스는 "단순히 담론을 강화시키거나 급진적으로 세련되어 보이기 위해서 '타자성'의 경험을 이용하려고 하는 포스트모던 이론이 아니라면, '차이의 정치학'을 인종차별의 정치학으로부터 분리하지 말아야 한다"고 주장한다.[77]

오늘날 여성주의를 전개해가는 데에 있어 보편적 본질주의에 빠지지 않으면서 문화적이거나 역사적인 특수성을 고려하는 이야기들에 대한 요구는 "제3세계 여성주의"에서 더욱 분명해진다. 이들의 과제는 "'제3세계'의 여성들에 대한 다수의 저술들이 전제하고 있는 유럽중심주의를 해체하는 것과 '제3세계' 여성들의 관심들에 대해 충분한 설명을 하는 것"[78]이다. 따라서 이들은 다양한 재현의 담론에 의해서 구성된 문화적이고 이데올로기적인 합성물인 타자로서의 '여성'woman과 공통된 역사를 지닌 실질적인 주체로서의 '여성들'women의 차이에 주목한다.[79] 나아가 이들은 지난 역사 속에서 서구 여성주의자들의 많은 저술들이 제3세계 여성들을 단수 범주, 그것도 희생자의 지위에 따라 정의된 범주로 다루었던 것을 비판한다. "제3세계 여성"은 미리 주어진 범주로 전제될 수 없으며, 다양한 담론의 교차점에 의해서, 즉 그 여성들이 관여하고 있는 사회적인 관계들 및 문화적 전통들에 의해 구성되고,[80] 젠더뿐만 아니라 계급과 인종적인 이해관계에 의해 구성된다.

그러므로 여성들이 주체가 되어 자신의 정체성을 구성하는 이야기들은 여성들 간의 차이에도 더욱 관심을 기울임으로써 실질적으로 존재하고 있는 다양한 역사적, 사회적, 문화적, 경제적 권력관계에 대한 인식과 그에 대한 저항으로 작동하는 데 그 의의가 있다. 이를 위해서 여성들의 경험을 보편적으로 본질화하는 이론은 거부되어야 하겠지만,[81] 억압적인 사회관계들을 이해하고 변형시키려는 협상적 관심에서 '여성'의 범주에 대한 전략적인 본질주의의 입장을 취할 필요가 있다.[82] 따라서 단일한 거대 이야기를 필요로 하지 않으면서도 사회적으로나 문화적으로 다원화된 특정한 맥락에서 얼마든지 '젠더화된 하위주체들'gendered subalterns[83]로서 '여성'을 '인종', '계급'의 범주와 함께 전략적으로 사용할 수 있어야 한다. 나아가 그것들의 실질적인 효과에 주시하면서 사회적 변화를 위한 투쟁을 꾀할 수 있어야 한다.

작은 이야기들로 구성되는 여성들의 정체성은 여성을 무차별적인 차이들로 상대화시키거나 여성들끼리의 소통을 단절시키기보다는 살아있는 경험 속에서 다원화된 이야기 주체들로서 각각의 여성들을 가시화시킬 뿐만 아니라 다시금 그러한 여성들의 집단으로서 여성주체를 필요로 한다. 왜냐하면 여성들은 다양한 맥락에서 억압의 다양한 현실들을 체험하겠지만 함께 나누는 이야기들을 통해서 그 억압하는 권력의 실체에 대한 인식을 공유하고 공감하는 한, 각자의 구체적인 저항의 장소를 자각함과 동시에 여성으로서의 연대를 확인할 수 있기 때문이다.[84] 따라서 다원화된 이야기들로 구성되는 여성의 정체성이론에서는 "여성"이나 "젠더"의 범주를 해체하여 그 이론의 일관성을 관철시킴으로써 이론의 순수성을 급진화하는 것이 관건이 아니라, 그 이론의 실천적 맥락에서 여성들의 자각과 연대가 얼마만큼 해방적 의미를 지니는지 그리고 얼마만큼 민주적인 잠재력을 발휘

하는지가 주요 관심사이어야 한다.[85]

＊ ＊ ＊

이번 장에서는 인간의 정체성에 대한 포스트모던 이론들의 비판적 문제의식을 공유하는 데서 출발하면서도, 이러한 이론들이 보여주는 급진성에 동의하여 '젠더'와 '주체'의 개념을 해체하지 않고, 오히려 젠더와 존재론적인 성차에 입각하여 인간의 정체성을 재구성해 보았다. 무엇보다 대안적인 인간정체성에 대한 탐구는 남성중심적 이원론과 위계적인 동일시, 즉 인간을 전체주의적으로 환원시키는 동일성의 철학을 비판하는 데에서 출발하여, 여성들 간의 차이와 각 여성개인들 안에서 발생하는 차이들을 계속해서 탐색해가는 차이의 철학을 통해서 전개된다.[86] 포스트모더니티의 변화와 도전에 맞서서 오늘날의 여성주의는 고착화된 근대적 인간정체성을 비판하고, 여성의 정체성과 주체성을 늘 새로이 인식하고 재구성하지 않을 수 없다. 그리하여 남성과 여성의 존재론적인 차이만이 아니라 여성들끼리의 차이 및 각 개별 여성 내부의 차이에 이르기까지 복수적인 차이들을 인정하고 존중하면서 각각의 작은 이야기들을 엮어내는 열린 탐색을 지속적으로 시도해야 한다.

제2장

아도르노의 모더니티 비판과 타자로서의 여성성

지금까지 포스트모더니티의 문제의식과의 연관성 속에서 여성주의의 현주
소를 파악하고, 특히 '인간정체성'의 주제를 중심으로 젠더를 논의하게 된
배경과 문제점, 여성주의가 해결해가야 할 과제들에 대한 전반적인 윤곽을
그려보았다. 포스트모더니티의 이론들, 즉 포스트구조주의나 포스트모더
니즘의 이론들이 인간정체성에서 젠더의 중요성을 깨닫고는 있지만, 이론
자체의 급진적 전개를 통해서 '젠더'를 해체하기에 이른다는 것은 여성주의
에 새로운 도전을 준다. 이와 같이 오늘날의 여성주의는 모더니티에 대한
비판과 포스트모더니티에 따른 해체 사이에서 자신만의 독특한 사유의 기
반을 확립해야 하는 실정이다.

특히 포스트구조주의는 전통 철학의 본질주의에 대한 비판을 통해 보편
범주들과 동일성원리에 급진적으로 도전한다. 물론 그 도전 속에는 여성들
의 자아 구성과 행위성의 주장을 위한 새로운 가능성을 펼칠 수 있는 해방
적 측면이 있는 것도 사실이다. 그러나 과연 이와 같이 주체에 대한 반본질
주의적인 해체를 급진화 하는 것이 여성들에게 얼마만큼 유용한 것인가에
대해서는 많은 논쟁들이 있어 왔다. 만일 '여성', '주체' 등이 해체될 경우,[1]

여성주의는 상대주의적 유명론에 빠지게 되면서 여성 억압의 현실에 대항할 수 있는 행위자를 설명해낼 수 없게 되고, 이는 곧 그 가부장적 억압의 현실에 대항할 수 있는 여성주의적 실천을 어렵게 만들 수 있기 때문이다. 또한 여성들의 사회적 차별에 따른 정치적 함의를 간과하게 됨으로써 오히려 남성들의 지배를 용이하게 할 수도 있다. 따라서 그 해체적 도전에 직면하여, 여성주의는 '정체성', '자아', '주체성'에 대한 새로운 이론을 형상화해야하는 난제를 안고 있다. 그렇다면 이러한 난제를 어떻게 해결할 것인가?

여성주의는 모더니티를 비판하는 포스트모더니티의 문제의식에 단순히 동조하는 데에 그칠 것이 아니라, 좀 더 근본적인 입장에서 모더니티와 정면 대결하여 이를 극복해야 하며, 이는 그야말로 여성주의 이론의 강건한 토대를 구축하는데 있어서도 필수적인 작업이다. 그렇다면 그와 같이 새롭게 시도되는 여성주의 문화철학은 어떤 이론이어야 하는가? 그 안에서 '젠더', '여성'은 어떤 자아와 주체성을 지닌 인간존재일 수 있는가? 이처럼 새롭게 대두되는 난제를 해결하고, 나아가 여성주의 문화철학의 이론을 구축하기 위해서, 필자는 제2장과 제3장에서 아도르노의 철학을 다루고자 한다. 오늘날의 여성주의가 기존의 서구 철학 전통을 비판하거나 대안적 사유를 모색해나가는 과정에서, 때로는 아도르노와 함께, 때로는 아도르노를 넘어서서 모더니티를 비판하고 극복하는 노력이 필요하기 때문이다. 이를 위해서 우선적으로 아도르노와 여성주의 사이에 놓인 이중적인 긴장관계에 주목하고, 오늘날 여성주의 사유와 이론을 정립하기 위해 아도르노를 비판할 부분과 수용할 부분을 명확히 하고자 한다.

1. 아도르노와 여성주의

철학자들은 얼마만큼의 여성주의적 시각을 가지고 자신의 사상을 전개했는가? 서구철학의 전통 속에서 명망 있는 사상가 중에 오늘날 여성주의의 비판을 견디어 낼 수 있는 철학자가 과연 얼마나 있는가? 아도르노가 가부장적 모더니티를 비판했다는 사실은 곧 그가 여성주의적인 사상가임을 의미하는가?

아도르노와 여성주의의 연관성에 대한 본격적인 논의에 앞서 필자는 우선 이 연관성에 왜 그리고 어떻게 접근하고자 하는가를 밝혀 두고자 한다. 여기서 다루려고 하는 작업은 아도르노의 사상이 과연 여성주의적인가 아닌가를 규정하고 그 한 쪽을 지지하기 위함이라거나, 또는 여성주의에 대해 아도르노가 지닌 모순적 태도를 논리적으로 재구성한 뒤에, 다시 이를 해소해보려는 목적을 지니지 않는다. 왜냐하면 여성주의가 아도르노의 철학적 입장도 아니었고, 그가 젠더나 여성에 대한 적극적인 분석을 자신의 주요한 철학적 화두로 삼은 것도 아니기 때문이다. 따라서 그가 여성에 대한 언급을 하거나 소위 젠더 상징성 및 여성성에 대한 분석을 시도할 경우, 논리적 구성이나 해석의 치밀함을 가지지 않은 것은 당연하다. 그럼에도 아도르노가 가부장적 모더니티를 비판하고 있다는 사실로부터 아도르노를 단순히 여성주의 사상가로 평가하거나, 또는 그에게 드러난 남성중심성의 한계를 지적함으로써 그를 비여성주의 사상가로 매도하는 것만으로는 아도르노와 여성주의에 대한 생산적인 논의가 이루어질 수 없다.[2] 그러한 논의는 아도르노와 여성주의의 연관성을 매우 단순화시킨 사변적 해석이자 환원주의적인 해석에 그칠 뿐이다. 그렇다면 필자는 여성주의의 입장에서 아도르노를 어떻게 다룰 것이며, 그로부터 무엇을 얻어내려 하는가?

한편으로 아도르노의 모더니티 비판은 여타의 포스트모더니티 이론들,

이를테면 포스트구조주의와 포스트모더니즘의 이론들과 교차되면서, 특히 포스트모던 여성주의3가 기존의 철학적 전통을 비판하는 토대가 된다. 따라서 그의 모더니티 비판를 검토하는 것은 오늘날의 여성주의가 모더니티를 비판하면서 출발하는 이론의 전제이자 시발점을 재확인하는 작업이라 할 수 있다. 또한 다른 한편으로 아도르노의 모더니티 극복에 대한 고찰은 여성주의가 포스트모더니티를 수용하는 데에 있어 부딪히게 되는 딜레마로부터 벗어나는 데에도 필수적이다. 즉 여성주의가 포스트모던 이론들의 급진성 때문에 지니게 되는 해체위험에 직면하여 자신의 이론을 정립하는 데 아도르노 사상을 적극 전유할 수 있다. 왜냐하면 아도르노는 한편으로 모더니티를 비판하면서도 다른 한편으로 포스트모더니티의 해체가 아닌 모더니티의 극복을 시도하고 있기 때문이다. 따라서 아도르노의 모더니티 비판이 구체적으로 무엇이며, 그 안에서 여성주의가 취할 수 있는 부분과 비판할 부분은 무엇인지, 나아가 그가 어떻게 모더니티를 극복하려고 시도했는지를 여성주의의 입장에서 상세히 성찰할 필요가 있다. 이러한 작업은 모더니티와 포스트모더니티의 사이에서 갈등에 처한 오늘날의 여성주의가 자신의 이론적 근거를 재정립하고, 또한 앞으로 나아가야 할 향방을 결정하는 데에 중요한 단서가 될 수 있다.4

이러한 맥락에서 크냅Knapp은 여성주의 입장에서 비판이론에 대해 양가적 입장을 취하는데, 한편으로 비판이론이 여성의 사회적 통합에 대해 남성중심적인 편향적 개념을 지니고 있음을 비판하면서도, 다른 한편으로 비판이론의 방법론적이고 이론적인 관점을 취함으로써 역사적으로 구체적이고도 복합적인 사회적 객관성의 개념을 획득해야 한다고 주장한다. 특히 그녀는 아도르노가 실증주의에 대항하여 종합이 없는 '중재'를 내세운 점과 소박한 실재론에 반대하며 '객체우위'를 주장하고 있는 것이 최근 여성주안에서 논의되는 환원주의적 접근, 즉 포스트구조주의 및 포스트모던의 유명론의 비역사적 접근을 비판할 수 있는 중요한 사상적 토대가 될 수 있다고 역설한다.[5]

아도르노의 모더니티 비판은 폭넓은 의미에서 계몽 비판을 의미하며, 이는 이미 도구적 이성 비판과 동일성사고에 대한 비판을 포함한다. 그리하여 많은 이들이 종종 모더니티비판을 계몽 비판으로, 계몽비판을 이성 및 동일성 비판의 의미로 쉽게 치환하여 그 용어들을 사용하곤 한다. 그러나 아도르노의 모더니티 비판의 근간을 이루는 계몽비판은 계몽과 신화의 대립관계를 통하여, 이성비판은 그 이성의 생성 및 전개과정에서 권력과의 교착交着 관계를 밝혀냄으로써, 그리고 동일성 비판은 주체와 객체사이의 외적·내적 및 사회적 지배관계와의 연관성을 통하여 좀 더 상세하게 논의되어야 한다.[6]

필자는 이러한 아도르노의 모더니티 비판 중에서도 특히 계몽비판 및 이성비판과 여성주의의 연관성을 고찰하고자 한다. 아도르노의 비판뿐만 아니라, 모더니티의 가부장적 요소들을 비판적으로 지적하는 여타의 작업들은 모더니티에 대한 여성주의적 비판의 단서를 제공하는 것이 사실이다. 그러나 필자는 그의 모더니티비판이 가부장적 사유의 근간을 비판하고 있음에도, 그 비판에 드러나 있는 젠더상징성과 여성성이 과연 오늘날 여성주의에서 받아들일 수 있는 것인지에 대해 면밀히 검토할 것이다. 그리하여 그의 비판이 왜 가부장적 모더니티를 극복하고 그 대안적 사유를 모색하는 여성주의적 시도로는 부족할 수밖에 없는지를 구체적으로 밝혀내고자 한다.

2. 계몽비판과 '신화적 자연'으로서 여성

1) 계몽비판에 드러난 근대적 인간성

협의의 포스트모더니즘논쟁은 계몽주의에 대한 비판과 해체에 초점을 맞춘다. 서구사상의 전통에서 '계몽'은 신화적 폭력과 야만으로부터 인간들을 해방시킴으로써 문명을 발전시키고 인간의 자유를 확장시켜온 것으로 여겨졌다. 그러나 아도르노와 호르크하이머는 『계몽의 변증법』에서 "왜 인간들은 진실로 인간적인 상태에 진입하는 대신에 새로운 종류의 야만성에 빠지고 말았는가"[7]라는 질문을 제기한다. 그들은 당시의 파시즘이라는 역사적 현실에 대면하여, 그 기원이 오히려 인간의 자유를 확장시키는 추동력으로서 받아들여져 온 계몽적 사유, 즉 폭넓은 의미의 계몽주의에 있다고 진단한다. 그리하여 『계몽의 변증법』에서 그들은 서구의 역사와 사유가 신화로부터 계몽에로 일면적인 진보만을 해 온 것이 아니라 오히려 신화와 계몽의 변증법적인 관계를 통해서 전개되었다고 주장하고, 이를 다음과 같은 핵심 테제를 통해 표현한다. "신화는 이미 계몽이었다. 계몽은 신화론으로 되돌아가고 있다."(DA 16) 이 테제는 단순히 모더니티를 대표하는 계몽주의만이 아니라, 서구 사유의 시작점에서부터 모더니티에 이르기까지 계몽의 기원과 동시에 그 역사적 전개과정이 계몽자체의 자기파괴성으로 점철되어 왔음을 비판적으로 표명한다. 이와 함께 아도르노와 호르크하이머는 신화와 계몽 사이의 적대적 이분법에 반대하고, 신화가 지닌 계몽적 요소와 계몽이 지닌 신화적 요소를 밝혀냄으로써[8] 오늘날 계몽이 처한 자기모순성을 '계몽의 변증법'으로 집약하여 명시화한다.

　『계몽의 변증법』에서 그들은 『오디세이』[9]를 계몽의 자기파괴성을 보여주는 알레고리로, 오디세우스를 "시민적 개인의 원형"(DA 61)으로 해석한다. 오디세우스는 트로이전쟁을 승리로 이끌 만큼 영리한 지장智將이었지만, 포세이돈의 분노를 사게 되어 곧바로 고향인 이타카에 돌아오지 못하고 바다를 헤매게 된다. 아도르노와 호르크하이머는 오디세우스가 귀향길에 신화적 인물들과 대결을 벌이면서 갖가지 위험들을 극복하는 과정을 상세히 분석하는데, 그럼으로써 그 안에 담긴 '계몽의 변증법', 즉 계몽이 자기모순에 빠지고 마는 요소들을 밝혀낸다. 이는 오디세우스가 자연신들이나 신화적 인물들을 이겨내기 위해 사용하는 각종 '책략'List들에서 드러나며, 바로 그 책략의 메커니즘이 '자기보존과 자기부정'의 모순적 계기를 고스란히 담고 있는 것이다.

오디세우스의 책략은 어떻게 하면 육체적으로 허약한 인간이 신화적 인물들에 의해 희생당하지 않고 '합리적인' 계획을 세워 자신을 보존할 수 있는지에 관한 알레고리이다. 『오디세이』에 대한 기존의 해석들은 이러한 지장으로서의 오디세우스의 모습에 초점을 맞추고, 무엇보다 영리함을 그에 대한 상징의 전형으로 고착시킨다. 그러나 아도르노와 호르크하이머의 해석에 따르면, 그의 책략은 오히려 자신의 희생을 단지 내면화한 데에 불과하다. 왜냐하면 오디세우스는 신화적 힘과 외적인 자연을 지배하기 위해서 "인간 안에 있는 자연을 부정"Verleugnung der Natur im Menschen(DA 72) 해야만 했기 때문이다. 다시 말해 신화적인 인물들이나 외적인 자연의 위험을 헤쳐 나오는 과정에서 인간은 스스로의 내적 자연과의 유기적 연관성을 끊어버리고 자신을 부정함으로써, 즉 오히려 희생을 내면화함으로써 합리적 자아로서 자신을 보존할 수 있었다. 이와 같이 볼 때, 오디세우스는 한편으로 외적 자연과 신화적 지배에서 해방된 최초의 계몽적인 인간이지만, 그와 동시에 다른 한편으로 바로 그 합리적 인간이 자기를 보존하기 위해 어떻게 비합리적인 신화에 다시금 빠질 수밖에 없었는가를 모순적으로 예시화한다. 따라서 오디세우스의 모험담은 『계몽의 변증법』에 있어 핵심사상인 계몽과 신화의 변증법적 관계를 탁월한 방식으로 보여주고 있으며, 그 안에서 우리는 모더니티의 근간이 되고 있는 인간, 즉 시민적 개인의 전형이 이미 서구 문명의 시발점에서부터 유래하고 있음을 좀 더 근원적으로 고찰할 수 있게 된다.

나아가 아도르노와 호르크하이머의 계몽비판은 이러한 근대적 시민의 인간성이 전제로 하고 있는 가부장적 특성에도 비판적으로 주목한다. 그들에 따르면, 오디세우스가 원형적으로 보여주고 있는 계몽적 인간이 희생을 내면화함으로써 자기를 부정하는 과정은 매우 가혹한데, 그와 같이 "동일하고, 목적 지향적이며, 남성적인 인간성의 성격, 즉 자아가 만들어질 때까지 인간은 매우 끔찍한 것들을 그 스스로에게 강요해야만 했다."(DA 50) 여기서 아도르노와 호르크하이머는 모더니티가 기반으로 하고 있는 인간성이 '동일하고, 목적 지향적이며, 남성적인'identisch, zweckgerichtet, männlich 것임을 명시적으로 밝히고, 이러한 인간성을 지닌 계몽적 인간이 형성되기 위해서 거쳐야 하는 유년기의 내적 억압의 훈련과정에 대하여 비판적으로 주목한다.

2) 계몽적 인간과 신화적 자연

우리는 물론 아도르노와 호르크하이머의 모더니티에 대한 비판이 다름 아닌 '동일하고, 목적 지향적'일 뿐 아니라 '남성적인' 인간성에 대한 비판을 포함하고 있다는 점을 확인할 수 있다. 오디세우스의 상징성에서와 같이 근대적 인간의 원형은 이미 남성적 영웅의 성격을 지니고 있으며, 이에 대해 그들이 비판적으로 성찰하고 있는 것도 사실이다. 그러나 이러한 계몽적 인간에 대한 자기비판 속에서 여성들은 과연 어디에 위치해 있는가? 모더니티의 '남성적' 인간성은 여성을 암묵적으로 포함하고 있는가 아니면 나머지 반의 인간성을 아예 부정하고 있는가?

그들이 '계몽의 변증법'의 알레고리로서 채택하고 있는 『오디세이』로 되돌아가 보면, 오디세우스가 만나는 신화적 위험들이 여성적 상징성을 지니고 있음을 쉽게 발견할 수 있다. 작가인 호머는 이미 여성을 '계몽적 인간'이 극복해야 할 '신화적 자연'의 모습으로 형상화하고 있으며, 이는 오디세우스와 신화적 인물들 사이에 드러나고 있는 젠더 상징성에 대한 아도르노와 호르크하이머의 해석에서도 그대로 유지되고 있다.[10] 그들의 계몽비판에 놓인 근간이자 핵심적 인간성의 원형은 단연 오디세우스이다. 이에 반해 '계몽적 인간'인 오디세우스가 극복해야할 대상들이자 '신화적 자연'으로서 여성들로서, 사이렌들, 키르케 등이 등장한다. 물론 오디세우스가 그의 모험담에서 만난 여성들은 각기 다양하고 다른 상징성들을 지니기 때문에 이를 구분하여 면밀히 분석해야 하지만, 여기서는 우선 오디세우스와 여성들의 이분법적인 적대관계만을 문제 삼고자 한다.[11] 왜냐하면 『오디세이』와 『계몽의 변증법』에서 오디세우스가 만나는 여성들은 그 다양성에도 불구하고, "남성적인 성격에 반대되는 것으로서 단지 이차적이고, 부차적이며 아예 처음부터 그의 목적에 종속되는 존재로서"[12] 내용적인 공통성을 지니기 때문이다. 오디세우스와 사이렌들의 만남에서나, 오디세우스와 키르케의 만남에서 여성은 오디세우스가 최초의 계몽적인 인간으로 형성되기 위해서 극복해야할 낯설고, 위험천만한 신화적 장애물이자 자연과 동일시되는 어떤 것이다.[13]

더욱이 아도르노와 호르크하이머는 여성과 남성사이의 차이가 『오디세이』신화에 대한 분석에서처럼 단지 문화적인 상징성만으로 형성된 것이 아니라, 남성중심사회를 가능케 하는 생물학적 차이에 근거하고 있으며, 이로부터 성적 지배가 생겨났다고까지 주장한다.

무제한적으로 자연을 지배하고, 우주를 무한한 사냥터로 바꾸는 것이 수천 년을 내려온 염원이었다. 바로 거기에 남성중심사회에서의 인간의 이념이 맞추어져 있다. 그것은 인간이 자랑스러워하는 이성의 의미였다. 여성은 더 작고 더 약했으며, 여성과 남성 사이에는 극복될 수 없었던 차이가 존재했는데, 그 차이는 자연에 의해 정해진 것이자 남성중심사회를 가능케 하는 가장 모욕적이고 굴욕적인 것이었다.(DA 285~286)

이러한 인간성의 이념이 서구의 계몽적 사유전통에서 문화적으로나 역사적으로 우세했다는 사실을 인정할 경우, 그 역사의 주변에서 오히려 계몽적 인간으로 환원될 수 없고, 그저 '신화적 자연'으로 남은 여성들은 어떻게 설명할 것인가? 그들은 과연 누구이며 어떤 인간인가? 과연 생물학적인 차이에 의해 여성의 주변성이 정당화될 수 있는가? 여기서 아도르노와 호르크하이머가 생물학적 차이에 유래를 두고 있는 가부장적 모더니티를 옹호하고 있는 것이 아님은 분명하다. 더욱이 그들의 모더니티비판은 단지 계몽적 인간의 근대적인 전개과정만이 아니라 그 최초의 형성과정에까지 거슬러 올라가고 있다. 따라서 그들의 계몽비판은 역사비판적인 철저함을 보여주며, 또한 그와 동시에 남성중심사회를 가능케 했던 여성과 남성 사이의 차이가 "가장 모욕적이고 굴욕적"인 것이었음을 비판적으로 명시화한다.

그런데 문제는 '신화적 자연'으로서 여성이 모더니티의 주역인 계몽적 인간의 '타자'에 불과하며, 이와 같이 모더니티에서 소외된 타자로서의 여성을 비판적으로 지적하는 것만으로는 결코 여성에 대한 생산적인 논의를 기대할 수 없다는 데에 있다. 왜냐하면 그 안에서의 여성은 근대적 자아나 주체가 되지 못하는 존재로 다루어지므로 자기성찰조차 아예 불가능하기 때문이다. 따라서 여성주의의 입장에서 생겨나는 딜레마는, 한편으로 이러한 계몽비판이 여성주의의 비판적 출발점을 확인시켜줄 수는 있지만, 다른 한편으로 그 비판이 강조되면 강조될수록 오히려 소외된 타자성과 성적 지배로부터 탈출할 수 있는 여성들의 여지가 점점 더 좁아진다는 것이다. 왜냐하면 그들의 비판이 전제로 하고 있는 여성에 대한 문화적 상징성이나 생물학적 차이의 실질적인 내용이 아무리 비판적인 의미를 지녔다고 해도, 그것은 여성의 긍정적 가능성을 이미 차단하고 있으며, 그 안에서의 여성성은 단지 계몽비판을 위해 사용되는 수단적인 의미만을 지니고 있기 때문이다. 따라서 현실의 여성들이 문화적인 차이 또는 생물학적인 차이와 함께 인간성에 접근할 수 있도록 하는 좀 더 적극적인 가능성은 이미 가로막혀 있다.

과연 인간성은 '동일하고, 목적 지향적이며, 남성적'이기만 한 것인가? 여성은 단지 남성과는 본질적으로 차이가 나는 '신화적 자연'에 불과할 뿐인가? 다른 의미의 인간성, 다른 의미의 주체성의 형성 및 전개과정은 존재할 수 없는가? 비록 여성과 남성 사이에 생물학적 차이가 존재한다고 하더라도, 그것이 성적 지배의 정당성을 지닐 수는 없으며, '신화적 자연'으로서의 여성성 또한 인간성에 대한 위험과 방해요소로만 간주될 수는 없다.[14] 이러한 맥락에서 아도르노와 호르크하이머의 계몽비판은 한편으로 모더니티의 기원과 그것의 남성중심적 성격을 지적함으로써 계몽적 전통과 사유에 대한 여성주의적 비판의 기초를 제공한다. 그러나 다른 한편으로 그들의 작업에서 그러한 남성중심성의 타자인 여성성에 대한 좀 더 긍정적인 내용은 충분히 검토되지 않았으며, 나아가 여성들이 그 가부장적 계몽을 전복시킬 수 있는 적극적인 주체로도 생각되지 않았다. 따라서 그의 계몽비판은 남성중심적androzentrisch이고, 여성소외적인 차원을 온전히 벗어나지 못하고 있다.

3. 도구적 이성비판과 사디스트 여성

1) 도구적 이성과 계몽주의 도덕

아도르노와 호르크하이머의 도구적 이성비판은 모더니티 비판에서 매우 핵심적 위치를 차지한다. 오늘날 그들이 비판한 도구적 이성을 극복하기 위한 많은 시도들이 있어 왔다.[15] 그렇다면 그들이 말하는 도구적 이성이란 무엇을 의미하는가? 호르크하이머는 '이성의 도구화'[16], 즉 이성이 목적이 아닌 수단으로 전락했음을 비판한다. 그는 당대의 역사적 현실인 파시즘이 바로 계몽적 전통에서 전개된 도구적 이성의 비이성적인 결과라고 판단하고, 사고의 자율성을 확보하고자 시도한다. 또한 『계몽의 변증법』의 두 번째 부언설명인 "쥘리에트 또는 계몽과 도덕"의 장에서 아도르노와 호르크하이머는 '도구적 이성과 권력의 상관관계'를 분석한다. 그들은 칸트, 사드, 니체의 사상을 검토하면서 부르주아 자유주의와 전체주의의 연관성을 이끌어내고, 나아가 『계몽의 변증법』의 핵심테제인 계몽의 무자비한 완성이 어떻게 다시금 신화론으로 빠지고 마는가를 밝혀낸다.

우선적으로 아도르노와 호르크하이머는 칸트의 계몽개념으로부터 출발하는데, 칸트는 계몽을 다음과 같이 정의한다.

계몽은 스스로 책임져야하는 미성숙으로부터 벗어나는 것이다. 미성숙이란 다른 사람의 인도없이는 자신의 오성을 사용할 수 없는 무능력이다. 이 미성숙의 원인이 오성의 결핍에 있는 것이 아니라 다른 사람의 인도없이 오성을 사용할 수 있는 결단과 용기의 결핍에 있다고 할 경우, 그 미성숙에 대해 스스로 책임을 져야 한다.[17]

아도르노와 호르크하이머에 따르면, 여기서 "다른 사람의 인도 없이 오성을 사용"한다는 것은, '이성에 의해 인도되는 오성'을 사용하여 '자신의 일관적인 성과에 의해 개별적인 인식들을 체계로 만든다'(DA 100)는 것이다. 이성은 '일종의 집합적 통일성을 오성적 행위들의 목표로' 설정하는데, 이와 같이 하나의 원리에 의한 인식들의 연관성은 다름 아닌 '체계'를 말한다. 따라서 "이성은 체계적인 통일성, 즉 확고하고 개념적인 연관성에 기여한다."(DA 101)

물론 칸트의 『순수이성 비판』에서도 이성개념의 이중성[18]이 제시된다. 한편으로 선험적이며 개인을 넘어서는 자아로서 이성은 인간의 자유로운 공동의 삶이라는 이념, 즉 참된 보편성의 이념과 유토피아를 포함한다. 그러나 다른 한편으로 이성은 '자기보존'의 목적을 위해서 세계를 조정하는 사고, 즉 '계산하는 사고'의 심급이 되기도 한다.(DA 102~103) 아도르노와 호르크하이머는 후자의 이성과 계몽주의 도덕의 연관성을 비판적으로 분석한다. 계산적 사고에서의 이성은 감각적인 대상들의 차이를 평균화시키고, 이를 체계화함으로써 학문을 성립시키며, 이를 통해 주체로 하여금 '자기보존'의 원리를 좀 더 효과적으로 실행할 수 있게 한다. 아도르노와 호르크하이머에 따르면, 이러한 학문은 자기 스스로에 대한 이해를 결여한 채 단순히 도구로 전락하고 만다. 또한 여기서 계몽은 학문적 체계화와 진리를 동일시하는 철학이 되는데, 칸트 역시 이러한 동일성의 철학을 시도하였으며, 그에 따라 결국 학문적인 체계를 진리의 형태로서 증명하는 결과를 이끌어 내게 된다.

그런데 문제는 여기서 학문이 '체계'라는 압력 아래 그자신의 목표에 대해 성찰하지 않게 되면서, 단순히 하나의 기술적 연습이 되고 만다는 데 있다. 나아가 이런 학문개념에 근거할 경우, 도덕에 대한 어떠한 근원도 발견할 수 없게 된다. 따라서 아도르노와 호르크하이머는 다음과 같이 주장한다.

이론들은 일관적이며 딱딱하고, 도덕론은 비록 엄숙하게 들리는 경우에도 선전적이고 감상적이거나, 혹은 마치 칸트가 사실로서 도덕적인 힘에로 소급하는 것처럼 바로 그 도덕의 근거를 이끌어낼 수 없다는 의식으로부터 나오는 폭력의 왕국이 된다. 상호존중의 의무를 이성의 법칙으로부터 이끌어 내려는 칸트의 과감한 시도는 서구의 모든 철학들 보다 더욱 조심스러운 것일지는 모르지만, [그의] 비판에서 어떠한 버팀목도 찾을 수 없게 된다.(DA 104)

따라서 칸트의 '원칙들의 형식'에 대해 존경하는 시민들은 자신의 도덕적인 행위를 통해서 계몽되는 것이 아니라 오히려 미신적인 상태, 즉 바보가 되고 만다. 나아가 이와 같은 칸트의 형식주의적 윤리가 계급적인 통제를 벗어나서 전체주의적인 질서를 만나게 될 경우, 사태는 더욱 심각해진다.

19세기의 상인들이 칸트적인 존경과 상호적인 사랑에 붙잡혀 있었다면, 그 자신의 계급에 따른 통제로부터 자유로운 파시즘은 그들의 국민들에게 강철과 같은 규율에 의한 도덕적인 감정을 벗어나게 해주고, 더 이상 어떤 규율도 지킬 필요가 없게 했다. 정언명령에 따라 그리고 순수이성과 더 깊은 일치를 이루면서 그것[파시즘]은 인간을 사물로, 즉 행동방식들의 중추들로 만든 것이다.(DA 105)

칸트의 '정언명령'에서 인간과 자연을 지배하는 계몽주의의 도덕은 다름 아닌 인간의 자기보존을 위한 도구적 이성의 극단적인 형식주의인데, 파시즘은 바로 이러한 '계산적 사유'의 이성에 전권을 부여한다. 또한 그 자신의 피비린내 나는 '성취능력'Leistunsgfähigkeit을 학문의 표준으로 삼게 한다.[19]

한편 아도르노와 호르크하이머에 따르면, 사드는 이러한 칸트의 계몽주의 도덕과 파시즘의 전체주의적 권력 사이에 놓인 긴밀한 연관성을 예견하기에 충분한 요소들을 자신의 작품에서 주인공들을 통해 적나라하고도 탁월한 방식으로 보여준다. 그리하여 사드는 칸트가 말하는 "다른 사람의 인도없이 오성을 사용"할 줄 아는 시민으로서의 주체가 전체주의적 권력을 행사하면서 얼마만큼 잔인할 수 있는지를 매우 구체적으로 묘사한다. 그런데 이러한 도구적 이성과 권력의 교착 관계를 파헤치는 아도르노와 호르크하이머의 모더니티 비판에서 흥미로운 것은, 계몽의 시발점에서 단지 '신화적 자연'에 불과했던 여성이 계몽이 완성되는 단계에서 급작스럽게 계몽주의 도덕의 실행자로 상징화되고 있다는 점이다. 그들은 사드의 쥐스틴느와 쥘리에트 자매를 분석하면서, 쥐스틴느는 도덕법칙의 희생자로, 쥘리에트는 계몽주의 도덕의 완성을 구체화한 인물로 해석한다.[20] 더욱이 쥘리에트가 형상화하고 있는 것은 "승화되지도 않고 퇴행적이 된 리비도가 아니라 퇴행에 대한 지적인 기쁨, 지적이며 악마적인 사랑, 즉 문명을 그 자신의 무기로 내리치는 즐거움"이며, 그녀는 "체계와 일관성을 사랑한다."(DA 114) 그녀는 합리적 사고를 수단으로서 매우 잘 구사할 줄 알며, 칸트가 도덕철학에서 말하고 있는 무관심성의 의무에 따라서 매우 이성적으로 도덕적 행위를 한다.[21] 그녀에게 "이성은 계산과 계획의 기관이며, 목표에 대해서 중립적이고, 그 이성의 요소는 조정Koordination에 있다"(DA 107).

또한 그녀는 과학을 무조건적인 신조로 삼고, 합리적으로 증명할 수 없음에도 숭배되는 모든 것을 끔찍하게 여긴다. 아도르노와 호르크하이머는 철저히 계산하고 계획하는 이성을 통해 대상들을 잔혹하게 지배하는 그녀의 모습 속에 이미 계몽주의 사디즘의 전형이자 부르주아 개인들 안에 잠재되어 있는 전체주의적 지배의 원형이 자리 잡고 있다고 해석한다. 즉 그녀에게서 도구적 이성과 권력의 무자비한 결탁은 결국 강자숭배로 드러나게 되는 파시즘의 맹아가 된다. 왜냐하면 "이성의 형식화를 통해서 모든 목표가 신기루와 같았던 필연성이나 객관성의 성격을 잃게 된 이래로, 불의, 증오, 파괴가 활성화"(DA 124) 되었기 때문이다. 아도르노와 호르크하이머에 따르면, 이처럼 도구적 이성의 형식화 및 물신화가 권력과 착종錯綜관계를 이루면서 계몽주의 도덕론이 완성되고, 나아가 그것이 자기파괴적으로 치닫게 되면서 전체주의의 근간을 형성한다.

위에서 우리는 도구적 이성과 권력의 교착 관계에 대한 분석 및 그러한 계몽주의 도덕과 전체주의의 연관성을 밝혀내는 작업 속에서 아도르노와 호르크하이머의 모더니티 비판이 지니고 있는 역사철학적인 의미를 발견해 보았다. 이제 우리는 그들이 이러한 계몽주의 도덕을 체화시킨 인물로 해석하고 있는 쥘리에트에게서 그녀의 여성성이 계몽주의 도덕과 어떻게 관련되는가에 대해 좀 더 상세히 분석해보고자 한다. 과연 그녀는 탈성화된 인간으로서 도구적 이성과 권력을 결합시킨 자기파괴적 존재인가? 아니면, 그녀의 여성성은 그 계몽주의 도덕을 완성하는 데에 어느 정도 관여하는가? 자기파괴적인 잔인성이 여성성으로 인해 더욱 부채질되는가? 만일 쥘리에트에게서 여성성과 계몽주의 도덕이 연관되어 있다면, 그 여성성은 과연 무엇을 말하며 어떤 의미를 지니는가?

2) 계몽주의 도덕과 사디스트 여성 : 쥘리에트

쥘리에트는 칸트의 윤리학에서 덕을 위한 필수적 전제조건인 '도덕적인 무관심성'moralische Apathie으로 무장되어 있으며, 합리성에 의해 증명된 학문만을 중시하고, 그에 따라 학문적으로 증명될 수 없는 종교에 대항하여 싸움을 벌이는 계몽주의의 딸로 그려진다.(DA 116) 또한 그녀는 니체가 말하는 "위험하게 살아가기"gefährlich leben를 자신의 사명으로 삼고, 보통 여성적이라고 폄하되는 약자들의 '동정'Mitleid을 극복한 여성이다. 그리하여 그녀는 니체보다도 앞서 선과 악에 대한 의식적인 가치전도Umwertung를 실행에 옮긴 여성이기도 하다. 그러나 아도르노와 호르크하이머에 따르면, 그녀는 한편으로 시민적인 사랑의 방식으로 꼽히는 희생에 저항하면서 육체적인 향락physischer Genuß22을 구현하고 있기는 하지만, 또 다른 한편으로 그 향락에 따르는 섹슈얼리티의 진부함을 벗어나지 못하고 있다.

> 줄리엣은 생식기에 의한 도착적인 섹스를 찬양하고 비자연적인 것, 비물질적인 것, 환상적인 것을 비난하면서, 이 방탕한 여인은 사랑의 유토피아적인 과잉과 함께 육체적인 향락도, 최고의 행복뿐만 아니라 가장 가까운 행복도 축소시키는 그 평균성에 빠지고 만다.(DA 129)

그리하여 그녀는 파괴적 사랑의 유토피아를 모두에게 허락함으로써 '승화된 사랑'sublime Liebe이라는 고답적인 틀을 벗어나지 못하고, 계몽의 모순성을 고스란히 드러내고 만다.

그런데 사랑 속에서 여성을 숭고하게 만드는 것은 그리스도교보다 더이전의 모계적인 사회의 단계에까지 소급된다. 아도르노와 호르크하이머는 그리스도교와 사드를 다음과 같이 대비시킨다.

> 그리스도교가 성에 대한 억압을 이데올로기적으로 여성에 대한 경외로 보상하고 그럼으로써 고대적인 것에 대한 회상을 단지 몰아내는 대신에 고상하게 하려는 시도는 '승격되어 숭상되는 여성이나 이론적으로 해방된 즐거

움에 대한 원한'에 의해 끝을 맺는다. 억압을 실천하기에 맞는 감정은 존경이 아니라 경멸이다.(DA 131)

그리스도교는 고대 모계사회에 대한 회상을 존속시키면서 여성에 대한 억압을 성모숭배 등의 의식을 통해 여성에 대한 경외로 보상하는 반면, 사드는 약자로서의 여성에 대한 증오를 오히려 적나라하게 보여준다. 특히 쥘리에트는 숭상되는 여성에 대한 원한과 이론으로 무장되어 해방된 즐거움에 대한 원한을 동시에 보여준다.

또한 아도르노와 호르크하이머는 여성에 대한 증오와 연관하여 그리스도교와 사드의 공통점을 이끌어 내기도 한다. 그리스도교가 결국 이웃사랑 뒤에 은폐하고 있던 여성에 대한 증오를 마녀사냥의 형태로 드러냄으로써 모계 사회의 예언자적인 여성에 대해 복수한 바 있기 때문이다. 사드는 남성들이 가지고 있는 정신적으로나 육체적으로 열등한 여성에 대한 경멸과 증오를 아예 더 적극적으로 의식화시킨다. 로마경찰 대장인 기기백작은 다음과 같이 말한다.

나는 두 육체의 연결로부터 일찍이 두 가슴의 연결이 산출될 수 있다고 한 번도 믿은 적이 없다. 나는 그러한 육체적 연결에서 경멸(……)과 혐오의 강력한 동기를 보며, 사랑의 동기는 전혀 볼 수가 없다.[23]

아도르노와 호르크하이머는 정신적으로나 육체적으로 더 약한 여성에 대한 증오뿐 아니라 그러한 여성들이 여전히 굴복되지 않았다는 사실이 오히려 강자들을 격분시킴으로써 더욱 잔인한 즐거움을 야기 시킨다고 주장한다. 그런데 사드의 쥘리에트는 여성임에도 강자의 전형으로 묘사되었으며, 그녀는 보다 파괴적인 즐거움에 사로잡힌 채로, 이성異性에게 고통을 안겨주는 사디즘적인 사랑, 즉 잔인하고도 치명적인 사랑을 통해서 광기를 실현한다.(DA 134)

이와 같이, 아도르노와 호르크하이머는 사드의 쥘리에트라는 인물을 분석하면서 칸트와 니체에게서 드러나 있는 계몽주의 도덕과 전체주의의 연관성만이 아니라 그 안에 담긴 여성에 대한 증오의 역사까지를 추적하고 있음을 알 수 있다. 그리하여 그들은 그리스도교와 사드에게서 열등한 여성에 대한 남성들의 증오가 공통적으로 자리 잡고 있음을 보여준다. 나아가 그들은 사드의 쥘리에트처럼 도구적 이성으로 무장된 여성들의 초자아가 다름 아닌 이성과 광기의 잘못된 결합이라는 것을 밝혀내고, 그것이 곧 파시즘의 원형이 된다고 주장한다. 그런데 여기서 우리는 그와 같이 계몽주의적 도덕을 실현하고 또한 완성함으로써 파시즘의 시조가 되는 존재가 왜 하필이면 쥘리에트와 같은 여성이어야 하는가에 대해 묻지 않을 수 없다. 더욱이 그녀는 탈성화된 인간존재로만 그려지고 있는 것이 아니라 명석한 두뇌로 도구적 이성을 통해서 합리적 사유를 끝까지 관철시킬 수 있는, 즉 잔인한 능력을 갖춘 여성으로 묘사된다. 그렇다면 계몽주의 도덕의 완성자가 계몽적 사고를 시초에서부터 전개시켜왔던 다수의 남성들 중 하나가 아니라 하필이면 왜 그러한 그 계몽적 사고에 겨우 소수로만 접근할 수 있었던 여성들 중 하나로 형상화되어야 하는가?

더욱 흥미로운 것은 이미 『오디세이』에 대한 여성주의적 독해에서 밝혀진 것과 같이 최초의 계몽적 인간인 오디세우스에게 맞서 단지 '신화적 자연'에 불과했던 여성이 계몽의 완성의 단계에서 도구적 이성의 대변자가 되었다는 사실이다. 그렇다면 계몽의 시발점에서 결코 계몽적 인간이 될 수 없었기에 '신화적 자연'으로 분류되고 또한 계몽에서 제외되었던 여성이 어떤 경로를 거쳐서 계몽의 잔혹한 완성자로 급작스럽게 변신할 수 있었는지의 과정을 밝혀야 하지 않는가? 더욱이 아도르노와 호르크하이머에 따르면, "지배자로서의 남성은 여성들로 하여금 개별적인 존재가 되도록 하는 명예를 거부했다"(DA132)고 하는데, 그러한 거부의 역사 속에서 과연 쥘리에트는 어떻게 등장할 수 있었는가? 그녀는 오히려 '정신적으로나 육체적인 힘이 더 약한 존재인 여성에 대한 증오'에 의해 만들어진, 그야말로 현실여성과는 거리가 먼, 허구적 여성에 불과한 것은 아닌가?

흔히 사람들은 사드의 쥐스틴느와 쥘리에트의 경우에서와 같이 여성을 두 종류의 극단적 형태로 분류한다. 쥐스틴느는 배우지 않았으므로 그 무지에 의해 순결한 여성으로 묘사되고 '미덕'을 상징한다. 순결한 그녀는 수동적이고 온순한 특성을 지니며, "경험의 결여"에 따르는 "주도력의 결핍"을 함축한다.[24] 반면에 쥘리에트는 '악덕'의 상징으로서 잔인한 예리함과 지성을 갖추고 주도면밀하게 행동하는 여성이다. 두 자매를 도구적 이성과 연관시켜 볼 때도, 우리는 전형적인 양극화를 발견하게 된다. 아도르노와 호르크하이머의 지적에서처럼, 한편으로 도구적 이성에 접근해볼 수도 없는 다수의 여성은 그 열등성을 이유로 지배의 대상이 되어 계몽주의 도덕적 법칙의 희생자가 되고, 다른 한편으로 도구적 이성을 너무도 잘 구사하는 소수의 전문적 여성은 잔혹한 광기의 소유자로서 계몽주의 도덕의 모순을 극대화하여 보여주는 사디스트가 된다.

그런데 문제는 이러한 여성의 양극화에만 있는 것이 아니다. 나아가 우리는 단순히 열등한 여성뿐만 아니라 이성과 과학으로 무장한 채 주도적인 능력을 갖춘 여성에 대해서도 변함없이 증오 내지 경멸의 시선이 공통적으로 전제되어 있음을 발견한다. 비록 사드가 성적인 위반을 통해 쥘리에트를 묘사함으로써 마치 전복적인 여성영웅으로 그려낸 것 같지만, 잔인한 사디스트 여성이 과연 해방된 여성의 모습일 수 있을지에 대해서는 여전히 부정적인 답변만이 가능할 뿐이다. 또한 아도르노와 호르크하이머 역시 사드의 쥘리에트를 계몽주의 도덕의 완성자이자 전체주의의 시발자로서 비판하고 있지만, 그들의 분석은 사디스트로서의 왜곡된 여성을 단지 형상화하는데 그치고 있다. 그리하여 도구적 이성과 권력의 교착관계를 통해서 냉정하고 잔인하게 이성을 사용하는 것이 얼마나 큰 광기를 동반할 수 있는지를 보여 주는 데에 머문다. 여기서 "여성적 이성은 비합리적인 것으로 간주되며, 합리적 이성에 의해 위험하고 변칙적이며 파괴적인 원리로 경험된다".[25] 그렇다면 과연 아도르노와 호르크하이머는 이러한 여성에 대한 혐오감에서 자유로웠다고 말할 수 있는가?

맥켄널은 아도르노가 왜 쥘리에트의 여성성과 여성적 이성에 대해 부정적 시각을 가지고 있었는지에 주목한다. 그녀에 따르면, 아도르노는 파시즘의 근간이 되는 '아름다움과 시詩'에 대한 적개심hostility을 가진 인물이었다. 그런데 바로 쥘리에트의 여성성, 즉 아름답고도 못된 여성성이 그것을 드러내고 있기 때문에, 아도르노는 더욱 그녀를 비웃을 수밖에 없던 것이다. 또한 쥘리에트는 도구적 이성을 갖추고 있는 여성적 초자아를 대표하는데, 여기서 그녀의 초자아는 사회의 비합리적이면서도 절대군주적인 요구를 고스란히 보여준다. 따라서 맥켄널은 아도르노가 여성성을 증오했다면, 그것은 쥘리에트가 대변하고 있는 여성적 초자아가 권위적인 사회에 대해 단지 추상적으로만 저항하고 있기 때문이라고 주장한다. 그와 같은 여성적 초자아는 이전의 여성들이 지녔던 모성적 가슴을 그 반대로 전환시키기는 하지만, 이는 단지 왜곡된 사회적 질서를 체현한 데에 지나지 않는다.[26]

우리는 아도르노와 호르크하이머가 도구적 이성을 비판하면서 여성에 대한 증오, 즉 남성들에 의해 만들어진 증오를 분석해냄으로써 모더니티에 대한 여성주의적 비판의 단서를 제공하고 있음을 확인했다. 그러나 다른 한편으로 남성보다 열등한 여성에 대한 증오가 왜 남성과 같거나 또는 우월한 여성에 대한 증오로까지 치환되어야 하는지의 연결고리에 대한 설명은 찾아볼 수 없었다. 나아가 도구적 이성비판과 여성을 연관지어볼 때도, 여성은 도구적 이성과 거리가 먼 쥐스틴느와 같은 열등한 존재이거나 도구적 이성의 화신으로서 계몽주의 도덕을 실현하는 쥘리에트와 같은 존재가 되는데, 이와 같이 양극화된 여성이미지는 결국 하나같이 증오의 대상이 되고 만다.[27] 물론 아도르노와 호르크하이머의 쥘리에트 분석은 도구적 이성비판만이 아니라 왜곡된 여성성에 대한 비판까지를 포함하고 있는 것이 사실이다. 그러나 그들의 비판 속에는 역시 도구적 이성의 대변자로서 왜곡된 사회질서를 반영하는 사디스트 여성에 대한 암묵적 경멸이 전제되어 있으며, 이러한 분석으로부터 우리는 시민사회가 도래하면서 등장하게 되는 도구적 이성과 권력을 갖춘 여성이, 자연스럽게 매우 혐오스럽고 악덕한 존재로 인식될 위험이 있음을 지적하지 않을 수 없다.

그렇다면 우리가 여성주의의 입장에서 물어야 할 것은, 왜 여성은 도구적 이성을 사용하는 데에 우월해서 권력을 가지거나 혹은 열등해서 무력할 경우, 하나같이 증오의 대상이 되어야 하는가 하는 점이다. 사드의 텍스트 속에서 구현된 바와 같이 대부분의 여성은 이성적 주체가 되어보지도 못한 채 계몽주의 도덕법칙의 희생자가 되고 있으며, 소수의 뛰어난 여성은 이성적 주체가 된다고 하더라도 권력과 결탁된 광기를 발휘함으로써 계몽주의 도덕을 넘어서서 잔혹한 전체주의적 질서를 구현하는 자가 되는데, 도대체 이와 같이 양극화된 여성이미지에 대한 증오와 왜곡의 발원지는 어디에 있는가?

더욱 심각한 문제는 여성들 자신조차도 여성에 대한 증오가 남성들이 '만들어낸 환상', '날조된 것'에 불과하다는 것을 비판적으로 인식하기보다는 그 허구적 사디스트 여성에 대한 증오 자체를 아무런 비판 없이 수용함으로써 여성에 대한 대안적이고 새로운 가능성들을 이끌어내려 시도하지 않고 오히려 자신과 여성들 서로에 대한 소모적인 자기혐오에 빠져있다는 데에 있다. 결론적으로, 우리는 아도르노의 모더니티 비판이 모더니티에 대한 여성주의적 비판의 시발점을 제공하고는 있지만, 그 안에서 여성스스로 '진정 해방된 여성주체'가 될 수 있는 가능성을 읽어내지 못하고, 또한 현실여성의 다양성을 외면함과 동시에 그 여성들이 저항의 주체가 될 수 있는 여지를 제공하지 못한다는 한계를 지니고 있음을 알 수 있다.

* * *

이번 장에서는 아도르노의 모더니티 비판에 드러난 타자로서의 여성성에 대해 비판적으로 검토해 보았다. 아도르노의 모더니티 비판은 계몽 및 도구적 이성의 기원과 전개과정에서의 남성중심성, 그리고 그 모더니티의 타자로서 여성의 소외와 왜곡을 적나라하게 보여주었다. 이러한 모더니티 비판은 오늘날 여성주의 논의의 전제이자 출발점을 확인시켜준다는 점에서 긍정적이지만, 그 모더니티를 극복할 수 있는 주체로서 여성의 능동성을 보여주지 못하는 한계를 지니고 만다. 그렇다면 여성주의가 가부장적인 모더니티를 단순히 비판하는 데에 머무는 것이 아니라 모더니티를 극복하려고 시도할 경우, 아도르노로부터 얻어낼 수 있는 사유의 긍정적 요소들은 아예 없는가? 다음 장에서 우리는 아도르노의 후기 사상을 중심으로 그의 모더니티 극복의 시도를 폭넓게 주목하고, 이를 여성주의의 시각에서 재해석함으로써 비판적으로 수용하고자 한다. 그리하여 오늘날의 여성주의로 하여금 모더니티의 비판과 포스트모더니티의 해체 사이에서 양자택일적인 딜레마에 빠지지 않고, 가부장적 모더니티를 극복하면서 동시에 자신의 이론을 재구성하도록 시도할 것이다.

제3장

아도르노의 모더니티 극복과 여성주체성

주지하듯 오늘날의 여성주의는 '여성', '주체성'을 적극적으로 해체할 수도 없고 또한 적극적으로 주장할 수도 없는 딜레마적 상황에 처해 있다. 이번 장에서는 아도르노 사유의 궤적을 검토하면서 오늘날 여성주의가 모더니티를 극복하기 위해 아도르노로부터 취할 수 있는 새로운 사유의 단서들을 이끌어내 보고자 한다. 특히 아도르노의 사상이 포스트모더니티를 선취해 내면서도 모더니티의 이념을 버리지 않은 채 모더니티를 극복하려 한다는 과도기적 성격을 지닌다는 점은 오늘날 여성주의 이론을 구축하는 데에 많은 시사점을 지닌다. 왜냐하면 대부분의 여성주의 이론이 모더니티와 포스트모더니티, 동일성과 차이라는 양자택일적인 철학적 전제에서 출발함으로써 딜레마에 부딪히고 있기 때문이다.[1]

비록 아도르노의 모더니티 비판에 나타난 젠더상징성 및 여성성이 앞서 고찰한 바와 같이 여성주의 시각에서 볼 때 불충분한 것은 사실이지만, 그가 모더니티를 극복하고자 하는 시도를 여성주의의 시각에서 폭넓게 재해석하고, 그로부터 새로운 사유의 요소들을 이끌어내는 것이야말로 오늘날 여성주의의 난제를 해결해 나가는 데에 중요한 계기가 될 수 있다. 따라서 이번 장에서는 모더니티와 포스트모더니티 사이에 놓여 있는 아도르노 사상의 독특성에 천착하면서, 그의 사유가 지닌 여성주의적 함축성들을 재해석하고, 특히 오늘날 '여성주체성'의 이론을 정립하는데 필요한 부분들을 이끌어내어 이를 여성주의 이론에 전유하고자 한다. 그리하여 모더니티와 포스트모더니티 사이에서 여성주의 사유의 위상은 어떠해야 하는지, 또한 완전히 해체되지 않고 모더니티에 저항하는 여성 주체가 어떻게 가능한지에 대해 이론적으로 재구성해볼 것이다.

1. 모더니티 극복의 과제

앞서 고찰한대로 아도르노의 모더니티 비판은 한편으로 계몽의 기원과 그 권력의 도구로서 이성의 발달과정이 남성중심적 편향성을 지니고 있다는 사실을 밝혀냄으로써 서구 문명을 이끌어 온 사유에 대한 여성주의적 비판의 단서를 제공한다. 그의 계몽비판은 '신화적 자연'으로서 소외된 여성을, 나아가 그의 도구적 이성비판은 왜곡된 사디스트 여성을 전제로 함으로써 여성의 왜곡상을 비판적으로 보여주었지만, 그러한 모더니티에 맞서서 저항하거나 모더니티의 속박으로부터 진정 해방된 여성 주체의 가능성을 찾아볼 수는 없는 한계를 갖는다. 그렇다면 과연 여성주의가 아도르노에게서 이끌어낼 수 있는 새로운 사유의 가능성은 없는가?

아도르노의 모더니티 비판은 계몽이 자신의 이념과 모순됨으로써 야기한 야만적 현실을 폭로하고, 그 계몽을 전개시켜온 도구적 이성의 정체를 파헤친다는 점에서 포스트모더니티 사상과의 유사성을 지닌다. 그러나 아도르노가 모더니티를 극복하려는 시도는 포스트모더니즘을 표방하는 철학, 즉 포스트구조주의 내지 해체주의에서와 같이 모더니티와의 단절을 주장하거나 모더니티의 외부로서 타자를 설정하지도 않으며, 그렇다고 하버마스에서처럼 의사소통적 합리성에로의 패러다임 전환을 요구하지도 않는다. 그렇다면 그는 모더니티에 대한 자기비판의 한계를 넘어서지 못하고 있는가?

하버마스는 『계몽의 변증법』이 계몽에 대한 지나친 비판에 너무 치중한 나머지 계몽이 자기모순성으로부터 벗어날 수 있는 전망을 전혀 제공하지 못한다고 비판하고, 『계몽의 변증법』을 "가장 어두운 책"이라고 단정짓는다.2 하버마스의 주장대로, 『계몽의 변증법』에서 아도르노와 호르크하이머는 과연 계몽 비판을 극대화함으로써 계몽으로부터 빠져나올 수 있는 출구를 완전히 봉쇄한 채, 수행적 모순에 빠짐으로써 계몽에 대한 심각한 회의주의, 혹은 염세주의를 조장하고 있는가?

그들의 계몽비판은 『계몽의 변증법』의 서문에서 명시적으로 밝혔듯이 계몽에 대한 긍정적 개념을 마련하는 것을 목표로 한다. "여기서 행해진 계몽에 대한 비판은 계몽에 대한 긍정적인 개념을 준비해야 한다. 그 개념은 맹목적 지배에로 옭아맨 것으로부터 계몽을 구출해낼 것이다."(DA 16) 『계몽의 변증법』에서 아도르노와 호르크하이머는 '계몽의 극복', '계몽의 구원'을 염두에 두기는 했지만 주로 계몽에 대한 역사철학적인 비판에 주력했을 뿐, 이를 적극적으로 전개하지 못한 것이 사실이다. 그럼에도 이미 『계몽의 변증법』에서 계몽의 구원에 대한 모티브가 여러 군데 나와 있으며, 아도르노는 『부정 변증법』에서 이를 더욱 적극적으로 논의한다. 『부정 변증법』에서 계몽의 극복은 철학의 근간이 되어 온 사고 그 자체, 즉 동일성사고를 문제 삼고, 전통적인 철학의 개념들을 내재적으로 비판함으로써 그 개념들이 지닌 근본적인 틀을 넘어서는 데에 있다. 그리하여 아도르노는 모더니티의 이념을 포기하지 않으면서 '비동일성'의 사유를 통해서 인간을 억압으로부터 해방시키고 자유를 실현할 수 있는 사회로 접근해 가고자 노력한다.

결국 『계몽의 변증법』이나 『부정의 변증법』에서 아도르노가 말하는 계몽의 구원은 결코 계몽의 부정이나 반反계몽이 아니라 계몽의 자기계몽을 의미하는 것임을 알 수 있다. 아도르노의 계몽을 구원하려는 시도는 곧 계몽비판과 도구적 이성비판으로 대표되는 모더니티에 대한 극복을 의미한다. 매우 함축적이기는 하지만, 아도르노는 이미 『계몽의 변증법』에서 계몽적 사고의 모순성들을 밝혀냄과 동시에 그 계몽을 넘어서려는 시도를 했다. 계몽의 극복을 위한 시도 중에서 가장 대표적인 것으로 계몽 스스로의 자각Selbstbesinnung 및 자기성찰Selbstreflexion, 그리고 "주체 속에 있는 자연의 회상"Eingedenken der Natur im Subjekt을 들 수 있다.[3]

전자에서 보여주는 계몽의 자각과 자기성찰에서, 계몽은 자신을 넘어설 수 있는 가능성을 그 자신 안에 가지고 있다. "계몽은 계몽을 넘어선 것, 곧 자연인데, 그 자연은 그 자신의 소외 속에서 지각되며", 이와 같이 "정신이 양분된 자연으로서 자기를 인식"Selbsterkenntnis des Geistes als mit sich entzweiter Natur(DA 57)하는 데에서, 계몽의 강압적 지배의 역사를 벗어날 수 있는 가능성이 있다. 이러한 정신의 자기인식으로부터 정신은 자연과의 직접적인 연관성을 지니지만, 관념론적인 철학에서와 같이 자연에 대해 우선성을 가지는 것은 아니다. "양분된 자연"으로서 정신이 자신을 인식하는 것은 오히려 주체가 자연에로 철회하는 것을 의미한다. 정신이 스스로를 규제할 때, 즉 정신이 그 자신의 지배요구를 거두고 그 스스로를 자연으로서 고백할 때, 정신은 자신을 옭아 매온 그 강압으로부터 벗어날 수 있다. "정신이 지배로서 스스로를 고백하고 자연에로 철회하는 결단에 의해서 정신은 바로 자신을 자연의 노예로 만드는 지배의 요구에서 벗어날 수 있다."(DA 57) 이러한 "양분된 자연"으로서 정신의 자기인식은 바로 지배적인 정신의 자기제한이며, 이를 통해 계몽의 자기계몽이 수행되고, 계몽의 극복을 꾀할 수 있다.

이와 같이 모더니티의 극복을 위한 계몽의 자기성찰, 자각적 사유의 중요성을 충분히 인정하면서도, 필자는 모더니티 극복을 위한 두 번째 사유의 계기를 여성주의와 연관하여 아래에서 상세히 논의하고자 한다. 즉 아도르노와 호르크하이머는 계몽이 구원되고 모더니티가 극복될 수 있는 또 다른 가능성에 대해 다음과 같이 말한다. "주체 속에 있는 자연의 회상Eingedenken der Natur im Subjekt에 의해 [……] 계몽은 지배에 대립된다."(DA 58) 그렇다면 모더니티를 극복하는 시도로서 '주체 속에 있는 자연의 회상'은 과연 구체적으로 어떤 의미를 지니며, 이러한 그의 시도로부터 여성주의가 모더니티를 극복하기 위해 전유할 수 있는 것들은 무엇인가? 모더니티의 타자로 배제되었던 여성들이 과연 그 왜곡된 현실을 인식하고, 나아가 지배와 소외로부터 벗어날 수 있는 가능성이 그 사유 안에 담겨 있는가? 그리하여 여성 주체성을 구축할 수 있는 새로운 이론적 계기들을 발견할 수 있는가?

2. '회상'의 주체로서 여성

1) 회상이라는 사유의 계기

우선적으로 '주체 속에 있는 자연의 회상'에서 우리가 주의를 기울여야 할 것은 '회상'Eingedenken의 계기이다. 여기서의 회상은 유대 종교에서 볼 수 있는 제의적인 의미에서 자기를 돌아보는 기억을 말하는데, "그 기억함 속에서 기억된 것과 기억하는 노력은 자아의 새로운 부문이 되어야 한다. 유대교적 종교예식은 그러한 (종교적) 회상을 이스라엘 민족 역사의 현재화로 인식한다."4 벤야민에 따르면, 이와 같이 역사적으로 지나간 것을 회상하는 행위는 단지 과거에 어떠했다는 것을 인식하는 데에 그치지 않고, "위험의 순간에 반짝 빛을 발하는 것과 같은 기억을 자기 것으로 만드는 것"5을 말한다. 또한 유대적인 종교의식에서 메시아적인 "현재시간"Jetztzeit에 주목한 것처럼, 회상은 정지하는 사유의 순간에 역사적 사건들을 마치 모나드와 같은 상태로 보존하는 표징을 담고 있다.

벤야민보다는 더욱 포괄적인 의미에서 아도르노와 호르크하이머 또한 계몽의 자기계몽 과정 속에서의 '회상'의 중요성을 말한다. '회상'은 단순히 과거를 기억한다는 것뿐만 아니라 모순적인 계기들을 지양하는 변증법적 사유가 지닌 순간적 정지의 계기, '지금 여기서'의 순간적 중요성을 말한다. 이는 "기억에 적대적인 대체가능성Fungibilität"6에 대한 저항을 의미하며, 망각되고 은폐된 채 놓여있는 역사적으로 전개된 자연지배와 모든 물화 Verdinglichung에 대항하는 것이다.

자연에 대한 계속된 지배는 망각에 의해서 비로소 가능했는데, 그러나 의학적인 혹은 의학외적인 기술은 바로 그 지배에 현혹됨으로써 힘을 지녔다. 기억의 손실은 학문의 초월적인 조건이며, 모든 물화는 망각이다.(DA 263)

나아가 회상은 찢겨진 것을 다시 짜 맞추는 헤겔적인 기억Erinnerung이나, 역사주의자들처럼 과거와 현재의 완전한 연속성을 서사적으로 회복하는 것이 아니다. 그것은 오히려 해방적인 역사의식으로서 "역사성을 파괴하고, 오랫동안 억압되었던 기억들을 되살리려는 성향을 털어내 버리는 것"7이다. 따라서 회상은 물화를 단순히 총체적으로 거부하는 것이라기보다 오히려 사회적이고 역사적인 연관성과 함께 물화에 직면하고, 그 물화

를 해체할 수 있는 사회적 변화를 요구하는 것까지를 포함한다.[8]

아도르노와 호르크하이머가 직면한 사회적 현실은 개인과 그 개인들의 자연을 억압하는 파시즘이라는 전체주의였으며, 그러한 사회의 총체적인 체계 아래서 개인들에게 단순히 기능연관성Funktionszusammenhang으로 묶여진 강압은 점차 커지고 있었다. 개인들은 자기보존의 압박, 즉 그 자신의 육체적 욕구들을 사회적 기능연관성이라는 테두리 안에 더욱 강력하게 적응시키면서 살아남아야 한다는 강압에 시달리고 있었는데, 이러한 강압에서 벗어나기 위해서 지배 그 자체에 대항하는 '회상'이 필요했다.

우리는 여기서 아도르노의 '회상개념'이 역사적으로 전개된 자연지배와 모든 물화를 비판하고, 그 사회적 현실에 저항하게 하며, 그 안에서 개인에게 가해지는 총체적인 압박에 대한 비판과 함께 변화를 요구하는 사유의 핵심계기라는 점에 주목해야 한다. 그리고 모더니티를 온전히 극복하기 위한 회상의 주체는 바로 여성들이어야 함을 강조하고자 한다. 왜냐하면 앞선 고찰의 '신화적 자연', '사디스트 여성' 등에서 드러난 것처럼 여성들이야말로 그 자연지배에서 가장 물화된 대상이자 타자화된 존재들이었기 때문이다. 따라서 진정한 의미에서 모더니티의 극복은 여성들의 물화와 타자화의 현실에 대한 극복이 없이는 불가능하다. 나아가 '회상'은 여성들 스스로의 역사철학적 현실인식을 위해 필수적인데, 바로 그러한 회상을 통해 여성들이 과거 자기소외의 현실을 망각하지 않고 직면하여 새롭게 인식함과 동시에 그 현실이 오늘날의 맥락에서 반복되지 않도록 사회적 변화를 요구하고 나서야 하기 때문이다.

2) 기억과 대항기억으로서의 회상

모더니티의 극복을 위한 아도르노의 '회상'개념을 전유하는 지점에서, 우리는 푸코의 '대항기억'countermemory 혹은 브라이도티의 '유목적 의식'nomadic consciousness과도 만난다. 전자의 대항기억은 "자아와 주체를 재현하는 지배적 방식에 동화되기를 거부하는 '종속된 지식'이며, 집단적 장기 기억(문명, 국가, 민족, 사회, 가족 등)인 역사를 다른 종류의 시간으로 변형시키는 것"을 말한다. 또한 후자의 유목적 의식은 "자아를 재현하는 지배적인 방식들에의 동화나 상동화homologation에 저항하는 한 형태"이다. 그런데 이 양자의 기억은 "시류에 거슬러 활성화"된다.9

이러한 맥락에서 최근 여성주의는 여성들의 기억과 자아정체성의 연관성에 많은 관심을 기울인다. 그리하여 '자서전적인 이야기 자아'에 대한 다양한 심리학적10 혹은 철학적 연구들이 시도되고 있다. 예를 들어서, 벤하비브는 울프의 『올란도』와 테일러의 『자아의 원천』을 분석하면서, 버틀러가 제시하고 있는 "수행적" 정체성의 모델을 대신하여 여성정체성에 대한 "내러티브"narrative 모델을 제안한다.11 그런데 이처럼 여성들이 자신의 정체성을 내러티브로 풀어내려는 시도는 과거에 대한 기억과 그것의 의미를 현재에 되살리는 대항기억으로서의 '회상'없이는 불가능하다.12 따라서 '회상'은 여성주의의 입장에서 기억과 대항기억을 동시에 포함하고 있는 여성들의 현실인식을 위한 사유의 첫 계기이며, 모더니티에 대한 역사철학적인 비판의 시발점임을 알 수 있다.

그렇다면 이러한 '회상'의 중요성을 받아들이면서, 모더니티를 극복하는 여성주체가 되기 위해 회상할 내용은 과연 구체적으로 무엇인가? 아도르노와 호르크하이머의 "주체 속에 있는 자연의 회상"에서 회상되는 '자연'은 대상으로서 과거의 낭만적 자연이거나 또는 순수한 생기生氣, 혹은 폭력적인 힘을 의미하는 것이 아니다. 오히려 그것은 하나의 텍스트, 즉 "철학으로부터 해석되어야 하며, 제대로 읽혀져야 하고 무한한 고통의 역사가 펼쳐지는 텍스트로"13 다루어져야 한다. 따라서 철학적이고 역사적인 텍스트로서 자연을 회상한다는 것은 역사적으로 형성되어온 외적 자연에 대한 지배와 내적 자연에 대한 억압으로 인한 고통의 역사를 현재의 맥락에서 회상함으로써 그 고통을 벗어나는 것을 목표로 한다. 그리하여 계몽의 변증법으로부터 빠져나와, 계몽과 도구적 이성의 대상이 되었던 내적·외적 자연에게 그 자신의 권리를 되돌려주고, 그 자연과의 화해를 목표로 한다.

한편 뇌르에 의하면, "주체 속에 있는 자연의 회상"은 양면적인 요구를 지닌다. 즉 여기서의 "회상"은 자기보존의 기능으로서의 도구적 이성 그 자체에 대한 비판과 동시에, 그 이성에 의해 조정되었던 것과 억제되었던 것들에 대한 흔적 찾기, 주체 속에서 살아있는 자연의 요구들과 신체의 무질서한 충동들에 대한 흔적 찾기를 요구한다.14 따라서 "자연의 회상"은 도구적 이성에 대한 비판과 더불어 그 이성에 의해 억압되었던 내적 자연에 대한 성찰, 예를 들어 오디세우스에게서처럼 외적 자연 지배를 위한 대가로 희생된 '내적' 자연을 회복하려는 시도로 해석되어야 한다.

그런데 여성주의의 입장에서 볼 때, "자연의 회상"에 대한 이러한 해석은 '외적' 자연에 대한 회상과 더불어 그 외적 자연을 회복하려는 차원을 간과하고 있다. 왜냐하면 도구적 이성에 의해 억압된 인간 스스로의 '내적' 자연을 되살리기 위한 흔적 찾기만이 아니라 도구적 이성을 가진 남성에 의해 외적 자연이라는 지배 대상, 즉 '신화적 자연'으로 상징화 되었던 여성들에 대한 흔적 찾기의 중요성도 염두에 두어야 하기 때문이다. 따라서 아도르노에게서 회상의 주체는 남성이었지만, 우리는 그 회상의 주체이자 대상을 모두 여성으로 재설정할 필요가 있다. 그리하여 회상의 주체로서의 여성들은 외적 자연의 지배를 위해 희생되었던, 혹은 억제되었던 내적 자연의 회복만이 아니라 남성중심적 이성에 의해 지배되었고, '신화적 자연'

으로 대상화되었던 여성스스로의 자기 소외의 역사를 거스르는 흔적 찾기의 작업을 수행해야 한다. 그렇다면 이제 여성들로 하여금 내적 자연의 억압과 고통 및 외적 자연으로서의 대상화를 회상할 뿐만이 아니라 그것을 깨고 나올 수 있는 주체적 사유로의 전환은 어떻게 가능한가? 이를 위해 우리는 아도르노가 '비동일적인 것', '비동일성'의 개념들을 통해 어떻게 서구 사유의 전통을 비판하고 거스르며 새로운 사유에로 진입하는지를 주목하고, 이를 여성주의적 사유에 전유하고자 한다.

3. 비동일성, 객체우위와 여성주의

1) 아도르노의 동일성사고비판과 주체성비판

아도르노는 『계몽의 변증법』에서의 모더니티 비판, 즉 계몽과 도구적 이성에 대한 역사철학적인 비판을 『부정 변증법』에서 철학적 사고 그 자체에 대한 자기비판으로 심화시키고,[15] 기존의 '동일성사고'Identitätsdenken에 대한 인식론적 비판을 감행한다. 그는 전통철학에서 사고한다는 것은 동일시[16]하는 것을 의미하며, '동일성'이라는 가상은 사고의 순수한 형식에 따라 사고 자체에 내재한다고 주장한다.(ND 17) 나아가 그는 전통적 사고의 오류가 "동일성을 자기 목표로 삼고 있다"는 데에 있으며, "동일성이 존재한다는 생각, 즉 사태 자체가 그것의 개념에 상응한다는 것은 오만"(ND 152)에 지나지 않는다고 비판한다.

아도르노는 이러한 동일성사고의 전형을 칸트의 선험적 주체성과 헤겔의 주체성에서 발견한다. 우선적으로 칸트가 말하는 선험적 주체의 제1원리로 지칭될 수 있는 통각의 종합적 통일성의 경우에서 "대상에 대한 모든 규정은 질적인 것을 상실한 다양성 속에 주체성을 투입하는 것"(ND 142)

에 지나지 않는다. 즉 칸트에게서 주체는 그러한 규정의 객관적 타당성을 위해 단순한 보편성으로 희석되어야 하며, 인식 대상이 계획에 맞게 그 개념으로 환원되도록 그 대상 못지않게 주체 자신에게서도 무엇인가를 잘라내야 한다. 이로써 사고하는 주체는 의식의 통일성이라는 계기를 통해서 초개인적인 보편자를 요구한다. 그러나 아도르노에 따르면, 이러한 칸트의 주체성의 형식들은 인식에 대해 궁극적인 어떤 것이 아니며, "선험적 주체성의 구성은 객체의 건너편에서 객체를 제어하려는 거만한 역설을 담고 있는 노력이자 잘못될 수 있는 노력"(ND 186)이다.

나아가 아도르노에 따르면, 헤겔은 '보편자 및 총체적 동일성인 주체성을 신격화'(ND 343) 했으며, 주체의 우위, 즉 '동일성과 비동일성의 동일성'Identität der Identität und der Nichtidentität[17]을 자신의 철학적 기초이자 결론으로 삼는다. 그의 관념변증법은 동일성사고의 영역 안으로 들어오지 않는 것들을 용인하지 않는다. 헤겔의 변증법은 정-반-합, 즉 첫 번째 단계로 직접적인 자체 긍정성인 '정립'These, 두 번째 단계로 이를 부정하는 '반정립'Antithese, 그리고 세 번째 단계로 두 번째의 부정성을 다시 부정하면서 모순과 대립을 보다 고차원적으로 매개하는 '종합'Synthese이라는 세 단계의 이행을 주요 골자로 한다. 아도르노는 이러한 헤겔의 관념 변증법에서 두 번째 단계에서의 부정성이 다시금 세 번째의 종합적인 긍정성에로 지양되는 데에, 즉 부정의 부정이 긍정에로 대치되는 데에 '동일성사고'의 전형이 드러난다고 본다. 이러한 동일성사고 안에서 주체성의 원칙만을 절대시하고, 객체가 갖고 있는 다양한 경험적 내용들을 배제한 채 단지 순수하게 형식적으로만 치닫는 기만성이 숨어있다고 비판한다.

이러한 아도르노의 주체성비판은 실질적으로 여성주의의 관점으로부터 출발하고 있는 것은 아니다. 그러나 그의 동일성사고에 대한 비판은 근세의 남성중심적 주체성이 지닌 순수 형식적인 기만성을 폭로하고, 좀 더 근원적인 차원에서 전통적 사고에 대한 여성주의 비판을 가능하게 하며, 그로부터 새로운 사유로 전환할 수 있는 토대를 제공한다. 나아가 아도르노는 단순히 동일성사고에 대한 비판에 머무르지 않고, '비동일적인 것', '비동일성'의 개념을 이끌어냄으로써 어떻게 하면 동일성 사고에 대한 저항이 가능한지를 고찰한다. 따라서 여성주의 사유가 이를 전유할 경우, 근세의 인식론적 주객 도식과 그 안에서의 대상화된 여성 인식으로부터 탈피하여 대안적 사유를 전개할 수 있게 된다.

2) 아도르노의 '비동일성'과 '객체우위'개념이 지니는 여성주의적 함의

아도르노는 철학사 안에서 한 번도 주목받지 못한 채 변두리로 물러나 있었던 '비동일적인 것', 즉 '비개념적인 것', '개체적인 것', '특수한 것', '질적인 것', '다양한 것', '다른 것'들에 주목한다. 그의 동일성사고에 대한 비판은 우선적으로 이러한 '비동일적인 것'das Nichtidentische에 대한 자각과 함께 개념의 '타자', 즉 개념에 의해 배척당한 것들에 대한 존중을 포괄한다. 아도르노의 '비동일적인 것'의 개념은 파르메니데스와 플라톤에서 이어져 내려온 서구의 형이상학적인 전통에 전제되어 있는 동일성의 요구를 비판하고, 그 보편타당한 개념들에 의해 "억압되고 무시되며 버려진 것"(ND 21)을 복원하려 한다. 그리하여 "개념으로는 도달하지 못하는 것, 개념의 추상 메커니즘을 통해 잘라낸 것, 아직 개념의 본보기가 되지 않은 것"(ND 20)을 철학적 관심의 영역 안으로 들여 놓으려 한다. 나아가 그는 비트겐슈타인과 달리 말할 수 없는 것을 말해야 한다고 주장하면서,[18] 철학에서는 개념이 단순히 개념 그 자체를 넘어서서 비개념적인 것에 접근할 수 있다는 믿음이 불가피하다고 본다. 따라서 철학이 꿈꾸는 "인식의 유토피아는 개념을 통해 비개념적인 것을 밝히되, 그것을 개념과 동일시하지 않는 것"(ND 21)이라고 역설한다.

그러나 아도르노가 이미 진단한 바 있는 '관리되는 사회'Verwaltungsges- ellschaft 안에서, 즉 동일성원리에 의한 사고의 강박이 만연해 있는 상황 안에서 비동일적인 것에 대한 접근은 과연 어떻게 가능한가? 아도르노는 자신의 '변증법'이라는 명칭이 전통 철학에서의 진리, 즉 개념과 대상의 일 치adequatio라는 진리와 모순에 빠질 수밖에 없으며, 또한 헤겔식의 통일성 사유의 한계에 부딪히고만 이질적인 것, 즉 "비동일성에 대한 일관된 의 식"(ND 17)을 의미한다고 주장한다. '비동일성'Nichtidentität은 비동일시하 는 인식작용, 즉 부정성에 의해 가능하다. 왜냐하면 "화해되지 않은 상태 에서 비동일성은 부정적인 것으로 경험"(ND 41)되기 때문이다. 이러한 '부 정 변증법'은 헤겔과 달리 붕괴의 논리, 즉 "우선적으로 인식하는 주체가 자신의 건너편에 직접적으로 마주하는 개념들이 채비되어 있고 대상화되 어 있는 형태를 붕괴시키는 논리"이다.(ND 148)

그렇다면 이러한 아도르노의 '비동일적인 것', '비동일성'에 대한 고찰은 과연 여성들에게 어떤 의미를 지니는가? 아도르노의 '비동일성'Nichtidentität 은 동일성에 대한 파생적 개념으로서 동일성에 대해 단순히 부수적으로 성립되는 반대 항을 의미하지 않는다. 오히려 그것은 어떤 부정성을 포함 하고 있는데, 이는 동일화될 수 없는 질적인 타자의 낯섬과 '동일성에 대한 타자로서의 저항'[19]을 동시에 의미한다. 따라서 '비-동일성'에서 '비'Nicht에 대한 강조점에 주목해야 하는데, 그 안에 동일성의 강압으로부터 벗어남과 동시에 새로운 관계성에로의 진입이라는 긴장감이 들어 있기 때문이다. 그 리하여 '비동일성'의 개념은 동일성에 대한 적극적 비판 및 해체와 동시에 기존의 사고를 바꿈으로써 새로운 사태를 실제로 이끌어내기에 이른다.[20]

이러한 '비동일성' 개념과 연관하여 우리는 크리스테바Kristeva가 말하는 **부정성**의 철학적 의미를 좀 더 명확하게 밝혀볼 수 있다. 그녀는 "여성이 '존재'be할 수 없고", "여성주의 실천은 오로지 부정적일 수밖에 없다"고 말한다. 또한 이에 머물지 않고 "'여성'에게서 재현될 수 없는 어떤 것, 말해질 수 없는 어떤 것, 학술용어들과 이데올로기들을 넘어서고 뛰어넘는 어떤 것을 본다"고 주장한다.[21] 여기서 여성이 존재할 수 없다는 것은 전통 철학적 사유에서의 존재 범주가 남성중심적인 동일성사고 안에 있는데 반해, 여성은 그것을 뛰어넘는 어떤 것, 즉 '비동일자'이기 때문에 전통 사유 안에 머물 수 없다는 것으로 해석될 수 있다. 나아가 여성주의적 실천이 부정적일 수밖에 없다는 것은 여성주의에 따른 실천을 할 수 있는 긍정적인 것이 아무 것도 없다는 뜻이 아니다. 오히려 동일성에 대한 비판으로서 '비-동일성'이 갖는 전통적인 사유의 남성중심성에 대한 비판과 저항 그리고 새로운 사유의 모색을 위한 긴장이 여성주의의 실천에서 구체적으로 작동하고 있다는 것을 의미한다.

그렇다면 아도르노는 '비동일성'의 개념을 통해서 전통으로부터 어떤 새로운 사유의 전환을 꾀하고 있으며, 이는 여성주의와 어떻게 만나는가? 아도르노는 관념론 철학에서 더욱 첨예하게 드러났던 주체성이 가진 동일성의 기만에 대항하고, 그 주체성의 지배 아래 속박되었던 객체에로 철학적 관심의 방향을 바꾸어 놓으려고 노력한다. 아도르노의 "객체우위Vorrang des Objekts"개념은 근세 철학에서의 인식이 주체와 객체의 분리를 전제하고, 그 분리를 선험적 주체의 주도적 지배 아래 메우려는 것을 비판하기 위해 제시된다. 그러나 여기서 유의해야 할 점은 '객체우위'라 할 때, 이는 그 이전 철학에서 '주체우위'를 단순히 뒤바꾸어 놓은 것이 아니라는 점이다. 그의 비동일성사유는 단지 "주체로부터 공석이 된 왕좌를 객체에게 주고 싶은 것이 아니다. 그 자리에서 객체는 우상이 될 뿐이다. 오히려 그 비판적 사유는 위계질서를 없애고 싶어 한다."(ND 182)

아도르노는 '객체우위'를 통해 객체로 하여금 그 이전의 주체의 자리를 넘겨받도록 하는 것이 아니라 주-객 도식에 전제되어 있는 주체와 객체간의 위계질서 그 자체를 아예 철폐하고자 한다. 그리하여 객체는 더 이상 주체의 지배 아래 놓인 동일성의 폐쇄적인 체계 안에 속박되지 않고 해방되며, 주체는 객체의 '비동일적인', 즉 "질적인 계기"(ND 53)들을 수용할 태세를 갖추게 됨으로써 축소되지 않고 추상화되지도 않은 구체적인 내용을 담아낼 수 있게 된다. 따라서 그가 '객체우위'를 통하여 도달하고자 하는 바는 바로 주체에 대항하는 객체의 유물론적인 경험, 즉 동일성에 대항하는 비동일자의 저항적 경험이다. 왜냐하면 아도르노에게서 객체란 "비동일자의 긍정적 표현"(ND 193)이며, 이러한 비동일적 계기들은 동일성의 범주에서 해방될 때, 육체적인 것, 혹은 물질적인 것과 불가분하게 융합된 것으로 나타나기 때문이다.

이러한 아도르노의 '객체우위'개념은 오늘날 여성주의에서 새로운 사유를 시도함에 있어 유물론적 경험에 대해 강조하면서도 또한 그에 머물지 않고, 그것을 극복하려 하는 노력을 철학적으로 설명해 줄 수 있는 이론적 토대가 된다. 이러한 맥락에서 헐Hull은 아도르노와 버틀러의 사이에 깊은 사유의 연관성이 있다고 본다. 그는 아도르노의 객체우위에 드러나고 있는 유물론적인 경험, 즉 '항상 사유를 뛰어넘어서 어떤 것, 어떤 실재, 어떤 객체가 존재한다는 것'으로부터, 관념론과 유물론 사이에 위치하고 있는 버틀러Butler의 입장이 옹호될 수 있다고 주장한다. 왜냐하면 버틀러의 물질성materiality이라는 개념은 말해질 수 없는 것 그리고 모든 범주 밖에 떨어져 있는 것에 의해 만들어진 것이기 때문이다.[22] 나아가 버틀러는 '비-모순non-contradiction'의 논리에 대해 다시 작업할 필요가 있음을 주장하는데, 이는 아도르노의 '비-동일성'의 사유가 보여주는 방식과 유사한 작업이 아닐 수 없다.[23] 버틀러에게서 비-모순의 논리는 "하나의 동일화를 항상 또 다른 동일화의 희생을 치르고서만 얻게 만드는데"[24], 버틀러는 이러한 논리를 재검토함으로써 비로소 차이의 경제가 정당화될 수 있다고 주장한다. 이는 비동일성사유를 통해서 아도르노가 도달하고자 하는 바, 즉 "유토피아는 동일성을 넘어서고 또한 모순을 넘어서서 다양한 것들이 서로 함께임 ein Miteinander"(ND 153)이라는 것과 만난다. 이와 같이 헐과 함께 아도르노와 버틀러를 비교 검토해 볼 때, 우리는 양자가 매우 유사한 전략을 채택함으로써 기존의 동일성 및 모순을 뛰어넘는 새로운 사유 방식에 접근하고 있으며, 또한 버틀러의 문제의식이 아도르노의 철학이론에 의해 더욱 잘 설명될 수 있음을 알 수 있다.[25]

4. 여성들의 주체성 : 고통의 경험 그리고 어우러짐

1) 고통의 경험

아도르노는 전통철학에서의 보편적 범주, 동일성, 주-객 관계를 비판함과 동시에 이를 벗어나기 위한 '비동일성'의 사유를 시도한다. 아도르노가 보여주는 모더니티 극복의 시도는 한편으로 포스트구조주의에 입각한 여성주의와 많은 유사점을 보여주는 것이 사실이다. 그러나 포스트구조주의가 주체의 죽음 및 주체의 해체를 의도하고 있는 것과 달리 아도르노에게서는 오히려 주체, 주체성이 사라지지 않으며, 주체와 객체의 관계성은 매우 신중하게 논의된다. 따라서 이로부터 양자의 뚜렷한 차이를 확인할 수 있는데, 아도르노는 왜 그토록 주체를 비판하면서도 계속해서 주체에 대해 언급하고 있으며, 주체와 객체의 새로운 관계를 시도하는가? 그의 시도는 오늘날 여성주체성에 대해 어떤 새로운 전망을 제시할 수 있는가?

아도르노에게서 비동일적인 것에 대한 파악은 '인식'이 아닌 '경험'이다.26 그렇다면 인식과 경험의 차이는 무엇인가? 무엇에 대한 인식eine Erkenntnis von etwas은 나의 시선을 흐릿하게 해서는 안 되는 '거리'로 부터 획득되며, 그 인식과정 속에서 나는 나 자신의 개별성이나 대상의 개별성들을 추상해낸다. 반면에 무엇에서 경험되는 것erfahren sein in etwas이나 무엇과 만나 경험하는 것eine Erfahrung machen mit etwas에서 경험자와 그 사태는 상호작용을 한다.27 또한 아도르노는 경험의 개념을 특히 "존재의 연속성Kontinuität des Daseins",28 즉 구체적인 개별자들에 의한 개별적인 다양성을 포함하고 있는 삶의 연속성으로서 묘사한다. 따라서 비동일적인 것에 대한 경험에서 경험을 규정짓는 관계성의 세 계기들을 나누어 볼 수 있다. 즉 경험할 수 있는 것Erfahrbare으로서의 대상, 그 대상에 대해서 열려 있는 경험하는 자Erfahrende, 그리고 양자를 규정하는 경험의 상호작용관계 Wechselwirkungsverhältnis der Erfahrung의 계기가 바로 그것이다.29

특히 우리는 경험의 상호작용관계에 관한 한, 아도르노에게서 주객의 새로운 관계성, 화해가능성을 모색해가는 과정을 주목할 필요가 있다. 우선적으로 그러한 관계의 시발점으로 주체가 감지하는 '고통'의 계기를 고찰해야 한다. 아도르노는 고통을 곧 진리의 기본조건으로 간주한다.30 "왜냐하면 고통은 주체에 부과된 객체성이기 때문이다; 주체가 가장 주체적인 것으로서 경험하는 것, 즉 주체의 표현은 객체에 의해 매개된다."(ND 29) 내적인 자연으로부터 직접적으로 나오는 고통은 그것이 부정적인 형태로 표현될지라도 객체성을 나타낸다. 고통은 주체로 하여금 아픔의 속성을 객관적으로 매개하고 그것을 표현하게끔 한다. 아도르노에 따르면, 바로 그 아픔 안에 변증법적인 사유의 동인Motor이 놓여 있을 뿐 아니라 그 동인이 육체적인 형태로 드러난다.

모든 아픔과 모든 부정성, 즉 변증법적인 사유의 동인은 ─ 마치 모든 행복이 감각적인 충족을 목표로 하고 있고 그 안에서 그 자신의 객체성을 얻는 것과 같이 ─ 다층적으로 매개된, 때때로 알아챌 수 없게 된 육체적인 것의 형태Gestalt von Physischem이다.(ND 202)

고통은 질적으로 다른 하나의 계기, 즉 개념과 동일시되거나 일치될 수도 없고, 보편성 아래에 포섭될 수도 없는 사유의 계기를 제공한다. 이러한 고통의 계기는 주체가 더는 정신의 허영심에 종속될 수 없도록 만드는 몸으로부터의 저항을 담고 있다. 아도르노는 경험에서의 고통이 주체와 객체, 정신과 자연의 새로운 관계를 이끌어내는 희망의 표징이 될 수 있다고 주장한다. 왜냐하면 "경험된 세계에서 의미 없는 고통의 가장 작은 흔적은, 그 경험에서 고통을 변명하고 싶어 하는, 관념론적 철학 전체의 거짓말을 책망"(ND 203)할 수 있기 때문이다. 따라서 아도르노는 일찍이 니체가 『짜라투스트라는 이렇게 말했다』에서 말한 아픔의 의미, 즉 "아픔Weh은 말한다 : 사라지라고"에 주목하면서, 고통을 통해서 드러나는 '객체우위'의 저항적 잠재력과 몸의 실천적 의미를 다음과 같이 명시적으로 말한다.

육체적인 계기는 고통이 없어지고 다르게 되어야 한다는 것을 인식에 알린다. '아픔은 말한다 : 사라지라고'. 그렇기 때문에 특히 유물론적인 것은 비판적인 것, 즉 사회적으로 변화되는 실천에로 수렴된다.(ND 203)

이와 같이 볼 때 여성들이야말로 억압으로 인한 고통의 경험을 마주해야 하며, 그 고통의 소리에 귀 기울여야 할 주체가 아닐 수 없다. 따라서 여성들은 주체를 해체할 것이 아니라 오히려 육체가 전해오는 고통의 객관적인 계기를 통해서 기존 동일성 철학의 거짓을 증언하고, 그 아픔이 사라지도록 변화를 요구하는 실천의 주체가 되어야 한다. 나아가 아도르노에 따르면 실천은 주체의 의식 속에서 소진되지 않는 '타자', 즉 객체를 필요로 하는데, 그 객체는 주체에 의해 매개되면서도 주체와는 질적으로 구별된 채 주체의 경험 속에서 우선적인 위치에 있게 된다. 따라서 여성주의적 실천에서 여성 주체들은 자신 스스로의 내적 자연 및 몸에서 나오는 고통을 '객체우위'로 경험하고, 그 객체와의 새로운 관계설정을 해야 한다.

2) 어우러짐

앞서 고찰한대로 고통의 경험은 여성들로 하여금 '객체우위'를 깨닫고, 객체와의 새로운 관계에 진입할 수 있게 한다. 그렇다면 그 과정에서 여성주체는 과연 구체적으로 어떤 역할을 해야 하며, 주체와 객체의 새로운 관계는 어떻게 형상화될 수 있는가? 여성주체성을 아도르노의 '객체우위'와 연관시켜 이해해 볼 때, 우리가 유의해야 할 점은 결코 주체가 사라지지 않는다는 것이다. 오히려 새로운 관계성의 경험을 통해서 주체는 이중적인 의미를 확인하게 된다. 즉 주체는 우선 내적으로 그 스스로도 역시 하나의 객체임을 인정하고, 나아가 외적으로 주체 자신이 항상 타자인 객체들과의 연관성 속에서야 비로소 주체가 될 수 있음을 깨닫는다. 그런데 여기서 우리는 아도르노가 말한 주체와 객체의 관계에 놓인 '매개의 불균형성'을 환기할 필요가 있다. 즉 아도르노는 주체와 객체의 상호연관성 속에서 주체가 객체에 귀속되는 것과 객체가 주체에 귀속되는 데에는 차이가 있다고 주장한다.

객체는 오로지 주체를 통해서만 사유될 수 있지만, 주체에 대해 언제나 타자로서 보존된다. 그러나 주체는 그 자신의 특성에 따르자면 먼저 객체이기도 하다. 주체로부터는 객체를 이념으로서 따로 떼어서 결코 생각할 수 없지만, 객체로부터 주체를 따로 떼어서 생각할 수는 있다.(ND 184)

이와 같이 긴밀하면서도 불균형적인 경험의 상호작용을 통해서 객체와 주체는 위계질서에 의한 서열의 관계를 철폐하고 새로운 관계를 맺게 되는데, 아도르노는 이를 "어우러짐"Konstellation이라고 개념화한다. 이러한 어우러짐의 새로운 관계성으로부터 우리는 여성주체가 자신의 내적 자연과 어떻게 관계 맺을 것이며, 나아가 여성주체들끼리의 새로운 관계를 어떻게 설정할 것인지를 이론적으로 구상해볼 수 있다. '어우러짐'은 아도르노가 벤야민으로부터 차용한 개념인데, 원래는 각각의 별들이 함께 어우러져서 만드는 별자리를 의미한다. 별자리와 같이 '어우러짐' 속에서 다양한 요소들은 구체적인 시-공간 속에서 함께 만나 하나의 특정한 형상, 즉 새로운 사태를 만든다.

아도르노에게서 '어우러짐'은 '사물들, 개념들 혹은 단어들, 주체와 객체, 즉 사물들과 개념들, 그리고 존재자들과 비존재자들의 만남'에서 발생하며, 그 안에서 각각의 독립적인 것들은 그 고유한 의미의 계기들을 지닌 채 하나의 새로운 사태에로 함께 들어선다. 따라서 아도르노는 '어우러짐'이 사건으로서의 성격을 지닌다고 주장한다. 예를 들어서 하나의 요소와 다른 요소가 따로따로 존재하지만 양자가 함께 만나게 될 경우, 특정한 경험의 연관성 속에서, 즉 서로의 관계성 속에서 양자는 전적으로 새로운 사태를 만들게 된다. 이 때 어우러짐은 하나의 요소나 또 다른 하나의 요소로부터 추론되거나 둘 사이의 단순한 총합에서 추론되는 것이 아니다. 오히려 그 각 요소의 독자적인 규정은 양자가 구체적인 상황 속에 함께 주어져 있는 그 자체 안에 놓여 있다. 따라서 '어우러짐'은 그 자체로 우연적인 것, 합리적으로 추론될 수 없는 것, 놀라운 것들의 계기들을 본질적으로 가지고 있는데, 이는 오로지 경험을 통해서 공감함으로써 분명해질 수 있다.[31]

아도르노와 함께 여성주의는 이와 같이 주객의 '어우러짐'이 만들어낸 새로운 사태를 해독해내고 읽는 것을 새롭게 변화된 사유의 과제로 간주할 필요가 있다. 아도르노에 따르면, 비동일적인 것은 "개념들로부터 단계적으로 더 보편적인 상위개념들로 진척됨으로써가 아니라 개념들이 어우러짐에 들어섬으로써"(ND 164) 경험될 수 있는데, 이러한 비동일적인 것은 다른 것들과의 연관성이 침전되어 있는 역사 속에서 파악된다.

> 어떤 사태가 위치해 있는 '어우러짐'을 알아챈다는 것은, 형성된 것으로서 자체 안에 지니고 있는 그 어우러짐을 해독하는 것이다. (……) 앎은 이미 알고 있는 것을 실현하고 또한 그것에 집중하는 것, 그것을 변화시키는 것이다. 어우러짐 속에서 대상을 인식한다는 것은, 대상이 그 자체 안에 저장하고 있는 과정을 인식하는 것이다.(ND 165~166)

이러한 주객의 어우러짐 속에서 역사성을 띤 사태는 정의Definition를 통해서 확정되는 것이 아니라 사유의 운동Gedankenbewegung에 따라 해독될 수 있다. 따라서 "진리는 생성되는 어우러짐werdende Konstellation"[32]이며, "주체와 객체의 어우러짐이고, 그 안에서 양자는 서로 침투되어 있다".(ND 133)

이와 같이 아도르노의 '고통'과 '어우러짐'의 핵심내용들을 여성주체성의 주제와 연관시켜 검토해 볼 때, 우리는 오늘날 여성들이 자신 스스로를

'고통' 속에 경험하고 이해하면서도 '객체우위'를 통해 객체들과 새롭게 관계를 맺고, 그 관계의 '어우러짐' 속에서 각 역사적인 의미를 발견해 가는 과정을 통해, 비로소 여성주체성이 재구성될 수 있음을 확인할 수 있다.

최근 여성주의의 논의 안에서 모더니티 비판과 더불어 포스트모더니티, 특히 포스트구조주의와 해체주의로부터 많은 영향을 받은 여성주의자들을 중심으로 전통철학에 드러난 남성중심성에 대한 해체로부터 시작하여 주체의 해체 및 젠더의 해체에 이르기까지 '해체' 그 자체를 급진화하는 경향들이 두드러진 바 있다. 물론 여성주의가 모더니티를 극복하는 과정 속에서 보편성의 이름아래 억압을 주도했던 남성중심적 주체를 해체하는 것이 무엇보다 긴요한 작업인 것은 사실이다. 그러나 이러한 사유의 작업을 급진화하여 '여성', '주체', '주체성'까지 모두 해체하게 될 경우, 자칫 실제로 경험하는 억압에 대항할 수 있는 주체가 사라져 버릴 수 있는 위험은 어떻게 감수해야 하는가? 여성주의적 실천을 계속 하기 위해서는, 보편성을 통해 억압적으로 정의된 단일한 범주의 여성은 거부할지라도, 사회적 주체로서의 '여성', 즉 상대적으로 통일된 행위의 주체로서 '여성'은 실질적으로 필요하다. 왜냐하면 아직까지 너무도 뚜렷한 성차에 의한 억압의 현실이 존재하고 있으며, 이에 대해 생생하게 살아있는 현실여성들이 저항의 구심점이 되어야 하기 때문이다. 이러한 맥락에서 여성들이 그 스스로를 주체로 이해하고, 나아가 자신의 내적 자연 및 몸 그리고 타자 및 다른 여성들과의 관계를 새로이 설정하는 데, 앞서 고찰한 아도르노의 '고통'과 '어우러짐'은 그 이론적 토대를 제공할 수 있다.

오늘날 여성주의의 시급한 과제는 여성주체를 이론적으로 해체하는 것이 관건이 아니라, 오히려 여성주의 정치학의 근간이 될 수 있는 여성주체성의 이론을 정립하는 것이다. 일찍이 벤하비브는 포스트모더니즘논쟁에 따른 주체의 해체에 강한 우려를 나타내고, 여성들 사이의 유의미한 소통과 유대를 위한 철학적 토대를 마련하는 작업의 중요성을 주장한 바 있다. 그녀는 한편으로 '구체적인 타자'의 중요성을 일깨우고, 나아가 '상황 속에 놓여 있는' 여성들의 자아를 형상화함으로써 여성들의 경험이 보여주는 자아와 타자의 긴밀한 연관성으로부터 여성들의 집단적 주체성 및 공동체의 특성을 이론화하고자 노력한 바 있다.

바로 이 지점에서 우리는 여성주체성의 이론을 확립하기 위해 아도르노의 비동일성 사유가 담고 있는 '고통의 경험'과 '어우러짐'의 중요성을 다시금 상기할 필요가 있다. 그리하여 여성들은 동일성 사고, 즉 동일화하는 개념들의 보편성 아래에 남김없이 종속되는 사고에 저항할 수 있는 계기들을 마련해야 한다. 특히 "존재자가 질적으로 구분되는 것, 그 존재자가 다른 존재자들과 맺고 있는 의미연관성, 그리고 그 자신의 고유한 시간성과 역사성",33 에 드러난 세 계기야말로 오늘날 여성주의가 미완의 과제로 삼고 있는 모더니티의 극복을 위해 아도르노로부터 취할 수 있는 중요한 것들이다. 왜냐하면 누구보다도 여성들이야말로 '고통의 경험'을 통해서 질적으로 다른 존재자로서, 즉 비동일자로서 자신을 인식하고, 이와 동시에 다른 존재자들과의 '어우러짐' 속에서 새로운 사태들을 만들어 내며, 그 안에서 각자의 고유한 역사성을 깨닫고 그 의미를 해석해내는 주체가 되어야 하기 때문이다.

* * *

이번 장에서는 아도르노가 모더니티를 극복하기 위해 채택한 사유의 과정과 여성주의의 연관성을 고찰해 보았다. 오늘날의 여성주의는 모더니티에 대한 비판과 동시에 포스트모더니티의 해체에 직면하여 여성주체성을 재구성해야 하는 난제를 지닌다. 이를 해결하기 위해서 우리는 아도르노의

'비동일성' 사유가 지니고 있는 양가적인, 즉 해체적이면서도 구성적인 주체성에 주목해 보았다. 한편으로 아도르노는 주객의 위계질서에 의한 '동일성의 인식'을 해체함으로써 주체성의 기만을 깨뜨리면서도, 다른 한편으로 주객의 새로운 '어우러짐' 속에서 얻을 수 있는 '비동일자의 경험'을 주장한다. 필자는 이러한 아도르노의 '비동일성'의 사유를 오늘날 여성주의 사유에 적극 전유함으로써, 여성들이 가부장적인 주체성의 기만을 깨뜨리고, 회상을 통해 지나온 고통의 경험들을 성찰하며, 타자와 어우러지는 주체성을 구성하는 과정을 새로이 개념화하고자 시도해 보았다.

『오디세이』에 대한 여성주의 문화철학적 분석

제2부에서는 제1부에서 다룬 여성주의 문화철학의 이론을 기반으로 하여 『오디세이』 신화를 분석한다. 이미 제1부에서 논의한 여성들의 정체성, 자아, 주체성의 개념을 토대로, 제2부에서는 『오디세이』를 단순히 비판할 뿐만 아니라 해체적으로 다시 읽고 재구성하고자 한다. 그리하여 기존의 『오디세이』 신화해석에서 여성들에게 고착화된 가부장적인 의미를 벗겨내고, 여성들의 고유한 정체성들을 재고하여 회복시킴으로써 오늘날 여성주의 문화철학의 입장에서 『오디세이』 신화를 새롭게 쓰는 작업에 도전하고자 한다.

제2부의 『오디세이』에 대한 신화분석은 기존의 오디세우스중심적인 시각에서 벗어나 그를 만난 여성들의 시각에 초점을 맞춘다. 『오디세이』 신화에서 오디세우스를 만나거나 그를 도운 여성들은 많지만, 이들 중에서 세 부류의 여성, 즉 제4장에서 사이렌들, 제5장에서 키르케, 제6장에서 페넬로페만을 선별하여, 비록 제한적이기는 하지만 여성들의 전형을 해체하기 위해 집중적으로 분석하고자 한다. 특히 사이렌들을 통해서는 여성들 각자의 자아와 다수의 여성들끼리의 관계를, 키르케를 통해서는 연인으로 등장하는 여성의 전형을, 페넬로페와 열두 시녀들을 통해서는 가정을 지키는 부인의 전형과 여성들끼리의 연대에 대한 상징성을 여성주의 문화철학적 분석을 통해 심도 있게 성찰하고자 한다.

제4장

사이렌들: 비동일적 자아

이번 장에서는 철학사적인 맥락에서 논의되고 있는 '자아'에 대한 물음과 이해가 철저하게 젠더화된 양상을 띠고 전개되어왔다는 사실에 대한 문제 의식에서 출발하여, 『오디세이』 신화에서 특히 '오디세우스와 사이렌들'의 만남을 집중적으로 분석하고자 한다. 이를 위해 아도르노와 호르크하이머 의 『계몽의 변증법』과 카프카의 「사이렌의 침묵」[1]을 여성주의 문화철학적 관점에서 본격적으로 논의한다. 왜냐하면 전자는 서구의 역사를 거슬러 올 라가서 신화시대로부터 인간의 자아가 어떻게 최초로 성립되었는지, 즉 자 아에 대한 원초적인 역사를 밝혀내고 있으며, 후자는 기존의 신화와 신화 분석에서 당연시되었던 오디세우스 중심적인 시각을 벗어나서 여성들의 자아에 대한 새로운 관점의 이동을 선취해내고 있기 때문이다.

이와 같이 자아의 원초적 역사Urgeschichte 속에 나타난 사이렌들과 오디 세우스의 상징성을 비교·고찰함으로써, 이번 장에서는 신화 안에 이미 전 제되었고 오늘날까지도 존속하고 있는 자아의 이해에 나타난 젠더 상징성 과 남성중심성을 비판 및 해체할 것이다. 나아가 사이렌들에게 감추어진 여성들의 자아에 대한 상징성들을 좀 더 적극적으로 발견해내고 재조명함으로써 여성들 각자의 자아에 대한 새로운 내러티브들을² 이끌어냄과 동시에 그 여성들끼리의 관계에 대한 새로운 함축성들을 탐색할 것이다. 그리하여 자아이해에 대한 비판적 계보학을 토대로 여성들의 대안적 자아와 관계에 대한 새로운 지형도를 그려보고자 한다.

1. 『오디세이』에서 자아의 원초적 역사

자아는 애초에 어떻게 성립되었는가? 아도르노와 호르크하이머는 『오디세이』를 유럽문명의 근본 텍스트로 보고, 그 안에서 서양문명의 자기 파괴적 경향을 예감해주는 알레고리들을 읽어낸다. 그들은 특히 주인공 오디세우스를 "시민적 개인의 원형"(DA 61)으로 간주하고, 그에게서 자아의 원초적 역사를 밝혀낸다. 오디세우스는 신화와 계몽의 극단적인 대립 속에서 살아남은 개인적 자아가 겪어야만 했던 운명적 모험의 다양함을 잘 보여준다. 오디세우스에게 "트로이로부터 이타카에 이르는 표류는 자연의 폭력에 대비해서 육체적으로 매우 약한 그리고 자기의식 속에서 이제 막 형성되는 자아가 신화들을 거쳐나가는 길"(DA 64)이다.

오디세우스는 숱한 신화적 위험에 자신을 내맡기고 그 위험을 이겨냄으로써 경직되면서도 강인한 자아를 갖게 되는데, 이 때 자아는 "모험에 대한 경직된 대립을 만드는 것이 아니라, (……) 단지 다양성 속에서의 통일성과 (그 모험들에 대한) 대립에 의해서 비로소 그 자신의 경직성 속에 형성된다."(DA 65) 이로써 '성숙'한 인간으로서의 오디세우스는 신화 속에 있는 거짓들을 알아차리고 신화적 인물들의 속임수에 빠지지 않을 수 있게 되며, 그의 목표인, "고향과 확고한 소유에로의 귀의라는 자기보존"(DA 64)에 도달한다.

여기서 아도르노와 호르크하이머는 오디세우스가 '자기보존'Selbsterhaltung
이라는 목표를 이루어 내기 위해 어떻게 신화에 대립하여 자아의 개념을
획득해 나가는지, 거기에서 드러나는 '최초의 계몽적·합리적' 요소는 무엇
인지를 분석한다. 오디세우스가 겪는 모험의 궁극 목표는 자신이 소유했던
지위와 재산을 다시금 획득하기 위해 이타카의 왕으로서 그의 동일성을
유지하고자 하는 것인데, 이 목표를 이루기 위해서 그는 여러모로 '책략'들
을 쓰게 된다.

아도르노와 호르크하이머는 지장으로서 오디세우스가 자연신들과 신화
적인 인물들을 이겨내기 위해 사용하는 그 책략의 메커니즘에 주목한다.
왜냐하면 책략은 합리성의 원형을 담고 있으며, 이를 통해 그 합리성에 근
거한 동일성의 자아가 원초적으로 형성되는 과정을 추적할 수 있기 때문이
다. 오디세우스의 책략은 희생을 요구하는 신에게 선물을 바치는 '교환행
위'에서 사용된다. 그는 실제로 좀 더 합리적인 계획에 따라 자연신을 지배
하기 위해 희생적 행위를 한다. 그런데 그 행위 안에는 기만적인 요소가
감추어져 있다. 아도르노와 호르크하이머는 바로 그 희생의 이면에 있는
'기만'이라는 계기에서 오디세우스 책략, 즉 합리성의 원형이 지닌 문제점
을 밝혀낸다. 오디세우스는 신화적 인물들이나, 자연신으로 대변되고 있는
막강한 자연에 맞서서 책략을 사용함으로써 그들을 속이고 탈출하는데 성
공하지만, 그의 기만적 희생은 이중적인 의미를 지닌다. 아도르노와 호르
크하이머에 따르면, 한편으로 오디세우스는 그 기만을 통해서 신들을 이겨
내고 '동일성'의 자아를 보존하여 이타카의 왕으로 귀환한다. 그러나 다른
한편으로 이러한 책략 속에서 드러나는 희생의 합리성은 이미 비합리성의
싹을 품고 있다. 그렇다면 합리적 자아로 형성되기 위한 기만적 희생이 성
공적이면서도 또 다른 희생에로 빠져들었다는 후자의 해석은 과연 무엇을

의미하는가? 아도르노와 호르크하이머는 오디세우스의 '합리적' 자아가 더 이상 주술적이거나 신화적인 힘을 믿지 않고 '눈먼 자연'blinde Natur에로 되돌아가지 않고자 아무리 애를 쓴다고 하더라도 '다시금 자연이 요구하는 희생'에 빠져들고 만다고 주장한다. 왜냐하면 책략 속에서의 희생을 통해 신화적 위력을 이겨낸 자아가 성립되기 위해서 자연과의 연관성을 끊어내 야만 하기 때문이다. 즉 인간 외적인 자연과 타인들에 대한 지배를 위해 "인간 안에 있는 자연에 대한 부정"(DA 72)을 해야만 한다. 결국 문제는 인간도 이미 살아있는 유기체의 한 부분으로서 자연과의 연관성을 지니고 있음에도, 오히려 그 연관성을 끊어냄으로써, 즉 자신의 한 부분을 희생함 으로써만 합리적 자아, 혹은 강인한 동일성에 근거한 자아를 지니게 된다 는 데 있다.

이와 같이 오디세우스에게서 밝혀진 합리적 자아는 인간 스스로의 내적 자연에 대한 지배에 근거를 두고 성립한다. 아도르노와 호르크하이머에 따 르면 이러한 자아형성의 과정은 자기파괴적일 수밖에 없는데, 자아를 위해 서 보존되고 유지되어야 하는 것과 다른 한편으로 그 자아에 의해 억압되 고 해체되는 것이 다름 아닌 그 자신의 생생한 삶 그 자체이기 때문이다. 이와 같이 최초의 계몽적 인간은 동일성에 근거한 합리적 자아의 형성을 위해 단지 희생을 내면화하고, 내적 자연의 요구에 대한 체념을 배울 수밖 에 없게 되었다.

1) 오디세우스와 사이렌들의 젠더 상징성

아도르노와 호르크하이머는 『오디세이』의 12장에서 오디세우스와 사이렌 들의 만남을 '신화, 지배, 노동의 뒤얽힘'이라는 주제 아래 놓고 본격적으로 분석한다. 오디세우스는 키르케의 예언대로 사이렌들의 섬을 지나가게 된다. 신화에 따르면, 사이렌들은 풀밭에 앉아서 아주 아름다운 목소리로 사람들을 유혹한다. 그녀들이 부르는 아름다운 노래의 유혹은 너무도 강력해서 그 노랫소리를 들은 자들은 모두 그 섬에 남아서 머물고 싶어 하며 다시 고향에 돌아가지 않으려 하기 때문에 그 섬을 무사히 통과하여 살아남은 사람은 없다고 전해진다. 그러나 오디세우스는 미리 얻은 키르케의 충고에 힘입어 죽음의 위기를 벗어나 항해를 계속 할 수 있게 된다. 그에게 닥친 사이렌들의 위험을 벗어날 수 있는 길은 두 가지이다. 첫째, 밀랍으로 선원들의 귀를 막아 사이렌들의 유혹적인 노래를 듣지 못하도록 하고 그들로 하여금 무조건 노를 저어 앞으로 돌진하게 하는 것이며, 둘째, 몸을 돛대에 밧줄로 묶게 해서 자신은 그 노래를 들을 수 있지만 그 노래의 유혹에 빠져 그 섬에 머무르지 않도록 하는 것이다. 특히 이 위기 탈출 장면의 압권은 오디세우스가 자신의 부하에게 당부하는 내용이다. 즉 오디세우스는 사이렌들의 노래가 주는 달콤한 유혹에 못 이겨 자신이 더욱 강하게 몸부림을 칠수록 더욱 세게 그의 몸을 끈으로 묶어달라고 당부한다. 아도르노와 호르크하이머는 이 장면에서 사이렌들의 유혹이 강력했음에도 불구하고 오디세우스가 어떻게 자아를 잃어버리지 않고 보존했는지, 그리하여 어떻게 그가 합리성을 발휘하여 신화적인 위력에서 벗어는 한편 외적인 자연을 '지배'하게 되었는지를 해석하는 데에 모든 주의를 기울인다.

그런데 우리는 그들의 이러한 해석에서 계몽적인 오디세우스와 그 신화적 상대역인 사이렌들이 각각 어떤 존재로 이해되고 또한 전제되어 있는지를 여성주의적 관점에서 좀 더 비판적으로 분석해 보아야 한다. 오디세우스는 아무도 빠져나갈 수 없을 정도의 강력한 유혹의 노래를 들었으면서도 살아남은 존재, 즉 막강한 신화적인 인물과 그 상황을 이겨낸 지적인 영웅이자 서구문명의 이성적인 주체를 상징한다. 그는 사이렌들의 아름다운 노래가 담고 있는 "과거 속에서 자신을 잃어버리게 하는 유혹을 겪어내었으며 고통 속에서 성숙하게 된 영웅"(DA 49)이다. 그의 자아는 사이렌들의 노래가사처럼 달콤한 과거에 머무르지 않고, 오히려 시간의 확고한 질서 속에서 원시적인 과거의 신화적 힘을 벗어남으로써 형성되었다. 더욱이 오디세우스는 사이렌들의 그 막강한 해체의 위력에 저항하기 위해 인내심을 가져야 할 뿐 아니라, 그 스스로를 계획적이고 강력하게 억압해야만 했다. 이러한 오디세우스로부터 아도르노와 호르크하이머는 유년기에 자아가 형성되기 위해 반복적으로 나타나는 원형적인 과정을 다음과 같이 읽어내고 있다: "동일하고, 목적 지향적이며, 남성적인 인간성의 성격, 즉 자아가 만들어질 때까지 인간은 매우 끔찍한 것들을 그 스스로에게 강요해야만 했다."(DA 50) 여기서 우리는 오디세우스를 통해 드러난 인간의 원초적 자아가 '동일하고, 목적 지향적이며, 남성적인' 성격이라는 것과 그러한 자아를 형성하기 위해서 스스로에게 자행되는 억압과 훈련의 가혹함에 대하여 비판적으로 주목하게 된다.

그렇다면 이제 오디세우스가 만난 사이렌들에게로 눈을 돌려보자. 사이렌들은 오디세우스에게 단지 유혹적인 아름다움으로만 묘사되는 존재가 아니다. 오히려 그 노래를 들은 자는 아무도 빠져나갈 수 없는 강력한 힘을 지닌 "위험하고, 아름답고, 매혹적인 요부femme fatale"[3]로 그려지고 있다. 즉 자아 및 주체의 형성을 방해하고, 그 맹아를 해체하고자 하는 위험을 지닌 존재이다. 사이렌들의 노래가사는 오디세우스가 트로이 전쟁에서 누린 과거에 대한 행복의 약속Glücksversprechen인데, 이 약속은 오디세우스에게 자아를 잃어버릴 것만 같은 불안, 자신과 다른 이의 삶의 경계를 없애는 불안 그리고 죽음과 해체 앞에서의 두려움과 짝을 이룬다.(DA 51)[4] 따라서 오디세우스에게는 사이렌들이 지닌 목소리의 아름다움보다는 오히려 그 노래의 '위험'이 관건이 되고 만다.

더욱이 사이렌들은 온전한 의미의 여성을 상징하지도 않는다. 즉 위의 반은 여성의 모습을 하고 있고 아래의 반은 새의 형상을 한채 군집으로 몰려다니며 노래를 부르는 존재일 뿐이다. 그들은 아직 인간도 아닌 신화적 존재, 즉 자아가 아닌 존재이다. 오히려 그들과 대항하여 이겨냄으로써 오디세우스만이 인간으로서의 자아를 획득하게 된다. 따라서 사이렌의 목소리 역시 인간의 목소리가 아니며 오히려 인간의 자아형성에 방해가 되는 소리, 즉 강력하게 위험한 '소음'에 불과하다.

이와 같이 사이렌의 존재와 그들의 노래는 오디세우스와 그 오디세우스를 해석하고 있는 아도르노와 호르크하이머에게서 모두 신화적인 자연, 야만의 상징임과 동시에 동일성의 자아형성에 대한 방해요소로 드러남을 알수 있다. 즉 사이렌들은 위협적이거나 위험한 존재이자 낯설고 다른 존재이기 때문에 동일적 자아의 형성과정에서 극복해야만 하는 존재이다.

2) 동일적 자아에 대한 비판

아도르노와 호르크하이머는 사이렌들의 종말에 대해서 잠시 언급한다. 호머의 서사시는 "배가 떠나간 후에 그 노래 부르던 자들에게 무슨 일이 일어났는지에 대해 침묵한다"(DA 78)고 말한 뒤, 그들의 관심은 사이렌들의 마지막 순간으로부터 곧바로 그들의 노래 그 자체, 즉 음악에 대한 것에로 옮겨간다. 이로써 서구문명 속에서 예술만이 충족시킬 수 있었던 "과거를 살아있는 것으로서 구원할 수 있는 충동"은 억압되었고 예술은 병들었으며, 오디세우스가 그저 묶인 채로 노래를 들을 수밖에 없었듯이 예술은 더이상 향유할 수 없는 것이 되었다.

아도르노와 호르크하이머는 자아의 원초적 역사를 해석하면서 동일적 자아가 목적과수단의 연쇄관계에서 성립되는 합리적 남성성으로 형성되었고 그 자신에 대한 억압을 전제로 하는 비합리성을 지닌다는 점을 비판한다. 그런데 여기서 그 자아의 원초적 역사에서 드러나는 젠더 상징성에 주목해 볼 경우, 우리는 시민적 개인의 원형이라는 오디세우스의 동일적 자아가 결국에는 남성적 영웅의 것이고, 그 영웅의 강인한 자아가 성립되고 보존되기 위해 사이렌들의 상징성에 비추어진 여성들과의 적대적인 관계가 전제되어야 하며, 그 관계에 대한 극복이 필수적임을 알 수 있다. 그렇다면 이러한 젠더 상징성의 검토로부터 우리는 다음과 같은 질문을 해볼수 있다. 오디세우스의 동일적 자아, 즉 남성적 자아를 전제로 하는 인간은 누구이며, 그 인간성은 무엇을 의미하는가? 나아가 남성적 시민의 자아와 여성적 자아는 동일시되는 것인가? 만일 동일시될 수 없다면, 그 나머지반의 인간성, 즉 여성적 자아는 어떻게 설명되어야 하는가?

이와 같은 맥락에서 쿨케는 아도르노와 호르크하이머가 씌어진 것 이외의 다른 인간적 발전의 가능성을 허용하지 않고 모든 관계를 총체적으로 보았기 때문에 그들의 해석은 여성에게 그대로 옮겨질 수 없는 남성적 동일성männliche Identität을 전제로 하고 있으며, 그동안 이러한 남성적 동일성의 모델이 문화적으로 우세하게 전승되어 왔다고 지적한다.[5] 또한 펠스키도 아도르노와 호르크하이머에게서 "남성적인" 합리화와 "여성적인" 쾌락이 단지 일면적인 지배논리의 양 측면일 뿐이며, 이러한 논리로부터는 보다 생산적인 담론을 기대하기 어렵다고 주장한다.[6] 나아가 쇠이히는 아도르노와 호르크하이머의 계몽비판이 '여성과 자연에 대한 사고금지'의 차원을 좀 더 적극적으로 규정하지 못하고 있음을 비판한다. 그녀는 그 사고금지의 내용을 다음과 같이 제시한다. 첫째, "여성들은 문명에 전적으로 참여하지 않았다." 둘째, "자연은 야만적이고 적대적이다." 셋째, "인간은 그러한 자연상태를 떠나야만 했다." 이러한 세 가지의 사고금지는 결국 자연을 다루는 사회적이고, 필연적인 결과로서 지배라는 네 번째의 사고금지로 요약된다.7 흥미롭게도 우리는 이러한 사고금지가 아도르노와 호르크하이머의 계몽비판 속에서 사이렌들의 형상화에 집약적으로 나타남을 알 수 있다.

그렇다면 여성적 자아와 여성적 주체성은 이러한 남성적인 동일성에 대립하여 단지 소극적으로 혹은 암묵적으로만 규정되어야 하는가? 여성적 자아에 대한 사고금지 및 남성중심적 시각으로부터 벗어나 새롭게 신화를 읽을 수 있는 가능성은 없는가? 앞서 논의한 오디세우스와 사이렌들의 만남의 장면을 돌이켜 볼 때, 아도르노와 호르크하이머는 동일적 자아의 문제점을 지적하고 있지만, 그들은 단지 오디세우스를 중심으로 진행되는 동일적 자아에 대한 자기비판의 차원에 머물러 있을 뿐, 그와 다른 존재인 사이렌들에게는 아무런 관심을 보이지 않는다. 따라서 동일적 자아로 환원될 수 없는 여성적 자아를 탐색해 감에 있어 사이렌에게 눈을 돌려 다시금 그 장면을 분석해볼 필요가 있다. 여기서 우리는 관점의 변화를 통해 사이렌들과 오디세우스와 만남의 장면을 독특하고 새롭게 다시 써내려 간 카프카를 만난다.

2. 사이렌들의 침묵과 오디세우스

1) 동일적 자아의 해체

아도르노와 호르크하이머는 신화개념을 한편으로 계몽의 예비단계로 이해하고, 다른 한편으로는 단지 계몽을 비판하기 위한 수단으로서 부정적인 의미, 즉 폭력성이나 부자유의 의미로서 사용한다. 특히 후자에서 "신화는 비합리적이고 비진리인 것을 의미하며, 자립적이고 독자적인 사고방식이 아니라 오히려 진보의 이념에 위배·모순되는 내재적 반복의 압박, 자연의 폐쇄적 회로일 뿐이다."[8]

이와 달리 카프카는 현대와의 교감을 통해 새로운 통찰력으로 신화를 바라봄으로써 신화에 대한 의미를 새롭게 한다. 그는 신화를 다른 관점으로 고쳐 쓰는데, 그럼으로써 신화는 더 이상 반복과 운명의 법칙에 얽매여 있는 것이 아니라 새롭고 탈신화화된 텍스트로 활성화된다. 따라서 카프카의 신화개작은 그 자체로 '신화비평'이자 신화를 다시금 교정할 수 있는 생산적인 행위이다.

이러한 신화개념을 토대로 쓰인 카프카의 「사이렌들의 침묵」Das Schweigen der Sirenen은 앞서 논의했던 아도르노와 호르크하이머의 동일적 자아와는 다른 관점에로의 전환을 성취해낸다. 이 글은 "불충분하고, 유치한 수단도 구원에 기여할 수 있음의 증거"[9]를 언급하면서 시작되는데, 호머의 본래 텍스트와는 달리 오디세우스 자신도 밀랍으로 귀를 막은 채 돛대에 묶인 것으로 설정한다. 여기서 오디세우스가 사이렌들을 이겨내기 위한 수단은 '한줌의 밀랍과 한 다발의 사슬'이다. 그러나 카프카는 그러한 수단이 '불충분하고'unzulänglich, '유치한'kindisch 것이라고 표현하는데, 이로써 이미 오디세우스가 사이렌들을 이겨내는 데에 사용했던 수단들, 즉 소위 최초의 '합리성'을 표현하고 있던 수단들을 매우 의문시하며 사이렌들과 오디세우스의 만남의 장면을 묘사하는 데에로 돌입한다.

더욱이 카프카가 이 만남의 장면에서 성취하고 있는 더욱 큰 반전은 사이렌들이 그들의 노래보다도 더욱 강력한 '침묵'das Schweigen이라는 무기를 지니고 있었다는 사실을 밝혀낸 데 있다. 따라서 아무리 오디세우스가 사이렌들을 이겨내기 위해 다른 수단들을 준비했다고 하더라도 그것은 그들의 노래에 해당할 뿐이기 때문에 사이렌의 침묵 앞에서는 무력할 수밖에 없다. 여기서 우리는 앞서 아도르노와 호르크하이머가 예의주시했던 '동일적 자아의 책략'이 카프카에게는 '불충분하고, 유치한 수단'에 불과해지고, 오히려 사이렌들은 오디세우스가 예상하고 있었던 틀을 깨고 나오는, 즉 노래보다 더 강력한 '침묵'의 무기를 지닌 자로 묘사되고 있음에 주목해야 한다.[10] 그리하여 지금까지의 논의에서 오디세우스가 지녔던 지적인 영웅으로서의 위상이 흔들릴 뿐 아니라 해체되고,[11] 그 영웅에 대한 적대자이자 그 항해의 방해자로서 묘사되었던 사이렌들의 의미가 새롭게 부각되고 있음을 깨달아야 한다.

화자인 오디세우스는 자신의 영리함을 통해서 자신이 살아남았다고 이야기하며, 아도르노와 호르크하이머는 그렇게 살아남은 오디세우스의 영리함을 보여주는 책략이 신화적인 인물들과의 대결구도 속에서 적용된 최초의 합리성의 원형이라고 해석한다. 그러나 카프카의 「사이렌의 침묵」은 화자로서의 오디세우스 자신의 주장과는 다른 상황을 설정한다. 즉 최초의 합리성에 근거를 둔 '동일적' 자아를 형성함으로써 오디세우스가 '스스로 살아남은 것'이 아니라 오히려 상대인 사이렌들의 침묵에 의해서 오디세우스가 '살아남을 수 있게 된 것'라는 의미이다. 그렇다면 우리는 그를 살려낸 사이렌들의 침묵과 그것에 대한 오디세우스의 오해가 어떻게 전개되는지를 좀 더 상세히 살펴보아야 한다.

2) 사이렌들의 침묵과 오디세우스의 오해

사이렌이 노래하지 않았다는 것은 지금까지의 사이렌들에 관한 상징성을 해체하는 시작점일 뿐 아니라 오디세우스가 지닌 '동일적 자아'의 오해와 허상을 고스란히 보여준다. 카프카는 사이렌들을 단지 노래하는 존재로서 일면적으로 규정하지 않고, 오히려 그 반대로 노래보다 '더욱 끔찍한 무기'eine noch schreckliche Waffe인 '침묵'을 간직한 존재로 본다. 그리고 이 침묵은 오디세우스가 아예 생각조차 할 수 없는 것이기 때문에 그 자신의 힘으로 모든 것을 이겨낼 수 있다는 오디세우스의 교만Überhebung보다 실은 더욱 강력한 것이다.

그런데 여기서 생겨나는 의문은 사이렌들이 왜 노래가 아닌 침묵이라는 무기를 선택했느냐는 것이다. 이에 대해 카프카는 가능하리라 생각되는 두 가지 이유를 덧붙인다. 한 가지는 사이렌들이 오디세우스라는 적대자를 극복할 수 있는 것이 침묵밖에는 없다고 믿었기 때문이다. 가능한 또 다른 이유는, 밀랍과 사슬이라는 수단을 전적으로 믿고 이미 자신이 기대한 노래의 황홀경에 빠져 있는 오디세우스의 얼굴을 본 순간, 사이렌들이 그들 자신의 모든 노래를 잊어버리고 말았기 때문이다.12

그렇다면 이러한 사이렌의 침묵을 오디세우스는 과연 어떻게 받아들이고 있는가? 그는 사이렌들이 이미 노래를 부르고 있다고 상상한다. 이러한 상상이 실제로는 오해임에 분명한 데도 오디세우스는 자기 홀로 그 위험으로부터 보호받고 있다고 착각한다. 그런데 혹자들은 이러한 사이렌들의 침묵을 둘러싼 오디세우스와 사이렌들의 만남이 "쌍방간의 오해"13에서 비롯되었다고 규정한다. 즉 한편으로 오디세우스는 밀랍과 사슬의 보호수단 때문에 노래에 대해 안전하다고 믿었고, 다른 한편으로 사이렌들은 그의 얼굴에 가득 찬 행복을 보고는 마음이 흔들려 침묵을 지킨 것이라는 주장이다. 그리하여 "오디세우스는 그 침묵을 오해했고, (……) 사이렌은 오디세우스의 오해를 오해한 것"14으로 해석한다.

그런데 우리는 여기서 쌍방간의 오해라고 해석하기에는 석연치 않은 점들을 발견한다. 왜냐하면 오디세우스의 오해는 선명하게 드러난 반면에 사이렌들의 오해는 명확하게 드러나 있지 않기 때문이다. 따라서 각각의 오해의 내용에 대해 좀 더 자세히 물어야 한다. 우선적으로 오디세우스는 사이렌의 침묵을 왜 그리고 어떻게 오해하고 있는가? 사이렌들의 침묵이 오디세우스에게 도대체 왜 노래가 된 것인가? 그에게 사이렌들은 이미 전해들은 바에 따른 정형화된 인물로 강력한 유혹의 노래를 부르는 존재일 뿐이다. 오디세우스에게 그 이외에 다른 역할을 할 수 있는, 예를 들어 정반대로 침묵할 수 있는 사이렌들은 결코 존재할 수 없었다. 따라서 오디세우스는 사이렌들의 침묵을 아예 생각할 수조차 없었으며, 사이렌들의 침묵조차도 자신의 선입견에 따라 기대한 그대로의 노래로 오해할 수밖에 없었다.

더욱이 오디세우스가 그 침묵을 어떻게 오해하고 있으며 어떤 노래로 여기고 있는지를 살펴보면, 그의 오해가 어떻게 완성되고 있는지를 알 수 있다. 오디세우스에게 사이렌의 노래는 자신의 동일적 자아를 매우 강력하게 방해하는 요소이다. 그는 이 장애물을 이겨냄으로써 자신의 자아를 형성하고 보존할 수 있었다. 그가 동일적 자아를 보존한 데에는 타자의 역할을 고정시킴으로써 타자를 전적으로 배제한 것, 그리고 타자에 대한 전적인 '무지'가 전제되어 있다. 이러한 오디세우스의 폐쇄적이며 일방적인 관계방식은 사이렌들의 침묵을 노래로 오해하면서 황홀경에 빠져 탐닉하고 있는 그의 모습에서 절정을 이룬다. 즉 계몽적 인간의 동일적 자아는 사이렌들이라는 타자의 존재를 아예 염두에 두지 않고 있기 때문에 자기기만에 빠질 수밖에 없다.

그렇다면 사이렌들은 이러한 오디세우스의 오해를 다시금 오해하고 있는가? 오히려 사이렌들이 오디세우스의 오해를 다시금 오해하고 있다기보다는 그 오해를 '이해'하고 있다고 보는 편이 타당하다. 그러한 이해를 바탕으로 사이렌들은 자신에게 기대되고 있는 '노래하는' 사이렌이라는 역할, 즉 신화적인 인물에게 부여된 운명의 역할까지도 거부할 수 있었기 때문이다. 오디세우스를 이겨낼 수 있는 적극적인 무기를 가지고 있기 때문이든, 오디세우스에 대한 연민과 사랑 때문이든 카프카에게서 형상화된 사이렌들은 오디세우스의 오해에 전제되어 있는 존재와는 다른 존재이다. 상대인 오디세우스를 향해 있으면서도, 그의 기대수준에 맡겨진 자신의 신화적 역할에 역행할 수 있는, 즉 그의 동일시와 다르게 행위할 수 있는 존재이다.

오디세우스의 동일적 자아는 비록 그가 사이렌들의 반쯤 열린 입과 눈물이 가득 맺힌 눈을 바라보았음에도 불구하고 사이렌들의 침묵을 전혀 알아챌 수 없는 존재였기 때문에, 즉 타자에게로 열린 관계를 형성할 수 없었기 때문에 사이렌들을 오해할 수밖에 없었고 그들과 진정으로 만날 수 없었다. 반면에 사이렌들은 타자인 오디세우스의 황홀경에 빠진 얼굴을 바라보고 그에 반응함으로써 자신의 다른 면모를 보여주는 존재들이다. 그리하여 비록 그와의 만남이 비극적이라 할지라도 그래서 맞닿을 수 없다 하더라도 그를 살려서 돌려보낸다. 화자인 오디세우스는 자신의 동일적 자아의 형성에 방해요소인 사이렌을 이겨냄으로써 살아남았다고 신화에 남겨 놓았지만, 카프카에 의하면 오디세우스의 동일적 자아의 규정성에 어긋나있는 사이렌들, 그 비동일적 존재들이 오히려 그를 살아남게 해준 것임을 상기해야 한다.

3. 사이렌들의 노래 : '비동일적' 자아의 내러티브
1) 사이렌들의 '비동일적' 자아

아도르노와 호르크하이머의 『오디세이』에 대한 분석에서 오디세우스는 최초의 계몽적 시민의 원형으로 그려진 반면에 그가 만나는 여성들은 거의 모두 신화적 인물들로 규정된다. 따라서 사이렌들도 역시 계몽적 인간이라기보다는 신화적 자연에 가까운 존재이다. 사이렌들의 전형적인 모습을 살펴보면, 상체는 여성의 얼굴을 하고, 나머지 반의 하체는 새의 모습을 하고 있다. 더욱이 전해지는 전설에 따르면 이 사이렌들은 오디세우스가 살아서 지나간 다음에 그 힘이 마저 약해져, 새의 모습을 하고 있었던 하체가 물고기의 형상으로 바뀌고 말았다고 한다. 흥미롭게도 이와 같이 무력화된 여성으로서의 '인어 이미지'는 현대에 이르기까지 영화나 드라마에서 대표적으로 여성성을 상징한다.[15]

그런데 우리는 여기서 사이렌들이 지닌 여성적 상징성이 비록 불분명하고 그 상징적 이미지 또한 역사 속에서 가부장적인 것으로 해석될 수 있는 위험이 있음에도 불구하고, 그 남성중심적 시각에서 간과했던 여성성의 독특함을 사이렌들에게서 좀 더 적극적으로 읽어내 보고자 한다. 그리하여 사이렌들의 새로운 상징성에 대한 논의를 중심으로 사이렌들을 단순히 신화적 자연으로서의 여성이 아닌 대안적 의미에서의 '여성적 자아'로서 해석해보고자 한다. 사이렌들을 통해 읽어내고자 하는 여성적 자아가 가부장적 역사를 관통해왔던 동일적 자아가 아니라면 과연 그 존재는 어떤 존재이며, 어떤 자아인가?

우선적으로 사이렌들의 자아는 오디세우스를 통해 드러난 인간의 원초적 자아, 즉 "동일적이고, 목적지향적이고, 남성적인" 자아가 아닌 '비동일적인' 것이다. 그들은 남성적 진리의 관점에서는 포착되지 않았기 때문에 아예 없는 존재로 치부되거나 존재하고 있다고 해도 인간이라는 보편적인 범주에 동일시될 수 없는 덜 진화된 자연의 상징물로 이해된다. 따라서 사이렌들은 상체의 절반은 여성의 얼굴을 하고 있지만 나머지 하체의 절반은 새의 모습으로 그려진다. 이렇듯 사이렌들은 동일성사고의 관점에서 바라볼 때, 이차적인 존재로서 자연의 의미에 가까운 여성들이며, 독립된 개체로서의 시민이 되기에는 자의식이 없는, 개별자로 분화되지 않은 존재여서 떼를 지어다니는 것으로 묘사된다. 그러나 관점을 달리하여 사이렌들이 지닌 이러한 '비동일적' 존재로서의 특성을 좀 더 적극적으로 규명해볼 수는 없는가?

사이렌들이 남성적 동일성의 기준에 의해 포착되지 않는 '비동일자'라고 할 경우, 이들은 자아와 적대시되는 '자연'이라기보다는 오히려 카프카의 「사이렌의 침묵」에서도 묘사된 것처럼 오디세우스를 살리기 위해 '침묵할 수도 있는 존재'로 해석해야 한다. 카프카는 기존의 신화와 그 해석에서 사이렌들을 그저 유혹적인 노래만 부르는 신화적인 존재로 고정시켜버렸던 틀을 깨고 사이렌들에게 '침묵'이라는 특성을 부여한다. 따라서 그는 동일적 자아의 틀로는 규정지을 수 없는 사이렌들의 비동일적인 특성에 주목할 수 있었다. 그런데 문제는 그의 반영웅적 탈신화화가 사이렌들의 침묵을 동원하여 동일적 자아의 해체에까지는 도달했지만, 이러한 비동일적 존재로서의 사이렌들이 의식을 지니지 않았다고 봄으로써 한계에 이르고 말았다는 데에 있다. 그리하여 카프카는 "만일 사이렌들이 의식을 지녔다면 그들은 그 당시 절멸되었을 것"이라고 기술한다.

여기서 우리는 사이렌들이 과연 카프카의 말대로 의식이 없는 존재였는지를 물어야 한다. 오히려 사이렌들을 남성적인 동일성의 의식과는 다른 의식을 지닌 존재, 즉 다른 의미의 '자아'라고 볼 수는 없는가? 필자는 카프카와 달리 사이렌들의 침묵이 매우 '의식적'이었다고 생각한다. 비록 기존의 『오디세이』신화가 오디세우스라는 인물의 자기주장만 근거한 채 일면적으로 씌어졌기 때문에 마치 그 자신의 '합리적' 능력에 의해 모든 난관들을 힘들게 이겨낸 것처럼 보이지만, 그러한 동일적 자아의 자기보존은 그 자아의 생존을 말없이, 즉 '침묵을 통해서 의식적으로 애써서 지켜준' 사이렌들이 있었기에 가능했다. 사이렌들의 침묵에 드러난 의식은 동일성이 아닌 '비동일성'에 근거하는데, 기존의 신화와 신화에 대한 해석들은 그러한 '비동일성'에 대해 아무런 관심을 기울이지 않았다. 이와 달리 우리는 사이렌들의 '비동일성' 및 '비동일적 자아'의 다른 점들에 주목해야 한다.

우선적으로 그들의 자아에 대한 인식을 구성하고 있는 '비'-동일성 Nicht-Identität은 단지 동일성에 대한 파생적 개념이 아니라 '비'Nicht에 대한 강조, 즉 동일성에 대한 강압으로부터의 벗어남과 이를 통한 새로운 인간적 관계성에로의 진입을 의미한다. 그리하여 '비동일성'은 단순히 동일성과 짝을 이루는 반대쪽의 다른 축을 지칭하는 것이 아니라 동일성에 대한 적극적 비판·해체와 동시에 기존의 사고를 바꿈으로써 새로운 사태를 실제로 이끌어내는 것이다.[16] 그렇다면 과연 사이렌들의 새로운 상징의 토대인 비동일성과 그 비동일성에 근거하고 있는 비동일적 자아를 여성주의적 관점에서는 구체적으로 어떻게 해석해야 하며, 이는 여성들에게 어떤 의미를 지니는가?

2) 체화된 목소리로 노래하는 자아

우선적으로 호머가 전하는 『오디세이』 12장으로 되돌아가 사이렌들의 '노래'에 주목하면서, 사이렌이라는 비동일적 자아가 그 스스로를 어떻게 의식하고 있는지를 살펴보자. 그녀들의 노래에 따르면, 그녀들은 오디세우스가 자신들의 섬에 머물면서 자신들의 입에서 나오는 달콤한 노래를 귀담아 들어주기를 간절히 바란다. 또한 그녀들은 오디세우스에게 이미 그가 트로야에서 겪었던 고통을 알고 있으며, 그들은 이 지상 어느 곳에서 일어나는 일들도 모두 알고 있다고 전한다.[17]

한편 아도르노와 호르크하이머는 이러한 사이렌들의 노래가 과거의 즐거움을 약속하고 있지만, 이러한 즐거움은 그 자신의 자아를 포기할 때만 해당되는, 즉 '가부장적 질서의 위협'(DA 50)과 같은 것이라고 해석한다. 그러므로 사이렌이 약속하고 있는 행복이란 과거의 행복일 뿐이며, 이는 자아를 상실할 것 같은 불안과 함께 자아가 정지되는 죽음과 짝을 이룬다. 따라서 오디세우스는 사이렌들이 들려주는 유혹이 클수록 더욱 강력하게 자신을 묶도록 만들었으며, 이로써 행복에 다가갈수록 오히려 행복에 자신을 내맡기지 않도록 저항해야하는 모순이 발생한다.

아도르노와 호르크하이머는 이러한 오디세우스와 사이렌들의 행복하면서도 불행한 만남 이후로 모든 노래가 병들었으며, 모든 서양 음악은 문명 속에서의 노래가 지닌 모순으로 괴로워하게 되었다고 진단한다. 즉 예술의 한 장르로서 노래가 병들게 되었기 때문에 예술은 과거를 생생하게 구원할 수 있는 기능을 상실하게 된 것이다. 한편, 예술의 수용에 있어서도 그 노래를 감상하는 자들이 오디세우스와 같이 콘서트에서 꼼짝할 수 없게 되었기 때문에 '예술향유와 노동의 분리'(DA 52)가 일어났다.

그럼에도 아도르노는 여전히 예술만이 사회의 총체적인 거짓에 저항할 수 있는 마지막 보루이며, 비동일성의 대변자가 될 수 있다고 주장한다.[18] 그런데 흥미롭게도 아도르노는 이러한 저항성과 비동일성을 사이렌들에게는 적극적으로 부여하지 않는다. 이와 달리 필자는 사이렌들의 노래가 이미 아도르노가 말하고 있는 예술의 고유한 특성을 지닌다고 본다. 왜냐하면 그녀들의 노래는 '동일적 자아의 과거를 생생하게 기억하고 보존함으로써' 예술적인 '미메시스'의 원형을 잘 보여주기 때문이다. 우선적으로 우리는 사이렌들이 부른 노래의 내용에서 '생생한 기억'을 통해서 노래를 부르는 '비동일적 자아'가 지닌 자의식 및 자아인식의 독특함을 발견한다.

사이렌들이 그녀들의 노래를 통해 약속하고 있는 행복은 육체적인 욕망으로부터 나오는 즐거움을 고스란히 간직하고 있으며, 그녀들의 목소리 또한 스스로의 육체적 현존과 분리되지 않는다는 점은 시사하는 바가 크다. 왜냐하면 이는 비동일적 자아가 자신의 자아를 인식할 수 있는 존재론적인 토대를 잘 설명해주기 때문이다.[19] 사이렌들은 오디세우스처럼 육체에 대한 정신적 우위에 의해서, 즉 자신의 자연적 부분을 억압하고 절단함으로써 자아를 획득하고자 하지 않는다. 따라서 그들은 육체나 육체적 욕망들과 분리되어 있지 않은 존재로 자신뿐만 아니라 타인을 인식하며 초대하고 있다.

사이렌들의 노래는 삶의 체험과 기억을 단순히 정신적 작용으로서가 아니라 그 육체적 뿌리와 불가분으로 연관시킴으로써 '생생하게 살아있는 자아'로서의 비동일적 자아를 재현한다. 나아가 그 노래는 단순히 남성들에게 즐거움을 선사하려는 성적인 대상화에 의한 것이 아니라 사이렌들 자신의 욕망이 체화된 목소리embodied voice에서 비롯되기 때문에 더욱 강력한 힘을 지닌다.[20] 이와 같이 사이렌들의 자의식이 개념적인 인식이 아닌 몸을 구심점으로 삼는 자아에 대한 경험적 이해를 바탕으로 하고 있다는 사실은 오늘날 새로운 의미를 지닌다. 왜냐하면 이원론적으로 새겨진 몸에 대한 사회적이고도 문화적인 편견을 넘어설 수 있는 자기인식의 토대가 될 수 있기 때문이다. 이러한 맥락에서 니체는 사이렌들의 "깊고 힘 있는 알토의 목소리가 (……) 지금까지는 익숙하지 않은 가능성 앞에 드리워진 막을 걷어 올릴 것"[21]이라고 예견하지 않았던가?

3) 관계적 자아의 미메시스 : 타인과 관계 맺는 비동일적 자아

사이렌들의 이러한 자기인식에 대한 고찰을 바탕으로 이제 우리는 사이렌들의 노래와 침묵에서 그녀들이 취하고 있는 타인에 대한 인식과 그 관계

방식을 오디세우스의 경우와 대비시키고자 한다. 먼저 오디세우스는 타인을 어떻게 이해하고 관계하는가? 오디세우스에게 사이렌들은 낯선 존재이고, 그의 귀향길을 방해하는 존재이자 가까이 하기에는 위험천만한 존재이다. 따라서 자신의 목표인 고향에 돌아가기 위해서는 절대로 사이렌들과 관계를 맺지 않아야 하며, 만일 관계를 맺을 수밖에 없는 경우에는 미리 자신에게 유리한 '안전장치'를 해놓아야만 한다. 결국 사이렌들의 섬을 지나갈 수밖에 없게 된 오디세우스는 책략을 통해 사이렌들이라는 위험한 타인을 이겨낼 수 있도록 돛대에 자신을 사슬로 묶게 한다.

오디세우스에게 사이렌이라는 타인의 존재는 모든 관계의 중심인 자신, 즉 자아의 목표와 연관해서만 의미 있는 존재이자 단지 주변적이고 수단화된 존재로서 이해된다. 더욱이 그 타인이 자신의 목표를 위협할 때, 그의 삶에서 타인은 항상 자기보존에 적대적인 방해자로 남는다. 그는 이러한 방해자와의 투쟁에서 자신만을 믿고 의지한 채 홀로 살아남아야 하며, 이를 통해 결단성 있고 독립적인 자아로서의 동일적 자아를 형성하게 된다. 그런데 그렇게 살아남은 오디세우스의 모습은 어떠한가? 그는 '자기를 보존하고 살아남았지만 화석화되었고, 아름다운 노래를 듣기는 하지만 전혀 움직일 수 없었으며'[22] 결국 자기 자신의 사슬 안에 갇힌 채 타인을 바라보았을 뿐 그 타인을 실제로 만날 수는 없었다.

이와 달리 사이렌들의 비동일적 자아에게 타인은 낯선 존재가 아니다. 오디세우스를 만났을 때에도 그녀들은 타인에 대한 적극적인 관심을 보이며 다가가고, 오디세우스를 받아들이려 한다. 그녀들의 태도에서 관계의 중심은 자신이 아닌 타인에게로 향해 있고, 그녀들은 타인에 대한 미메시스적인 태도를 취하면서 노래를 부른다. 또한 이러한 태도는 오디세우스처럼 타인을 합리적인 계산에 의해 수단화하는 교환상대로 만드는 것이 아니라, 오히려 그녀들은 '그를 돕고자 하며, 사랑하면서 유혹하고 싶은 배려와 함께 그를 만나려'[23] 한다. 이들은 타인을 전적으로 수용하는 이해심과 감정적 끌림에 근거하여 행동한다. 이러한 사이렌들의 타인에 대한 이해와 그 관계방식은 카프카의 「사이렌의 침묵」에 아주 잘 묘사되어 있다. 즉 오디세우스는 사이렌들의 한숨어리고 눈물이 가득 맺힌 모습을 보았으면서도 자신의 합리적 틀에 따라 타인을 고정시키고 판단함으로써 그들이 노래를 부르고 있다고 오해하고 말았지만, 그러한 오해조차도 사이렌들은 이해하면서 그에 대한 사랑과 연민으로 마침내 그를 살려 보내고자 침묵한다.

한편 호머의 텍스트에서도 사이렌들은 그가 겪은 과거의 일들에 대해 이미 이해하고 있으며, 자신들의 입에서 나오는 달콤한 노래와 사랑으로 그를 감싸줄 것에 대해 약속한다. 그러나 오디세우스가 원형적으로 보여주는 도구적 이성의 앎, 즉 교환적이고 계산적인 앎의 입장에서 볼 때 행복에 대한 사이렌들의 약속은 너무도 매혹적이긴 하지만, 동일적 자아에게는 파악되지 않는 죽음과 같이 두렵고 위험한 것이다. 이와 달리 사이렌들이 오디세우스와 함께 누리고자 하는 행복과 그들이 지닌 타인에 대한 이해는 육체적 욕망과 밀접하게 연관되어 있으며, 그녀들은 그 욕망을 파트너인 오디세우스와 함께 구체적으로 나누려한다. 따라서 사이렌들의 비동일적 자아는 각자의 육체적인 개별성과 욕망을 인정하되 그것을 상호적인 관계에서 나누고 즐기려함으로써 타인[24]에 대해 적극적으로 열려 있고, 타인과의 밀접한 연관성 속에서 성립되는 '관계적 자아'relational self[25]이다.[26]

물론 이러한 사이렌들의 비동일적 자아를 '관계적 자아'로 해석할 때, 우리는 그 관계적 자아가 지닌 양면성에 유의해야 한다. 왜냐하면 바로 그러한 여성들의 관계적 자아와 그에 근거한 태도가 기존의 가부장적 질서를 뒷받침하고 유지시켜왔으며,[27] 그 가운데 여성들의 목소리 결핍과 그에 따른 거짓된 자아의 형성이 불가피했기 때문이다.[28] 그러나 우리가 여기서 사이렌들의 상징성으로부터 읽어내려는 '관계적 자아'는 남성중심적인 시각에서 간과되어온 여성들의 자아가 지니는 근원적인 의미와 그 가능성을 되짚어 보는 데에 그 의의가 있다. 따라서 사이렌들의 자아를 '관계적 자아'로 해석하는 데에서 그 관계성은 독자성과 상호의존성이 동시에 발현된 것을 의미한다. 즉 관계적 자아는 우선적으로 자신의 삶과 경험의 주체로서 몸을 느끼고 수용하며, 나아가 타인과의 관계 속에서 일어나는 정서적이고 인지적인 변화들을 다면성과 유연성을 지니고 받아들임으로써 자기를 개방하는 자아이다. 이러한 관계적 자아의 독자성과 상호 대등적 가치를 새로이 조명하기 위해서 우리는 이제 오디세우스가 원형적으로 보여준 동일적 자아의 일의적인 진리를 좀 더 적극적으로 비판 및 해체하고, 사이렌들이 보여주는 새로운 다중적 진리들에 주목하고자 한다.

4. 떼 지어 함께 비상하는 자아들의 은하수

오디세우스의 '동일적 자아'는 독립적 개인의 원형을 보여주는 단수 남성과 불특정 다수로 그려진 사이렌들의 대립구도를 전제로 성립되었으며, 그 자아의 형성과정에서 단수 남성의 중심과 복수 여성들의 주변이라는 젠더 상징성의 위계질서역시 자연스럽게 확립되었다. 따라서 기존의 신화텍스트나 그 해석에서 사이렌들은 단수로서의 한 남성, 즉 오디세우스를 중심에 두고 그를 둘러싸고 있는 주변의 복수적 존재들이자 낯설고 위험한 방해자들에 불과했다. 이와 달리 우리는 사이렌들의 새로운 상징성으로부터 여성들의 '비동일적 자아'의 의미를 밝혀보면서, 그 '비동일적 자아'가 단수 남성의 단일한 범주로 환원될 수 없는 '진리의 복수성'을 지니고 있음을 새로이 발견한다.

　데리다는 서구의 형이상학이 지녀온 이분법적인 구분들, 즉 정신/육체, 저자/독자, 서양/동양, 남성/여성 등에서 드러난 전자의 후자에 대한 위계 질서와 지배의 문제점을 지적한다. 나아가 그는 하나의 동일적 진리의 절 대성과 중심·근원의 폭력성을 비판하면서, 진리의 복수성을 주장한다. 특 히 데리다는 니체의 '나의 진리들'이라는 표현에서 착안하여, "하나의 진리 그 자체는 없으며, 더욱이 나를 위해서조차 나의 진리는 복수적"[29]이라는 통찰을 내놓는다. 이러한 데리다의 니체 해석은 한편으로 사이렌들의 복수 적 진리가 지닌 중요성을 깨닫게 한다. 그러나 다른 한편으로 그의 '모든 존재의 비결정성'에 대한 주장은 단지 텍스트를 해체하는 데에 국한되며, 나아가 그는 "성적 차이의 진리, 남성이나 여성에 관한 진리 그 자체는 없 다"[30]고 단언함으로써 성차 그 자체를 뛰어넘고자 함으로써 한계를 지닌 다.[31] 따라서 아무리 텍스트를 해체한다고 하더라도 여전히 존재하고 있는 실제 삶에서의 성차에 대한 극복은 고스란히 과제로 남게 된다. 그렇다면 사이렌들에게서 발견되는 진리의 복수성은 여성주의의 관점에서 어떻게 해석될 수 있는가?

　여기서 우리는 진리의 복수성을 '존재론적인 성차'에 입각하여 해석한 브라이도티에게 눈을 돌려야 한다. 그녀는 존재론적인 의미에서 성차가 작 동하는 세 가지 층위들, 즉 남성과 대문자 여성간의 차이, 여성들 사이의 차이들 그리고 각 여성 내부의 차이들을 나누어서 매우 생산적으로 논의를 전개한다.[32] 이러한 성차의 차원에서 보면 사이렌들의 비동일적 자아가 지 니는 진리의 복수성은 단순히 단수인 오디세우스라는 남성과 구분되는 복 수 여성들의 진리만을 의미하는 것이 아니다. 사이렌들, 즉 여성들의 무리 안에서도 진리는 하나로 환원될 수 없으며, 각 여성개인의 자아에 관해서도, 즉 나 자신의 진리조차도 복수적임을 인정해야 한다. 따라서 대문자 여성으로 묶이는 여성들의 자아들은 복수적 차이를 지니고 있으며, 여성 개별자들 안에서도 자아는 하나의 동일적 진리로 파악될 수 없음에 유의해야 한다.[33]

특히 사이렌들은 단수로서의 여성이 아닌 떼를 지어 날아다니는 복수여성들의 무리로 묘사되는데, 이는 여성주의의 관점에서 볼 때 비동일적 자아가 지닌 진리의 복수성을 매우 잘 상징화하여 보여준다. 즉 비동일적 자아로서 여성들은 단순히 추상적인 동일성에 근거한 보편 주체의 관점에서처럼 그저 '남성이 아닌 존재'가 아니라, 각자 구체적으로 살아있는 작은 차이들의 다양성을 수용하고 비로소 그 다층적인 구조를 인식함으로써 '여성주체가 되어'[34] 비상飛上할 수 있는 존재들이다. 이러한 성차화된 주체성과 세분화된 차이의 인식은 여성들로 하여금 역사적인 맥락에 기반을 둔 '어우러짐' 속의 자아, 즉 구체적인 상황 속에 놓인 그리고 젠더화된 주체 the situated and gendered subject[35]로서의 자아를 자각하게 한다. 나아가 자신과 타자 사이에서 규정되는 다양한 역할들의 차이를 긍정적으로 받아들이게 함으로써 더욱 적극적인 행위자로 거듭 나게 한다.

* * *

이번 장에서는 『오디세이』신화에서 '사이렌들과 오디세우스'의 만남에 국한하여 남성중심적인 자아의 원초적 역사를 비판적으로 분석한 뒤, 여성들의 자아에 대한 함축성을 새로이 이끌어내고 그 자아에 대한 내러티브를 재구성해 보았다. 오디세우스의 동일적 자아에 대한 아도르노와 호르크하이머의 역사철학적인 비판은 여전히 오디세우스라는 남성중심적인 인간성을 벗어나지 못하고 있는 반면, 카프카의 「사이렌의 침묵」은 오디세우스를 벗어나 사이렌에 대하여 새롭게 주목하고는 있지만, 사이렌들이 여전히 결핍된 존재로서 그려진다는 점에서 제한적이다. 따라서 필자는 사이렌들의 자아를 '비동일적 자아'로 개념화하고, 그 안에서 '체화된 목소리로 노래하는 자아' 및 '관계적 자아'로서 여성들의 자아에 대한 새로운 의미들을 해석해내고, 나아가 '떼를 지어 비상하는 사이렌들'의 형상화를 통해서 남성과 여성의 관계만이 아닌 여성들끼리의 다층적 관계에 대한 새로운 내러티브를 시도해 보았다.

제5장
키르케 : 다중심적 자아

근대성을 넘어서고자 하는 가운데 인간 스스로의 정체성을 돌아보는 작업은 현대 철학에서 매우 중요한 문제이다. 특히 포스트구조주의와 포스트모더니즘은 '서구의 근대적 자아'에 대한 비판적 논쟁을 야기해 왔으며, 근대성에 대한 자기비판과 더불어 '데카르트적 자아'의 문제점 또한 빈번히 지적된 바 있다. 많은 포스트모던 이론가들은 데카르트의 이원론과 유아론을 극복하면서 합리적이고 동일적인 자아에 대한 믿음의 허구성을 밝혀내고자 노력해왔다. 그럼에도 불구하고 여성주의적 입장에서 볼 때, 근대적 자아의 형성, 그 형성과정에 대한 자기비판, 포스트모던적 해체 그리고 대안적 자아의 새로운 구상들에 이르기까지 논의의 전 과정에 너무도 자연스러운 남성중심적 이데올로기에 주목하지 않을 수 없다.

이러한 비판적 문제의식으로부터 이번 장에서는 여성주의가 특히 '근대성'이라는 문제와 어떻게 직면하고, 또한 그것을 어떻게 극복해야 하는지에 대해 성찰하고자 한다. 나아가 서구의 근대적 자아나 그 근대적 자아에 대한 자기비판에조차 무비판적으로 전제되어 있는 '남성중심적 본질주의에 입각한 자아관'을 비판하고, 오늘날 여성들의 자아에 대한 새로운 함축성을 탐색해 보고자 한다. 이를 위해 아도르노와 호르크하이머의 『계몽의 변증법』을 집중적으로 다룰 것이다. 왜냐하면 그들은 단지 데카르트로부터 시작되는 근대적 자아만을 문제 삼은 것이 아니라 오히려 더욱 근원적으로 인간의 자아가 어떻게 신화로부터 탈피해 나오면서 성립되었는지, 즉 근대적 자아의 원초적인 역사에로까지 거슬러 올라가 살피기 때문이다.

특히 이번 장에서는 『오디세이』에서도 '키르케와 오디세우스'의 만남에 제한하여 본격적인 논의를 전개하고자 한다. 왜냐하면 제4장의 마지막 부분에서 이미 고찰한 것처럼 오디세우스의 모험담에 등장하고 있는 여성들을 일반화하여 대문자 단수 '여성'으로 한꺼번에 다루는 것보다는 그 여성적 상징성이 지닌 내용들의 차이에 유의하면서 좀 더 상세히 분석하는 작업이 필요하기 때문이다. 따라서 이번 장에서는 오디세우스의 동일적 자아를 해체할 수 있는 막강한 마력을 지닌 여성이자 그의 연인으로 등장하는 키르케를 중심으로 근대적 자아의 문제를 여성주의 문화철학적 관점에서 접근하고자 한다. 그리하여 '서구 근대적 자아'의 시발점에로 거슬러 올라가 그것을 뒤집어 봄으로써 오늘날까지도 여전히 지속되고 있는 남성중심적 자아이해의 이데올로기적 요소들을 근원적으로 비판함과 동시에 해체하고, 오늘날 여성들의 자아에 대한 대안적 내러티브를 새롭게 구성해 보고자 한다.

1. 근대적 오디세우스와 전근대적 키르케

1) 『오디세이』에서 오디세우스와 키르케

키클로프의 원시적 세계에서 빠져나온 오디세우스가 당도한 곳은 키르케가 살고 있는 아이아이에 섬이다. 오디세우스는 먼저 에우릴로코스를 대장으로 하는 스물 두 명의 부하들을 보내어 이 섬의 정체를 알아보게 한다. 그의 부하들은 마침내 키르케의 저택에 도착한다. 늑대와 사자가 문 앞을 지키고 있었기 때문에 그들은 다소 겁을 먹었지만, 키르케는 이 사나운 짐 승들을 온순하게 다루면서 오디세우스의 부하들을 환대하고 우선 배불리 먹게 한다. 그러고 나서 키르케는 그 부하들로 하여금 약을 탄 음식을 들게 한 후에, 지팡이로 그들을 내려쳐서 돼지로 만들어 버리고 곧바로 돼지우 리에 가둔다. 한편 겁이 많아서 혼자만 키르케의 저택에 들어가지 않고 이 광경을 지켜보았던 에우릴로코스는 오디세우스에게 자신이 목격한 사실을 전하고, 이를 전해들은 오디세우스는 부하들을 구하기 위해 홀로 길을 나 선다.

키르케의 저택으로 가는 숲 속에서 오디세우스는 신들의 심부름꾼인 헤 르메스를 만나게 된다. 헤르메스는 오디세우스에게 키르케의 마법에 걸려 들지 않게 하는 약초를 건네주었을 뿐 아니라 그녀를 위협하여 살아남는 방도를 미리 알려준다. 이러한 헤르메스의 도움으로 오디세우스는 그의 부 하들과 마찬가지로 키르케의 환대를 받았음에도 그녀의 마법에 걸려들지 않을 수 있게 되었고, 키르케로 하여금 돼지로 변해 돼지우리에 갇혀 있던 부하들까지도 다시 인간으로 되돌려 놓도록 한다. 오디세우스는 인간으로 되돌아온 부하들과 키르케가 준비해 놓은 만찬을 한껏 즐기고 난 뒤 얼마 간 키르케의 저택에 머물기로 하고 그녀와 사랑을 나누며 행복한 나날을 보낸다.

약 일 년이 지난 어느 날, 부하들은 오디세우스에게 고향으로 돌아갈 것을 제안하고 오디세우스는 이를 받아들여 키르케에게 그녀의 섬을 떠나 겠다고 고한다. 그러자 키르케는 떠나기에 앞서 오디세우스가 우선 죽음의 하데스 왕국으로 가서 테베 출신인 눈먼 예언자 테이레시아스의 영혼을 만나야 하며, 그의 충고를 들어야 한다고 말한다. 오디세우스가 하데스왕국으로 떠나기에 앞서 두려움에 떨자, 키르케는 그곳에 이르는 방법을 상세히 알려주고, 제사에 쓰일 숫양과 검은 암양을 미리 준비하여 오디세우스에게 건네준다. 이러한 키르케의 도움으로 오디세우스는 무사히 하데스왕국에 있는 테이레시아스를 만나고 돌아올 수 있게 된다.

한편 오디세우스와 그 부하들이 여전히 고향으로 돌아가고 싶어 한다는 것을 안 키르케는 오디세우스에게 앞으로의 여정에 대한 조언을 들려준다. 특히 그의 뱃길을 가로막는 장애물들, 즉 사이렌들, 스킬라와 카리디브스에 관한 예언을 해주고, 그것들을 극복하는 방법도 가르쳐 준다. 그러고 나서 키르케는 오디세우스와 이별하고, 순풍을 불러 오디세우스와 그의 부하들이 자신의 섬을 잘 떠나갈 수 있도록 도와준다.

2) 전근대적 키르케와 근대적 오디세우스

『계몽의 변증법』에서 아도르노와 호르크하이머는 호머의 텍스트로부터 주인공 오디세우스가 다양한 신화적 인물들과의 모험을 통해 어떻게 자아를 형성하고 보존하는지에 대해 주목한다. 오디세우스는 이타카의 왕으로서 자신의 동일성을 유지하기 위해 위험에 처할 때마다 온갖 '책략'들을 동원하는데, 바로 이 책략들을 통해서 신화적 인물들에 비해 육체적으로 허약한 그가 다양하게 펼쳐지는 신화적 위험들에 빠져들지 않고 강인한 자아로 살아남을 수 있게 된다.

아도르노와 호르크하이머는 오디세우스를 "시민적 개인의 원형"(DA 61)으로 간주하고, 트로이에서 이타카에 이르는 동안 그가 겪은 다양한 모험담을 신화와 계몽의 극단적인 대립 속에서 살아남은 근대적 자아가 겪어야만 했던 운명적 체험의 원초적인 형태로 해석한다. 특히 오디세우스가 신화적 인물들에 대항하면서 사용하는 '책략'으로부터 다름 아닌 최초의 계몽적 요소, 즉 합리성의 원형을 찾아낸다. 그렇다면 오디세우스와 키르케의 만남에 집중하여 볼 때, 이야기에서 드러나는 합리성의 구체적인 내용은 무엇이며, 그 안에서 우리는 어떠한 근대성과 자아의 원형을 읽어낼 수 있는가?

우선적으로 아도르노와 호르크하이머는 오디세우스가 키르케의 섬에 도달했다는 사실로부터 그가 신화보다도 더 이전의 야만적 단계의 위기에 직면했다고 해석한다. 마녀로서의 키르케는 단지 신화적 인물들 중 하나가 아니라 신화보다 더 이전으로 거슬러 올라간 주술의 단계에 속하기 때문에, 그녀의 야만적 마력이 지닌 위험의 강도는 더욱 높을 수밖에 없는 것이다. 키르케가 상징하는 '전근대적' 주술은 이제 막 탄생하기 시작한 근대성의 '합리적' 자아를 해체시키고 인간을 다시금 자연의 일부로 되돌릴 수 있는 막강한 위력을 지녔다.

특히 아도르노와 호르크하이머는 그 주술의 위력이 '망각의 힘'에 있다고 본다. 오디세우스의 자아는 시간이라는 질서를 받아들임으로써 역사적 시간성 속에서 성립된다. 이에 반해 키르케의 주술은 바로 그 시간의 질서 속에 확립된 인간의 의지를 공격하여 무너뜨리려는 것이어서 위험하다. 따라서 이타카의 왕으로 귀환해야 하는 오디세우스로 하여금 고향에 대한 생각 그 자체를 없애버릴 수 있다. 이와 같은 고향에 대한 '망각'과 고향에로 돌아가려는 의지의 포기(DA 81)는 근대적 자아의 원형을 보여주고 있는 오디세우스에게 가장 두려운 것이 아닐 수 없다.

한편 키르케는 남성들과의 성관계에서 주도권을 쥐고 그들을 유혹하는 여성으로 묘사되는데, 그녀는 오디세우스와 그의 부하들로 하여금 자신들의 육체적 욕망을 억압하지 않고 있는 그대로의 욕망에 자신을 내맡기도록 유혹한다. 아도르노와 호르크하이머는 오디세우스의 근대적 자아가 성립되는 과정을 방해하는 키르케를 '유혹하는 창녀'의 전형으로 해석한다. 나아가 그녀가 약속하는 쾌락에 빠져들지 않고 자신의 충동을 억압해야만 인간은 동물로부터 분리되는 '자아'를 형성할 수 있다고 주장한다. 이는 오디세우스의 부하들이 키르케의 유혹에 못 이겨 그만 '돼지'가 되어버렸다는 장면에서도 분명하게 드러난다.

아도르노와 호르크하이머는 키르케라는 이름이 단지 "아무런 희망 없이 갇힌 자연의 순환"(DA 89)을 의미할 뿐이며, 유혹에 따를 경우 그녀가 가져다주는 행복이란 근대적 자아가 지녀야 하는 중요한 범주로서의 자율성을 망가뜨리는 것에 불과하다고 주장한다. 이와 같이 행복과 자율성의 배타적인 관계에서 키르케가 상징하는 창녀의 이미지는 다음과 같이 해석된다. "창녀는 행복을 보증함과 동시에 행복하게 된 자의 자율성을 파괴한다."(DA 89) 따라서 이러한 키르케의 전근대적 유혹이 약속하고 있는 행복으로부터 벗어날 때에만 비로소 오디세우스의 근대적 자아의 자율성은 확립될 수 있다.

서구의 근대적 자아에 대한 아도르노와 호르크하이머의 논의의 주안점은 그 근대적 자아가 성립되는 최초의 순간들에서 이미 변증법적인 계기들을 읽어낼 수 있다는 것이다. 오디세우스가 이타카의 왕으로서 자아의 동일성을 보존할 수 있게 되었다는 것은 자신의 외부에 존재하는 신화적 인물로서 키르케의 강력한 유혹을 견디어냈다는 것만을 의미하는 것이 아니다. 오디세우스가 더 이상 주술적인 힘을 믿지 않고 키르케의 유혹이 약속하고 있는 행복의 가상에로 되돌아가지 않고자 애를 써서 강인한 자율적 자아를 유지했다고 하더라도, 동시에 그는 그 자신에게서 끊임없이 일어나고 있는 충동들을 억압하는 대가를 지불해야만 하기 때문이다.

아도르노와 호르크하이머에 따르면 오디세우스의 자기보존은 그 스스로의 자연, 즉 내적 자연과의 연관성을 끊어버려야 하는 '희생의 내면화'Introversion des Opfers와 '체념'Entsagung을 필연적으로 동반할 수밖에 없다. "그들을 동물로부터 떼어내서 '자아'로 만드는 '충동의 억압'은, 키르케라는 이름이 옛 견해에 따라 암시하고 있는, 아무런 희망 없이 갇힌 자연의 순환 속에서 억압을 내면화하는 것이었다."(DA 89) 이와 같이 근대적 자아의 성립은 인간 스스로의 내적 자연에 대한 지배, "인간 안에 있는 자연에 대한 부정"(DA 72)을 전제로 하고 있다. 이는 곧 최초의 근대적 자아를 확립한 합리적 인간, 즉 오디세우스가 이미 그 계몽에 발을 들여놓은 첫 순간부터 다시금 비합리적인 신화에로 빠져들 수밖에 없었다는 서구 문명의 변증법을 매우 잘 보여준다. 이러한 맥락에서 『계몽의 변증법』 전체를 압축적으로 꿰뚫는 핵심테제, 즉 "신화는 이미 계몽이었다. 계몽은 신화론으로 되돌아가고 있다."(DA 16)라는 명제[1]도 이해될 수 있다.

그런데 흥미로운 것은 계몽과 신화의 이러한 변증법적 관계 속에서 근대적 자아가 성립되는 가운데 키르케는 결국 무력한 도우미 여성으로 남겨진다는 사실이다. 아도르노와 호르크하이머에 따르면, "강력한 유혹녀는 동시에 이미 나약하며, 낡고, 공격 가능한"(DA 91) 존재일 뿐이다. 따라서 그녀는 매혹적인 여성이기는 하지만 무력하기 때문에 자신의 말을 잘 따르며 자신을 보호해줄 수 있는 동물들, 예컨대 그녀의 집 앞을 지키고 있는 사자와 늑대같은 존재들을 필요로 한다. 더욱이 아도르노와 호르크하이머에 의하면, 그녀에게 종속되기를 거부한 채 체념한 오디세우스 앞에서 그녀의 힘은 더욱 약화되고, 영향력을 잃은 그녀의 예언은 궁극적으로 '남성의 자기보존'에 도움을 주는 데에 그침으로써 축소되고 만다.(DA 92)

3) 근대적 자아의 젠더

아도르노와 호르크하이머는 자아의 원초적 역사를 해석하면서 동일적 자아가 합리적이고 목적과수단의 연쇄관계에서 성립되는 남성성으로 형성되었고, 그 자신에 대한 억압을 전제로 하는 비합리성을 지닌다는 점을 비판한다. 그런데 여기서 자아의 원초적 역사에서 드러나고 있는 젠더 상징성에 주목해 볼 경우, 우리는 시민적 개인의 원형이라는 오디세우스의 동일적 자아가 결국에는 남성 영웅의 것이고, 그 영웅의 강인한 자아가 성립되고 보존되기 위해서는 사이렌들의 상징성에 비추어진 여성들과의 적대적인 관계가 전제되어야 하며, 나아가 그러한 관계에 대한 극복이 필수적임을 알 수 있다. 이러한 젠더 상징성을 검토하면서 우리는 다음과 같은 질문을 해볼 수 있다. 오디세우스의 동일적 자아, 즉 남성적 자아를 전제로 하는 인간은 누구이며, 그 인간성은 무엇을 의미하는가? 나아가 남성적 시민의 자아와 여성적 자아는 동일시되는 것인가? 만일 동일시될 수 없다면, 그 나머지반의 인간성, 즉 여성적 자아는 어떻게 설명되어야 하는가?

『계몽의 변증법』에서 아도르노와 호르크하이머는 오디세우스의 모험담을 토대로 '근대적 자아'가 형성되는 최초의 과정에서 드러나는 '자기보존과 자기부정'이라는 모순적 계기들을 매우 흥미롭게 분석한다. 인간은 주술적이고 신화적인 자연의 강압Naturzwang을 벗어나면서 외적 자연을 지배하고 소위 합리성에 기반을 둔 근대성의 역사를 전개하여 왔지만, 그 역사의 시발점에서부터 이미 자아는 내적 자연, 즉 그 스스로의 자연을 억압함으로써 체념을 배워야만 했다. 아도르노와 호르크하이머는 오디세우스를 통해 드러나는 최초의 합리성이 지닌 비합리성을 '계몽과 신화의 변증법'으로 해석한다.

이와 같이 그들은 근대적 자아의 역설적 운명을 드러냄으로써 서구의 근대적 자아의 기원을 비판적으로 분석하는데, 이러한 논의의 핵심은 결코 그러한 자아의 변증법적인 성립과정을 옹호하려는 데 있지 않다. 그들은 오디세우스를 통해 드러난 인간의 원초적 자아가 '동일하고, 목적 지향적이며, 남성적인'(DA 50)인 성격을 지니고 있다고 명시적으로 밝힌다. 이렇듯 최초의 근대적 자아가 성립되고 유지되기 위해서는 신화적인 인물들과의 대립구도 속에서 그 인물들을 극복하는 것이 전제되는데, 그 대상화된 신화적 인물들이 여성적 상징물들로 그려져 있다는 것에도 그들은 주목한다. 그러나 그들의 근대성비판에서 관건이 되고 있는 존재는 여전히 근대적인 남성자아로서의 인간일 뿐이 아닌가? 결국 그들의 비판은 그 근대적 자아가 형성되어 서구 문명의 주체로 살아남았으나, 그 역사적 과정의 시발점에서부터 '인간(남성)'은 이미 자신의 한 부분을 포기할 수밖에 없었으며 스스로에게 자행한 억압과 훈련이 너무나 가혹했다는 것, 그리고 이러한 계몽의 변증법을 운명적으로 피할 수 없었다는 것에 강조점이 있다.

여기서 생겨나는 질문은 이와 같이 '어렵사리 살아남은 남성 영웅들'의 곁에서 여성들은 어떻게 살아왔으며, 어떤 역할로 남았는가 하는 점이다. 아도르노와 호르크하이머가 밝혀내고 있는 근대적 자아의 원초적 역사에서 여성들의 자아는 과연 어떻게 설명될 수 있는가? 여성들은 인간으로서의 '자아'가 되기를 포기하고 그저 '신화적 자연'의 일부로 남아야 하는가? 그리하여 남성들의 근대적 자아가 성공적으로 확립될 수 있도록 기꺼이 수단화되어야 하는가? 아니면, 여성들도 역시 '인간'이 되기 위해 남성적 근대성과 동일시되는 자아를 형성하도록 부단히 노력하고 단련해야 하는가?

이러한 질문들을 통해 우리는 아도르노와 호르크하이머의 분석이 근대적 자아의 형성과정에서 드러나는 동일성사고와 지배사고의 문제점을 비판적으로 밝히고는 있지만, 그들의 근대적 자아에 대한 이해와 자기비판에 있어 여전히 여성의 자아는 설명되지 않은 채 관심밖에 머물고 있음을 확인할 수 있다. 그런데 문제는, 근대적 자아의 젠더가 남성이라는 것, 즉 근대적 자아는 다름 아닌 '남성적인' 합리화와 '여성적인' 쾌락의 이분법적인 구도를 전제하고 있으며, 이를 극복하기 위해 단순히 근대적 자아가 남성적 지배를 통해 확립된다는 것을 비판하는 것만으로는 여성주의의 논의가 전개되기에 매우 부족하다는 점이다. 왜냐하면 그것만으로는 여성들의 자아에 대한 좀 더 생산적인 논의와 가부장적 질서에 대한 구체적인 전복을 기대할 수 없기 때문이다. 따라서 우리는 다시금 근대성의 논의에 구체적으로 개입하여 근대적 자아의 성립과 그에 대한 자기비판에서 드러나는 남성판타지가 과연 어떻게 구성되었으며, 여성들을 무력화시켜온 근거가 무엇인지를 좀 더 상세히 밝혀내야만 한다.[2] 나아가 근대적 자아의 젠더 상징성 속에서 불분명하게 방치되었던 요소들, 즉 여성들의 자아가 지닐 수 있는 특수성들을 여성들의 경험 및 삶의 맥락과 연관해서 재구성해 보아야 한다.

2. 서구 근대적 자아의 남성판타지 : 키르케 다시 읽기

오디세우스를 중심으로 펼쳐지는 근대적 자아의 논의에서 키르케로 대변되는 여성의 젠더 상징성은 전형적인 남성판타지를 담고 있다. 이러한 판타지를 통해서 텍스트 속에 구현되고 있는 여성적 젠더의 이미지들은 실제 여성들의 삶의 맥락과는 무관함에도 불구하고 남성들에 의해 집단적으로 여성에게 투사됨으로써 마침내 여성의 본질이 되게끔 강요하는 측면이 있다. 그렇다면 좀 더 구체적으로 키르케에게 적용된 허구적 여성의 젠더 이미지들은 무엇이며, 그것들은 도대체 어떤 연유에서 생겨났고, 그러한 남성판타지는 오늘날까지 어떠한 영향을 미치고 있는가?

1) 위험한 마녀

우선 키르케의 대표적 상징인 '마녀'이미지에 대해서 살펴보기로 하자. 아도르노와 호르크하이머는 그녀의 세계가 오디세우스가 막 빠져 나온 포세이돈의 아들 키클로펜이 살고 있는 신화보다도 더 이전의 주술적 단계에 귀속된다고 본다. 그러나 그녀가 마법을 휘두를 수 있는 존재라는 것이 왜 그녀의 마법조차 악마적인 것이라는 규정의 근거가 되어야 하는가? 근대성이 목표로 하는 진보의 역사에서 과거는 언제나 청산되어야 할 무엇이고, 이미 지나간 저급한 단계에 불과할 뿐이다. 그런데 키르케의 마법은 인간을, 그 자신이 이미 이전에 극복한 바 있는 과거의 진부한 상태로 되돌려 놓으려 한다. 이에 반해 오디세우스에게서 나타나는 최초의 근대적 자아는 "시간의 확고한 질서를 통해서 그 이전의 신화를 만나려 한다"(DA 49). 따라서 과거, 현재, 미래로 구분되고 그 안에서 통일되며 일관된, '동일적' 자아를 구축해내려는 오디세우스에게, 시간성이 필요하지 않은 키르케의 세계, 그저 과거의 주술단계에만 머물러 있는 공간은 자아의 성립을 방해하는 곳으로 여겨질 수밖에 없다.

그렇지만 키르케의 마법이 시간성 속에서 근대적 자아가 성립하는 것을 방해한다고 하더라도 왜 그토록 위험한 것으로 간주되어야만 하는가? 오디세우스가 이타카의 왕으로서 그 자신의 동일성을 확인하기 위해서라도 과거는 의미있는 것이어야 한다. 그러므로 좀 더 정확하게 표현해서, 오디세우스에게 자신의 과거를 단순히 '망각'하는 것 자체가 위험한 것이었다기보다는 오히려 지난 과거에 그가 지녔고 현재를 통과하여 미래에 이르기까지 일관되게 이어져야 하는 '동일적 자아'를 포기하는 것이 커다란 위협이었다고 볼 수 있다. 이타카의 왕으로서 자신의 포기는 다름 아닌 그가 지닌 가부장적인 질서, 지위, 권력을 포기하는 것이기 때문에, 그는 마녀 키르케가 휘두르는 지팡이에 모든 것들을 잃고 금방 돼지가 되어 버릴 것 같을 정도의 엄청난 두려움을 느꼈다. 그렇다면 '위험한 마녀'로서의 키르케의 상징성은 남성들이 유지해왔고, 또한 계속해서 유지해가야 하는 '동일적 자아'를 방해하는 동시에 자신의 육체적 욕망을 강하게 자극하는 여성을 곧 '마녀'로 낙인찍어 그 위험성을 미리 경고하기 위해 생겨난 것이 아닌가?

이와 같이 '마녀'로서 키르케가 지닌 상징성은 호머의 텍스트에서는 오디세우스의 항해를 방해하는 요인으로, 아도르노와 호르크하이머의 근대성 비판에서는 근대적 자아형성을 위협하는 요소로 해석된다. 그런데 여성주의의 시각에서 볼 때 보다 심각한 문제는 오늘날까지도 여성의 대표적인 상징성으로 여겨지고 있는 '마녀'의 이미지가 문학 텍스트에서만 발견되는 허구적 판타지에 그치는 것이 아니라는 점이다. 실제로 '마녀'의 상징성은 사회·문화적 삶의 영역을 꿰뚫고 들어와 정치적 이데올로기로 작동하기도 한다. 우리는 역사 속에서 가부장적인 질서가 위협받을 때마다 그 역사적 현실을 불안정하게 만든 원인의 제공자로서 '악마적인 여성'이 지목되었고 그녀를 단죄함으로써 정치적 현실이 재조정되었다는 사실을 확인할 수 있다. '마녀사냥'은 여성을 '마녀'로 보는 허구적 상징성에서 드러난 남성판타지를 '보편적 인간'의 진리로 승화시켜 여성 집단에 거짓으로 투사함으로써3 당대의 정치적 사회현실을 정당화시켰던 끔찍한 역사 속의 실례이다. 더욱 참혹한 모순의 역사는 이러한 마녀사냥이 합리주의와 인본주의를 표방한 르네상스시기에 최절정을 이루었다는 사실이다. 1600년을 절정으로 전후 3, 4세기 동안, 소위 '근대성'이 급속하게 발전하는 시기에 그것도 종교적으로나 정치적으로 또는 학문적으로 근대성을 성취해냈던 대표주자들, 즉 교회의 권력자들, 국왕, 귀족들, 대학자들, 재판관들에 의해 교회, 국가 그리고 공적 권력들의 전국적인 조직망을 통해서 집행되었다는 점에 유념해야 한다.

2) 유혹하는 창녀

아도르노와 호르크하이머는 우선 호머의 텍스트에서 헤르메스가 오디세우스에게 전하는 말, 즉 "보세요, 놀란 그녀가 당신에게 잠자리에 들자고 간청할 텐데, 당신은 그 여신의 침대 앞에서 오래 저항하지 마십시오(DA 88)"라는 구절에 주의를 기울인 뒤, 그로부터 키르케를 '유혹하는 창녀'[4]의 전형으로 해석한다. 나아가 키르케의 출신성분에서 '창녀'의 특징을 유추해낸다. 그들에 따르면, 키르케는 태양신인 헬리오스의 딸이자 동시에 대양신인 오케아노스의 손녀인데, 이와 같이 불과 물이 섞인 '비분리성' Ungeschiedenheit은 창녀로서 특성을 매우 잘 드러낸다.

그런데 여기서 생겨나는 의문은 키르케의 이러한 '비분리성'이 왜 창녀성의 상징인가 하는 점이다. 근대적 합리성의 구조로는 잘 파악할 수 없는 여성의 다양하고도 복합적인 특성들에 대해서 가장 잘 섞일 수 없는 두 요소가 결합한 결과라고 본 것은 남성들의 판타지가 아닌가? 근대적 자아에게 주객 도식에 입각한 이원론적 사고는 주체가 대상을, 또는 자아가 타자를 동일시하고 이를 통해 객체 및 타자를 지배하는 소위 '동일성사고'[5]이기 때문에, 키르케의 '비분리성'은 용납될 수 없다. 따라서 키르케의 '비분리성'은 가장 적대적인 자연의 표상으로서 불과 물의 혼합을 의미하면서도 그 배타적인 양 요소들 중 어느 하나로 동일시되거나 위계적 질서 속에 통합될 수 없었기 때문에, 오히려 폄하된 채 '창녀'의 특성으로 분류되고 만다. 그렇다면 이러한 해석에서 아도르노는 그가 비판하고 있는 동일성사고의 틀을 적용하고 있는 것은 아닌가?

또한 키르케의 마법은 단지 주술적인 힘에 불과한 것이 아니라 좀 더 강력한 '사랑의 마법'이라고 전해진다. 그녀는 남성들을 사로잡는 신비한 매력을 지니고 있으며, 남성들의 욕망을 걷잡을 수 없도록 자극하고 감각적 쾌락으로 유혹하는 여성이다. 그런데 아도르노와 호르크하이머는 키르케의 감각적 쾌락을 "아무런 희망 없이 갇힌 자연의 순환"(DA 89)에 불과하다고 해석하면서, 근대적 자아인 오디세우스는 결코 키르케가 약속하는 화해의 가상에 머물러 있을 수 없었다고 주장한다. 이미 호머의 텍스트에서도 키르케의 쾌락은 마침내 그 쾌락에 빠져 돼지로 변해버린 부하들의 모습에서 드러나듯 매우 저급하게 취급되며, 이는 근대적 자아로 하여금 키르케의 유혹에 잘못 빠져들 경우 돼지로 변해버릴 수 있다는 두려움을 자아내기에 충분하다. 이와 연관하여 아도르노와 호르크하이머는 그 이후의 모든 문명이 "사회로부터 그 목적을 위해 인정된 쾌락과는 다른 쾌락에 충동을 느끼는 자들을 아주 즐겨서 돼지라고 명명"(DA 90)했다고 주장하는데, 이는 근대성의 문명과 근대적 자아가 육체적 쾌락이나 섹슈얼리티를 얼마나 혐오하고 적대시하면서 성립되었는가를 말해준다.

그러나 키르케의 유혹은 다름 아닌 '사랑'에로의 초대인데, 근대적 자아에게 이 연인은 왜 두려움의 대상이었으며, 저급하고 더러운 창녀로 전락하고 마는가? 오디세우스는 이미 헤르메스의 도움으로 키르케의 마법에 저항할 수 있는 방도를 알고 있었다. 그리하여 오디세우스는 키르케가 마법을 걸려는 순간, 자신의 칼을 뽑아들고 그녀를 위협한다. 그러자 키르케는 "이봐요, 칼을 칼집에 집어넣고 우리 함께 우리의 침대로 올라갑시다. 그러면 사랑의 기쁨으로 함께 화해하며 서로 신뢰할 수 있게 될 겁니다."[6]라고 제안하는데, 오디세우스는 키르케로 하여금 자신을 해치지 않을 것이라는 맹세를 하게 한 뒤에야 함께 잠자리에 든다. 이 장면에 대해서 아도르노와 호르크하이머도 지적한 바 있듯 오디세우스는 키르케와의 성적인 관계를 나누기 이전에 '거세'에 대한 강한 두려움을 표현한다. 따라서 그에게는 키르케와 사랑은 나누되 자신이 위험에 빠지지 않을 수 있도록 하는 안전장치가 필요했고, 이를 위해 그는 그녀의 맹세를 받아낸다.

이와 같이, '유혹하는 창녀'로서 키르케의 상징성에 나타난 남성판타지는 근대적 남성자아가 직면하고 있는 이중적 사랑의 왜곡된 구조를 고스란히 보여준다. 오디세우스에게 여성은 애인인 키르케와 부인인 페넬로페, 즉 섹슈얼리티만을 상징하는 창녀와 탈성화된 모성적 어머니, 나아가 마녀와 성녀로 대별되는 양극성으로 분열되어 있다. 오디세우스는 키르케의 유혹에 못 이겨 감각적 쾌락의 사랑을 나누고 싶어 한다. 그러나 그는 바로 그 애인이 자신의 가부장적 권위를 상징하는 '남근'을 절대로 해치지 않는다는 전제하에서만, 즉 가부장적인 질서를 받아들인다는 전제하에서만 관계를 갖고자 한다. 따라서 그는 성적인 쾌락을 제공하되 자신의 권위에 굴복하겠다는 맹세를 한 여성, 즉 이미 성적인 노예라는 낙인이 찍힌 '창녀'를 필요로 한다.

나아가 남성판타지의 산물로서 '유혹하는 창녀'라는 키르케의 상징성은 근대적 자아가 육체적 욕망과 섹슈얼리티를 저급한 것으로 취급하고 이를 지배함으로써 성립되었음을 잘 보여준다. 마침내 근대성의 문화는 남성들의 가부장적 질서를 파괴하지 않고 보존하는 제한적 범위 내에서 감각적 쾌락만을 파는 여성들을 실제로 필요로 했고, 이를 바탕으로 오늘날 여성의 섹슈얼리티를 상품화하는 다양한 산업들의 출현도 가능하게 되었다.

3) 무력한 도우미 여성

아도르노와 호르크하이머의 해석에 따르면, 오디세우스는 매우 위험천만해 보였던 애인 키르케를 자신의 성적 노예로 만들었을 뿐만 아니라 자신의 항해와 여정에 도움을 줄 수 있는 보조적인 존재로 전락시켰다. 강력한 마법을 휘두르던 키르케는 이미 남성들의 '근대적 자아'의 형성을 방해하는 위험한 '마녀'로 낙인찍혔고, 오디세우스의 근대적 자아가 확립되는 과정에서 감각적 쾌락을 팔며 유혹하는 '창녀'로 전락하고 말았으며, 마침내 그녀가 가지고 있던 예언의 능력까지도 '남성의 자기보존'에 도움을 주는 정도로 축소된 '무력한 도우미'가 되고 만다.

그러나 우리는 키르케가 과연 오디세우스의 '도우미'로 전락할 수밖에 없는 무력한 존재인지에 대해 다시금 묻지 않을 수 없다. 그녀는 오디세우스가 그녀의 섬에 도착하기 이전부터 이미 그가 올 것을 예견하고 있었으며, 그가 무엇을 원하는지, 그리고 어떻게 하면 그가 원하는 것들을 성취할 수 있는지에 이르기까지 모든 것을 속속들이 알고 있었다. 또한 오디세우스가 마법에 걸려들지 않자 이내 그를 알아차렸고, 그가 고향에 돌아가고 싶어 한다는 것을 간파하고는 하데스 왕국의 테이레시아스를 만나도록 조언해주었다. 마침내 그가 그녀의 섬을 떠난 뒤 항해의 여정에서 겪게 될 난관들을 미리 예언해주었고, 그에 대비할 수 있는 방도까지 준비해주었다.

이와 같이 볼 때, 오디세우스가 과연 자율성을 지닌 개인으로서 스스로의 책략만으로 신화적인 인물들을 이겨낸 것인지가 매우 의심스럽다. 아도르노와 호르크하이머는 그의 모험담을 분석하면서, 그 안에서 최초의 계몽적 개인으로서 '근대적 자아'의 원형을 밝혀낼 수 있다고 주장했지만, 우리는 오히려 키르케의 지성적인 통찰력과 실질적인 도움이 오디세우스가 살아남는 데 있어 절실히 필요했음을 알 수 있다. 키르케는 자신이 가지고 있던 예언의 능력이 축소된 상태에서 단지 오디세우스에게 보조적인 도움만을 준 무력한 도우미가 아니다. 오히려 오디세우스가 자신의 항해를 성공적으로 진행시킬 수 있었던 데에는 키르케의 현명한 조언이 결정적인 역할을 했으며, 그녀의 통찰력 있는 예언과 그에 따른 준비가 없이 오디세우스는 아마 살아남을 수조차 없었을 것이다. 따라서 오디세우스가 그녀를 무력화시키고 극복하였으며, 자신의 조력자로 삼았다는 것은 남성중심적인 해석에서 나온 전형적인 남성판타지에 불과하다.

3. 다중심적 자아로서 여성되기

지금까지 호머의 텍스트와 아도르노와 호르크하이머의 논의를 중심으로 서구의 근대적 자아의 확립과 이에 대한 자기비판 속에서 어떠한 남성판타지가 형성되고 작동되었는지를 살펴보았다. 그리하여 오디세우스를 중심으로 키르케를 주변화하는 여성적 상징성이 얼마나 남성중심적 시각에 편중되어 있는가를 알 수 있었다. 그런데 이와 같이 여성에 대해 근대적 자아가 지니고 있는 남성판타지를 비판적으로 검토하는 작업은 남성중심적 상징질서 속에 형성된 자아를 완전히 해체하는 것만을 목표로 하지 않는다. 오히려 가부장적 질서에 의해 확립된 근대적 자아를 비판하면서도 자아를 완전히 해체하지 않고 재구성해야 하는 난제를 안고 있다. 오늘날 여성주의의 입장에서 볼 때, 근대적 자아에 대한 비판과 해체의 작업을 넘어서서 '어떻게 하면 여성들 스스로의 능동적 자아가 틈새 공간을 확보하고 그 안에서 역동적 삶의 주체가 될 것인가' 하는 좀 더 실천적인 여성주의 문화의 정치학이 매우 절실히 요구된다. 이러한 맥락에서 이번 절에서는 『오디세이』신화의 '키르케'에게로 다시금 돌아가서 남성중심적 근대적 자아만을 문제 삼았기에 놓칠 수밖에 없었던 여성들의 자아에 대한 다양한 상징성들을 밝혀내고 이를 재구성해 보고자 한다.

1) 다중심적 자아

현대 여성주의의 관점에 입각하여 볼 때, 여성의 자아는 배타적인 이분법적 구도나 동일성 사고의 전형을 담고 있는 근대성 논리의 틀로는 규정될 수 없으며, 근대적 자아처럼 본질적 속성으로 환원될 수 있는 동일한 실체도 아니다. 오히려 고정되고 단일한 동일성을 지닌 근대적 자아를 거부하고 해체한 틈새 공간에서 이제 막 "과정 중에 있는 의문스러운 주체로서의 자아"self as questionable-subject-in-process[7]인 것이다. 그러나 이러한 여성의 자아가 비록 불분명하고 산발적인 의미로 드러난다고 할지라도 우리는 이를 다시 '여성'이라는 이름으로 묶지 않을 수 없다. 동일성 신화에서 배제된 타자로서의 여성은 여전히 우리에게 가장 중요하고도 필수적이며 생생하게 살아있는 존재이기 때문이다.

이와 같은 맥락에서 바렛은 "만약 우리가 주어져 있는 자아를 구성된, 파편화된 자아a constructed, fragmented self로 대체할 경우, 이를 통해 행동하는 나는 누구이며 무엇에 근거해 있는지, 파편화되고 담론적으로 구성된 본성이 확실한 그 나는 누구인지에 대한 명백한 질문들이 생겨난다"[8]고 말하고 있다. 따라서 여성주의 입장에서 서구 근대적 자아를 비판하고 해체하는 시도는 데리다처럼 성차에 입각한 자아개념까지도 해체하거나[9] 자아개념을 포기하는 것이 아니라, 오히려 여성들의 경험이 담고 있는 다차원성과 이질성을 포함하면서도 삶의 현실 속에서 행위의 주체로 활동할 수 있는 '자아'개념을 더욱 절실히 필요로 한다.

스피박이 말한대로 '타자'로서의 하위주체the subaltern 'Other'인 여성이 말을 할 수 있기 위해서는 무엇보다도 '전략적인 본질주의'의 입장에서 여성 스스로 자아에 대한 의식을 확인하고 재구성하는 작업이 긴요하다. 더욱이 여성들이 경험하고 있는 실제 삶의 맥락을 돌이켜 볼 때 여성들에게 너무도 불평등한 현실이 여전히 존재하고 있을 뿐 아니라 이를 지배하고 있는 가부장적인 권력이 너무도 분명하게 전제되어 있기 때문에, 이에 저항하고자 하는 여성들은 자신들이 공유할 수 있는 정체성을 늘 새로이 다지고 공고히 할 수 있어야 한다. 따라서 단순히 파편화되고 흩어져 존재하고 있는 여성들의 다양한 존재들을 확인하는 것만이 아니라 그들을 통합된 행위의 주체로 묶어줄 수 있는 '여성의 자아' 내지는 '여성적 주체성'에 대한 재구성이 확실히 요구된다.

이와 같은 맥락에서 필자는 '키르케'의 여성적 상징성을 재규정하고 여성들의 자아에 대한 새로운 내러티브를 써보고자 한다. 이러한 시도를 통해서 여성들의 자아가 지니고 있는 긍정적인 특성들을 재발견하고, 이러한 특성들로 구성되는 여성들의 자아를 '다중심적 자아'로서 개념화 하고자 한다. "'자아'는 늘, '나', '여자', '남자'와 같은 단일한 이름 아래 숨어 있는 복수형태의 힘"10이며, 그 힘의 중심들의 변화에 의해 현재 자아의 지형도가 그려질 수 있기 때문이다. 따라서 '다중심적 자아'는 근대성의 비판과 해체로 인한 '사이'의 공간에서 펼쳐지는 여성들의 자아에 대한 다양한 이해가 여러 중심들을 새로이 만들어 내면서도, '여성'이라는 이름으로 다시 묶여 여성들끼리 서로 공유할 수 있는 상징이 될 수 있다. 그렇다면 이제 좀 더 구체적으로 여성들의 '다중심적 자아'의 근간을 이루고 있는 각각의 중심적 계기들을 살펴보고자 한다.

2) 욕망하는 자아

키르케의 상징성을 통해 이끌어 낼 수 있는 '다중심적 자아'가 지니는 첫 번째 중심계기는 '욕망하는 자아'이다. 오늘날 '자아'를 논하는 지점에서 섹 슈얼리티와 욕망의 중요성을 불러일으킨 사람은 바로 프로이트이다. 그는 근대적 자아에서 나타나듯 자아가 합리성을 중심으로 형성된다는 사실을 뒤엎고 무의식의 존재와 성적 욕망의 중요성을 강조한 바 있다. 그에게 성 적 욕망과 이를 통해서 형성되는 자아정체성을 설명하는 데에 가장 중요한 개념은 '오이디푸스 콤플렉스'이다. 그런데 프로이트의 이론은 근대적 자 아의 형성과정에서 성적 욕망의 왜곡 구조를 설명할 수 있는 매우 중요한 단서를 제공하고 있음에도 불구하고, 여성주의의 시각에서 볼 때 그의 정 신분석의 중심에 있는 '거세'개념은 그가 여전히 남근중심의 생물학적 본질 주의에 사로 잡혀 있다는 한계를 드러낸다. 나아가 여성의 자아를 설명하 는 데에 남근에 대한 '결핍의식', 즉 '남근선망'이 핵심을 차지하고 있다는 점은 결코 가부장적 구조에 대한 근본적인 치유책이 될 수 없다.[11] 왜냐하 면 이는 남성들의 자아만을 중심으로 설정하고 있을 뿐, 여성들의 자아가 지닌 욕망을 좀 더 적극적으로 설명해내지 못하고 있기 때문이다.

한편 라캉은 소쉬르에게서 시작되고 있는 구조주의의 이론을 바탕으로 프로이트의 욕망에 대한 논의를 언어학적 관점에서 한층 더 발전시키고 있다. 라캉은 아이가 어머니와 자신을 동일시하는 전 오이디푸스 단계를 '상상계'라 명명하는데, 이는 아이와 세계가 맺는 관계의 허구성을 강조하 기 위한 것이다. 나아가 그는 어떻게 아이가 '거울단계'mirror stage를 거쳐 서 자신과 타자인 어머니를 구분하고 아버지 법의 질서인 언어의 체계를 받아들임으로써 '상징계'로 진입하여 사회적인 정체성을 획득해 가는가에 관심을 기울인다. 이처럼 가부장적 법칙을 기호화하는 언어질서 속에서 주체의 무의식적 욕망은 "언어에 내재하고 있는 틈새, 다시 말해 말할 수 있는 것과 지칭될 수 없거나 지칭되어서는 안 되는 것 사이의 틈새"[12] 속에서 흐르게 되는데, 이는 곧 구조주의의 언어학적 관점에서 볼 때 기표가 끊임없이 기의들의 연쇄적인 망, 즉 차이의 구조 위로 미끄러진다는 것을 의미한다.

앞서 고찰한대로 아도르노와 호르크하이머는 키르케의 '비분리성'을 창녀로서의 상징성으로 해석한 바 있다. 이는 라캉의 의미에서 본다면, 오디세우스가 자신을 아버지의 통합적인 사회적 상징질서 속에 동일시하면서, 자신의 무의식에 흐르는 성적인 욕망을 키르케에게 투사하고 있는 것으로 볼 수 있다. 따라서 키르케의 '비분리성'은 근대적 자아에 편입될 수 없었던 여성들의 자아가 상징계로부터 소외되고 있음을 말해준다. 오디세우스와 같은 근대적 남성자아는 자신의 정체성을 의식과 합리성으로만 규정함으로써 자신의 무의식의 세계가 단지 무질서하고 불분명하고, 그야말로 불과 물의 섞임처럼 애매한 욕망덩어리인 것으로 잘못 알고 이를 키르케의 이미지에 전격 투사한다. 그리하여 자신에게 들끓고 있는 무의식의 욕망을 그녀의 탓으로 전가하면서 여성을 "무대밖에 존재하며 재현될 수 없고 자아를 소유하지 못한 존재"[13]로 만들어 버린다.

그러나 욕망하는 자신의 무의식을 부정하고 추방하는 근대적 자아와는 달리 키르케의 '비분리성'은 의식과 무의식, 몸과 마음, 상상계와 상징계사이의 틈새 공간을 점유하고 있는 여성자아의 특성으로 해석될 수 있다. 키르케의 '비분리성'으로부터 우리는 오늘날 가부장적 질서의 강요, 즉 상징계의 통제와 억압을 벗어날 수 있는 틈새의 가능성과 자아의 '양성성'이 수용될 수 있는 계기를 마련할 수 있다. 식수는 완전한 존재에 대한 판타즘(phantasm)으로서의 고전적인 양성성이 중성적 내지는 무성적인 데에 반해, 또 다른 의미의 양성성을 제안하고 있다.

양성성 그것은 다시 말해 개인적으로, 자기 안에서, 각각의 남자 혹은 여자에 따라서 다양하게 뚜렷하고 집요한, 두 가지 성이 현존함을 포착함, 어느한 성의 차이도 배제하지 않음, 자기 자신에게 부여하는 이러한 '허락'으로부터 출발해서, 내 몸의 그리고 다른 몸의 다른 모든 부분들에 미치는 욕망의 기입효과의 증대이다.[14]

식수에 의하면, 이러한 양성성은 여성들만이 아니라 남성들도 소유할 수 있으며, 차이를 없애지 않고 살려내어 그 차이를 더욱 많이 추구하도록 한다. 그런데 역사, 문화적 이유들 때문에 오늘날 이러한 양성성에 자기를 열고 그 혜택을 누릴 수 있는 존재는 바로 여성들이다.

이와 같은 맥락에서 키르케의 '비분리성'은 오늘날 여성들이 양성성을 적극 수용하고 자신을 '욕망하는 자아'로 이해할 수 있는 여성자아의 긍정적 함축성을 담고 있다. 왜냐하면 이러한 욕망하는 자아야말로 그 양성성의 경계에서 무의식적인 욕망과 사회적인 자아의 끊임없는 상호작용을 해나갈 수 있는 '과정 중에 있는 주체들'이기 때문이다.[15] 그렇다면 이와 같이 욕망을 적극 수용하는 틈새 공간에서의 자아는 과연 어떻게 그 양성성의 경계 넘기를 계속 해나가며 능동적으로 자신을 만들어 나갈 수 있는가?

3) 섹슈얼리티와 지혜를 매개로 하는 관계적 자아

키르케의 '욕망하는 자아'의 경계 넘기는 '타자와의 관계성'을 설명하는데서 근대적 자아와의 결정적인 차이를 보여준다. 오디세우스는 키르케와 관계하고 싶은 욕망이 끓어오름에도 그녀를 만나기에 앞서 두려움부터 가졌으며, 그 두려운 대상에 현혹되어 행여나 자신이 지니고 있던 권력을 잃는 일이 없도록 '안전장치'를 해놓고 난 뒤에야 키르케를 받아들인다. 결국 그가 만나는 타인은 합리적 주체에 의해 대상화되고 결국엔 자신의 목표를 이루기 위해 수단화되는 존재이며, 이러한 타인으로부터 분리되고 독립하는 과정을 통해서 그의 근대적 자아는 성립된다.

이와 대조적인 방식으로 키르케는 오디세우스와 관계 맺는다. 즉, 그녀의 '다중심적 자아'는 타인과 매우 적극적인 관계 속에서 형성된다. 그런데 특히 키르케에게서 드러나고 있는 '관계적 자아'는 '욕망하는 자아'가 구체적으로 어떻게 타인과의 관계성 속에서 양성성의 경계 넘기를 실현해 가는지를 매우 잘 보여준다. 필자는 오디세우스의 근대적 자아와 달리 키르케에게서 독특하게 발견되는 '다중심적 자아'의 두 번째 특성인 '관계적 자아'를 두 가지 측면, 즉 성적인sexual 측면과 지성적intellectual 측면에서 고찰해 보려 한다.

우선, 성적인 측면에 볼 때, 그녀에게 타인은 결코 배타적이거나 낯선 존재가 아니다. 또한 그녀는 타인을 잘 식별하면서 자신의 욕망을 명확하게 표현한다. 예를 들어 오디세우스가 헤르메스의 조언에 따라 칼을 들이대자, 키르케는 자신의 마법이 들지 않는다는 사실을 깨닫고, 곧바로 그가 오디세우스임을 알아차린다. 그녀는 이내 적극적으로 사랑을 나누자고 제안한다. "이봐요, 칼을 칼집에 집어넣고 우리 함께 우리의 침대로 올라갑시다. 그러면 사랑의 기쁨으로 함께 화해하며 서로 신뢰할 수 있게 될 겁니다."16 사이렌들이 아름다운 목소리로 사랑의 노래를 불렀다면, 키르케는 좀 더 직접적이고 당당하게 자신이 바라는 사랑을 표현한다. 그녀는 단순히 오디세우스가 원하기 때문에 어쩔 수 없이 자신의 섹슈얼리티를 대상화하거나 상품화하면서 사랑을 하는 것이 아니다. 오히려 자신이 관계하고자 하는 타인이 누구인지를 명확하게 인식하고, 또한 그 사랑을 나눌 대상에게 자신이 지닌 성적인 욕망을 적극적인 말로 표현하며, 이를 행동에 옮기고자 한다. 또한 침대에 올라가서 직접적으로 몸을 교환하면서 나누는 사랑은 그녀에게 기쁨, 화해, 신뢰를 적극적으로 실현하는 것이다.

이와 같이 근대적 남성자아는 육체적인 쾌락을 원하면서도 섹슈얼리티를 매우 혐오하고 도구화하는 모순 속에서 성립된 반면에, 키르케의 '관계적 자아'는 자신의 육체적 욕망과 섹슈얼리티에 대해 개방적이며 오히려 이를 적극적으로 수용한다. 이러한 그녀의 모습에서 우리는 그로츠가 '뫼비우스의 띠'라는 은유를 통해, 근대성이 만들어낸 이분법적인 경계를 넘어서서 말하고자 하는 '섹슈얼리티'의 다양하고 생산적인 의미들을 한꺼번에 발견한다. 그로츠는 '섹슈얼리티'를 대체로 네 가지로 분류하는데, 첫째로 "섹슈얼리티는 주체가 대상을 지향하도록 만드는 충동drive이며, 본능impulse이자 일종의 추진력", 둘째로 "우리 몸과 장기와 쾌락이 포함되지만 반드시 오르가즘에 도달하는 것까지 포함하지 않는 일련의 실천이나 행위와 관련된 것", 셋째로 정체성과 관련하여, "남자와 여자라는 이항 대립적인 수단을 통해서 이해할 수 있는 적어도 두 가지 다른 형식", 넷째로 경향성이나 입장처럼 "욕망, 차이, 주체의 몸이 자기 쾌락을 추구할 수 있는 특수한 방식이 있음을 암시"한다.[17] 이와 같은 그로츠의 '섹슈얼리티'라는 용어의 풍부한 의미와 연관시켜 볼 때, 키르케의 '관계적 자아'는 오디세우스를 향한 강력한 **충동**을 표현하고 있으며, 침대에서 몸을 포함하여 나누는 쾌락의 행위를 실현하고자 하고, 근대적 남성자아와는 **다른** 형식을 통해서 자신의 욕망을 나누는 **방식**을 토로한다. 이와 같이 그녀에게 몸을 통과하는 사랑은 곧 기쁨, 화해, 신뢰에 이르는 길이다.

또 다른 한편에서 키르케의 '관계적 자아'를 통해 발견할 수 있는 여성

자아의 특수성은 그녀의 지성적 측면의 독특함, 즉 '지혜'Weisheit에 있다. 아도르노와 호르크하이머에 의하면 오디세우스의 '책략'은 근대적 '지식'Wissen의 근간을 이루는 합리성의 원형이며, 오디세우스의 모험담은 그가 자신의 책략을 통해 신화적인 인물들을 이겨내고 자율성을 지닌 독립된 개인으로서 '근대적 자아'가 확립되는 과정을 잘 보여준다. 나아가 근대적 인식의 주체는 주객 도식에 근거하여 다양한 대상들을 주체의 동일성 아래 굴복시키고 지배한다. 이러한 지식은 도구적 합리성에 근거하여 타인이나 자연을 자신의 목표에 대한 수단으로 삼고 식민화 하는 데에 적극 활용된다.

오디세우스의 상징성에서 나타나는 바와 같이 근대적 자아가 지니는 '지식'은 타자와의 관계에 있어 배타적인 위계질서의 구조를 전제하고 권력을 행사하기 위한 수단으로 사용되는 반면, 키르케의 지성과 지혜는 이와는 다르게 형성되고 적용된다. 흥미로운 것은 오디세우스의 똑똑함은 매우 긍정적으로 잘 알려져 있는 반면에, 키르케는 아예 성적인 욕망으로 가득 찬 존재로만 이해된다는 점이다. 아도르노와 호르크하이머의 분석에서도 그녀의 지성적인 측면은 매우 약화된 채 묘사된다. 키르케가 지녔던 자연에 대한 영향력은 축소되었고, 결국 그녀의 예언은 "남성의 자기보존에 도움을 주는"(DA 92) 데에 그치고 만다.

그러나 이미 앞 절에서도 밝혔듯이, 키르케의 예언에 담긴 지혜를 오디세우스의 보조지식 정도로 해석하는 것은 여성들의 지적인 면모를 저급한 수준의 전근대적인 것으로 만들고자 하는 전형적인 남성판타지에 근거한다. 키르케는 매우 화술이 뛰어난 여성으로 전해진다. 또한 그녀의 예언은 단순히 오디세우스에게 닥칠 어려움들을 어렴풋이 암시하는 데에 그치는 것이 아니라, 오디세우스가 실제로 닥칠 위험의 구체적인 내용과 그 위험을 극복할 수 있는 방도들까지 미리 알려 주고 준비시켜 준다. 따라서 그녀의 예언에 담긴 지식은 단순히 주변적인 어려움을 효과적으로 극복할 수 있는 사소한 도움이거나, 타인을 수단화하여 자신의 지배하에 두려는 데에 필요한 것이 아니라, 구체적인 타자인 오디세우스에게 '공감'Mitgefühl[18]하여 그가 직접적으로 필요로 하고 있는 것을 미리 알고 건네줌으로써 책임감 있게 그를 배려하고, 결정적으로 그를 살려낼 수 있었던 '지혜'이다.[19]

또한 키르케의 관계적 자아가 지닌 '지혜'는 자율성의 결핍에서 오는 종속적인 것이 아니라 그녀 자신의 자율적 판단에 근거하여 결단력 있는 행동을 할 수 있게 한다. 아도르노와 호르크하이머는 키르케가 약속하고 있는 행복과 근대적 자아의 자율성이 서로 배타적일 수밖에 없으며, 그녀는 결국 오디세우스 앞에서 무력해져 그에게 종속되고 말았다고 해석한다. 그러나 우리는 그녀가 오디세우스와 이별하는 장면을 다시 검토해 보아야 한다. 오디세우스가 하데스왕국으로부터 살아서 되돌아오자, 키르케는 밤새토록 그가 앞으로의 항해에서 겪게 될 난관을 매우 상세하게 알려준다. 그런 뒤 그들은 헤어지는데, 오디세우스는 이 장면을 다음과 같이 매우 간단하게 전한다. "금관을 쓴 에오스가 나타났을 때, 그 높은 여신은 나를 떠나 섬으로 돌아갔다. 그러나 나는 급히 배로 돌아가서 나의 부하들로 하여금 배에 올라타서 빨리 닻줄을 감으라고 지시했다."[20]

키르케가 처음 오디세우스를 알아본 순간부터 열렬히 그를 사랑한 것에 반해, 또한 그의 앞날이 너무도 걱정되어 그가 떠나기 전날, 밤을 세워가며 그가 닥칠 어려움과 이겨낼 방도에 대해 열심히 얘기했던 것에 비해 그녀의 이별은 매우 짧고도 명료하다. 매일 아침 태양이 떠오르면 '장밋빛 손가락'으로 밤의 장막을 거두는 여신으로 알려져 있는 에오스가 나타나자 키르케는 이내 이별의 시간이 왔음을 알았고 이내 오디세우스를 떠나 자신의 섬으로 돌아간 것이다. 그녀는 사랑하는 이에게 매달려 "탄식하거나 울지도 않았으며, 용기있는 웃음을 보이거나 떠나는 이를 길게 지켜보며 작별인사로 손을 흔들지도 않았다. 오히려 그녀 자신의 길을 갈 뿐이다."[21]

이와 같이 그녀의 관계적 자아에서 드러나고 있는 '지혜'는 한편으로 섬세한 배려와 책임감을 통해서 구체적으로 관계하고 있는 타인이 살아남을 수 있게 하는 결정적인 방도들을 제공한다. 그러면서도 다른 한편으로 그녀의 지혜는 타인에게 집착하거나 종속되어 매달리지 않고 그가 갈 길을 가게끔 놔둘 수 있는, 그야말로 자율적이고도 결단력 있는 행위를 가능케 하는 실천적 지식이다. 따라서 키르케는 오디세우스와 이별의 시간이 되었다는 것을 알아차렸을 때, 그것을 먼저 당당하게 받아들이고 뒤돌아보지도 않고 간결하게 그의 곁을 떠나 그녀의 길을 갈 수 있었다.

* * *

이번 장에서는 『오디세이』에서 '오디세우스와 키르케'의 만남을 집중적으로 분석해 보았다. 우선적으로 서구 근대적 자아의 형성과정과 자기비판 속에서 드러나고 있는 남성중심성을 비판하고 난 뒤, 여성들의 자아에 대한 이데올로기로서 남성판타지의 내용들, 즉 '위험한 마녀', '유혹하는 창녀', '무력한 도우미 여성'의 의미들을 구체적으로 분석하고 이를 해체해 보았다. 나아가 '키르케 다시 쓰기'의 시도를 통해서 근대성의 담론이 놓치고 있는 여성들의 자아에 대한 새로운 상징성을 '다중심적 자아'라고 개념화하고, 그 '다중심적 자아'의 중심계기로서, '욕망하는 자아'와 '섹슈얼리티와 지혜를 매개로 하는 관계적 자아'를 재구성함으로써 키르케에 대한 신화 다시쓰기를 시도해 보았다.

제6장

페넬로페 : 스토리텔링에 의한 주체의 형성

이번 장에서는 서구의 근대적 주체성에 깃들인 남성중심성을 비판하고, 이에 대한 대안으로서 성인지적gender-sensitive 주체성이 과연 무엇이며, 오늘날 여성주의의 입장에서 차이를 존중하면서도 본질주의에 빠지지 않는 여성주체성을 어떻게 재구성할 것인지의 문제를 다루고자 한다. 이러한 난제를 해결하기 위해 서구 근대적 자아와 주체성의 원초적 역사를 담고 있는『오디세이』신화에 주목할 것이며, 특히 '페넬로페와 오디세우스'의 내러티브를 여성주의 문화철학적 관점에서 집중적으로 분석하고자 한다. 우선적으로 호머의『오디세이』신화에서 합리적 주체성의 원형인 오디세우스와 그의 정숙한 아내 페넬로페를 소개하려 한다.『오디세이』신화는 지배문화를 정당화하는 상징들을 고스란히 담고 있는 서구 문화의 정전canon이다. 따라서 호머의『오디세이』에서 서구적 주체성의 전형이 어떻게 형성되었는지에 주목함으로써 그 안에 숨겨진 성별상징성과 남성중심성을 비판하고자 한다.

나아가 오늘날 다시 쓴『오디세이』신화의 텍스트로서 애트우드의『페넬로피아드』[1]를 분석하고자 한다. 애트우드는 페넬로페와 교수형을 당한 열두 시녀의 관점에서 『오디세이』 신화를 새롭게 재구성하고 있다. 이번 장에서는 가부장적 텍스트가 기반으로 하고 있는 남성중심적 주체성의 허구를 페넬로페와 열두 시녀의 역동적 고백을 통해 드러내고 전복시키고자 한다. 그리하여 다양한 상징들을 발굴해낼 뿐 아니라 '열린' 텍스트로서 신화의 의미를 고찰할 것이다. 또한 신화의 텍스트가 다차원적으로 재구성될 수 있고, 그 의미가 오늘날의 맥락에서 새롭게 해석될 수 있음을 보일 것이다.

이와 같이 호머의 텍스트를 해체하고 재구성하는 가운데, 필자는 특히 페넬로페의 자아정체성과 주체성에 주목할 것이다. 그리하여 오디세우스와의 종속적 연관성 속에서만 규정되어 온 그녀에 관한 고정관념, 즉 본질주의적 속성을 해체하고, 그녀의 '스토리텔링'storytelling² 에 의한 주체형성을 재구성하고자 한다. 나아가 페넬로페와 오디세우스의 재회가 지닌 '상호주체성'Intersubjektivität³의 진정한 의미와 한계를 가늠해볼 것이다.

1. 『오디세이』에서 합리적 주체성

1) 『오디세이』에서 오디세우스와 페넬로페

호머의 『오디세이』는 트로이 전쟁이후 오디세우스가 겪게 된 숱한 모험들과 고국인 이타카 왕국으로 돌아와 자신의 자리를 되찾기까지의 여정을 노래한 작품이다. 오디세우스는 지장智將으로서 트로이 전쟁을 승리로 이끌었으나 포세이돈의 분노를 사게 되어 바다를 떠돌고 귀향하지 못한다. 이 때 이타카에서는 오디세우스의 아내 페넬로페가 그의 부재를 틈타 그녀에게 구혼을 하고 왕좌를 차지하려는 귀족들에게 둘러싸여 난관에 처한다. 페넬로페는 연일 연회를 열며 자신의 재산을 탕진하고 있는 구혼자들을 물리치기 위해 궁리 끝에 시아버지인 라에르테스의 수의壽衣를 짜서 완성할 때까지 결혼을 미루어 줄 것을 요청한다. 그녀는 낮 동안은 베를 짜다가 밤이 되면 낮에 짠 것들을 모두 풀면서 시간을 끌었다. 오랜 시간이 지나도 수의가 완성되지 않은 것을 의심하던 구혼자들에게 한 시녀가 그 비밀을 누설하면서 페넬로페는 더욱 다급한 상황에 직면한다.

한편 갖가지 모험을 감행하는 와중에 부하들을 모두 잃은 오디세우스는 여신 아테나의 도움으로 홀로 자신의 왕국에 돌아온다. 그러나 그는 즉시 자신을 드러내지 않고, 그의 아들 텔레마코스와 충직한 돼지치기 에우마이오스의 협력을 통해 구혼자들을 물리치기 위한 치밀한 계획을 세운다. 이 과정에서 페넬로페와 오디세우스의 재회가 이루어지지만, 페넬로페는 오디세우스를 알아보지 못한다. 왜냐하면 오디세우스가 초라한 거지의 모습으로 위장해서 구혼자의 한 사람으로 페넬로페에게 다가갔기 때문이다. 마침내 페넬로페는 오디세우스의 활을 내놓고, 그 활에 시위를 얹어 그 화살로 12개의 도끼를 모두 꿰뚫는 사람이 나타나면 그 사람과 혼인하겠다고 공포한다. 오디세우스는 이 시합에서 승리를 거둔 후, 텔레마코스와 에우마이오스의 도움으로 나머지 구혼자들, 그리고 그 구혼자들과 놀아난 시녀들을 모두 죽인다. 이 소식을 전해 듣고 오디세우스와 만나게 된 페넬로페는 마지막으로 그를 시험한다. 그 시험은 부부의 침대에 관한 것이었는데, 오디세우스는 결국 그 시험에 합격하여 20여년 만에 페넬로페와 기쁨의 재회를 한다.

2) 합리적 주체로서 오디세우스와 페넬로페

아도르노와 호르크하이머는 『계몽의 변증법』에서 호머의 『오디세이』를 서구 문명의 근본 텍스트로 보고, 특히 주인공 오디세우스를 "시민적 개인의 원형"(DA 61)으로 간주한다. 오디세우스의 "트로이로부터 이타카에 이

르는 표류는 자연의 폭력에 대비해서 육체적으로 매우 약한 그리고 자기의
식 속에서 이제 막 형성되는 자아가 신화들을 거쳐나가는 길"(DA 64)이다.
오디세우스는 신화적 인물들의 속임수에 빠지지 않았으며 마침내 그의 목
표인, "고향과 확고한 소유에로의 귀의라는 자기보존"(DA 64)을 달성한
다. 그런데 그가 '자기보존'의 목표에 도달하고 귀향하기 위해서는 다양한
'책략'들이 필요했다. 아도르노와 호르크하이머는 오디세우스가 바로 그
책략들을 사용하는 구조를 분석하면서, 자아와 주체가 형성되는 원초적 역
사와 그것이 지닌 이중적 의미를 읽어낸다.[4] 즉 오디세우스는 책략을 통해
서 신들을 기만하고 신화적 위력에서 벗어나 자아를 형성한 최초의 '이성
적' 주체가 되는데, 이러한 과정에서 자기희생, 즉 자기 스스로의 자연을
억압해야만 했다. 그렇다면 이러한 합리적인 주체성의 대변자인 오디세우
스를 20년이나 기다려온 그의 부인, 페넬로페는 어떤 존재이며, 그들의 재
회는 어떻게 해석될 수 있는가?

아도르노와 호르크하이머는 우선 결혼의 양가성을 지적한다. 결혼은 한
편으로 "단지 살아있는 사람들이 서로 응답하는 질서일 뿐만 아니라 함께
연대하여 죽음을 이겨내는 것"(DA 94)이다. 그러나 또 다른 한편으로 결혼
에도 '지하의 역사'가 흐르고 있는데, "결혼에서의 화해는 억압의 주변에서
자라기"(DA 94) 때문이다. 후자의 측면에서 아도르노와 호르크하이머는
페넬로페를 가부장적 사회의 전형적인 부인으로, 또한 키르케를 전형적인
창녀로 간주하며, 양자 모두 여성적 자기소외의 보완물이라고 해석한다.
즉 "창녀는 부인의 감춰진 동맹자로서 부인이 차지하지 않고 남겨 둔 것을
다시금 소유관계에 종속시키고 쾌락을 파는 반면, 부인은 생활과 소유에
대한 확고한 질서가 주는 쾌락을 보여 준다"(DA 93). 이와 같이 탈성화된
부인과 성적으로 대상화된 창녀로 양분된 여성들은 모두 가부장제에 이미

종속된 채 상호보완적인 존재로 여겨질 뿐이다.

부인과 창녀는 각자의 처지에서 가부장제에 동화하고자 노력한다. 그런데 키르케와 같은 "창녀는 가부장적인 세계질서를 자기 것으로 만들고자하는 반면, 일부일처제의 부인은 결코 그것에 만족하지 않고, 자신이 남성적 성격과 똑같이 될 때까지 쉬는 법이 없다"(DA 93). 페넬로페가 열심히 닮고자 하는 것은 오디세우스가 신화적 인물과의 대결을 통해서 형성하게 된 인간의 원초적 자아를 의미하는데, 그 자아는 '동일하고, 목적 지향적이며, 남성적인'(DA 50)인 성격을 지닌다.

아도르노와 호르크하이머에 따르면, 특히 페넬로페가 오디세우스를 알아보는 장면에서 그녀가 얼마나 합리적 주체, 즉 가부장적 질서 아래 남성주체가 지닌 특성들과 동일시하려 했는지가 잘 드러난다. 그녀는 자연스럽게 반응하는 대신 결코 실수를 허용하지 않는 냉정한 합리성을 지니고 오디세우스를 시험한다. 그 시험의 내용은 자신들만이 알고 있는 부부 침대의 비밀에 관한 것이다. 마침내 오디세우스는 그 침대가 올리브 나무 위에 만들어졌기 때문에 옮길 수 없는 것이라고 답하며 그 시험을 통과하고, 페넬로페는 결혼만이 줄 수 있는 행복을 찬양하며 오디세우스와 재회한다.

이와 같이 『계몽의 변증법』에서 아도르노와 호르크하이머는 『오디세이』에서 페넬로페와 키르케의 상징적 의미를 해석하면서, 가부장적 사회를 지탱하고 있는 부인과 애인으로 양분된 여성관을 비판할 뿐 아니라 페넬로페가 서구 근대의 남성주체와 동일시하려는 종속적 존재이자 자기소외적인 존재임을 밝혀낸다. 나아가 결혼에서의 '화해'가 이미 '억압'과 함께 뒤엉켜 전개되어 왔음을 고발한다.

그러나 이러한 비판적 해석과 동시에 아도르노와 호르크하이머는 '결혼'이 '함께 연대하여 죽음을 이겨내는 것'이라고 주장한다. 그리하여 가부장제의 소유권을 확고히 하고 이를 지켜낸 페넬로페와 오디세우스야말로 결혼에서의 화해를 이상적으로 실현한 부부의 대표적 상징이라고 미화시킨다. 그렇다면 우리는 여기서 여성들의 억압과 소외의 굴레가 벗겨지거나 해결되지 않은 채 어떻게 갑자기 이상적인 화해로 넘어갈 수 있는지 묻지 않을 수 없다. 페넬로페의 경우에서처럼 가부장제의 부인들은 자신의 소유권을 확인하는 가운데 부단히 남편과의 동일시를 통해서만 자아로 남게 되는, 즉 자기소외적이고 종속적인 존재에 불과한 것인가? 더욱이 페넬로페와 오디세우스의 연대가 죽음까지도 넘어설 수 있는 강력한 것이라면, 결국 페넬로페는 결혼한 상태를 유지하고 살아가는 동안 결코 독립적 자아나 주체가 되지 못한 채 가상적 화해를 지속시키는 존재로만 남게 되는 것이 아닌가?

아도르노와 호르크하이머의 페넬로페 읽기는 가부장적 사회에서 합리적 주체인 남성과의 동일시를 추구하는 여성의 자기소외와 종속성을 비판하기는 했지만, 이로부터 급회전하여 남녀 간의 화해의 이념을 궁여지책으로 제시하는데서 그 한계를 드러내고 만다. 그들은 페넬로페를 오디세우스와 다르면서도 독립된 주체로 좀 더 적극적인 의미에서 해석하지 못했을 뿐 아니라, 여성의 억압과 소외를 은폐한 채 유지하는 결혼생활에서의 화해가 얼마나 기만적일 수 있는지에 대해 좀 더 비판적으로 성찰하지 못했다. 따라서 이와 같은 한계를 벗어나 가부장제에 종속된 페넬로페의 정체성을 해체하고 그녀 자신의 독자적인 주체형성의 과정과 상호주체성에 입각한 화해의 의미를 읽어낼 수 있기 위해, 우리는 호머의 『오디세이』를 여성주의적인 텍스트로 탁월하게 재구성한 애트우드의 『페넬로피아드』와 만나야 한다.

2. 페넬로페와 열두 시녀들의 『페넬로피아드』

1) 페넬로페와 열두 시녀들의 내러티브

애트우드의 『페넬로피아드』는 페넬로페와 교수형을 당한 열두 시녀의 관점에서 호머의 『오디세이』를 다시 쓴 텍스트이다. 호머의 『오디세이』에서 페넬로페는 트로이전쟁을 일으킨 장본인 헬레네의 사촌이자 스파르타의 왕 이카리오스의 딸이다. 그녀는 지성이 뛰어나고 오랫동안 정절을 지킨 것으로 유명하다. 이에 대해 아가멤논도 찬사를 아끼지 않았으며, 이후로 페넬로페는 오랜 전통 속에서 '정숙한 아내'의 전형으로 간주되어 왔다. 그런데 과연 페넬로페의 솔직한 심정은 어떠했는가? 애트우드는 호머의 『오디세이』에 나오는 정숙한 아내로서 페넬로페의 상징성에 의문을 제기하고, 『페넬로피아드』에서 페넬로페 자신의 입장을 독백의 형식을 통해서 토로한다.

나아가 『페넬로피아드』에서는 열두 시녀들이 화자로 등장한다. 『오디세이』에 적힌 바에 의하면, 그들은 텔레마코스에 의해 잔혹하게 죽임을 당한다. 텔레마코스는 "이물이 검은 배의 밧줄을 한 쪽 끝은 주랑의 큰 기둥에다 / 메고 나머지 한쪽 끝은 원형 건물의 꼭대기에 감아 / 팽팽하게 잡아당겼다, 어떤 여인도 발이 땅에 닿지 않도록. / 마치 날개가 긴 지빠귀들이나 비둘기들이 / 보금자리로 돌아가다가 덤불 속에 쳐 놓은 그물에 걸려 / 가증스런 잠자리가 그들을 맞을 때와 같이, / 꼭 그처럼 그 여인들도 모두 한 줄로 머리를 들고 있었고 / 그들이 가장 비참하게 죽도록 그들 모두의 목에는 올가미가 씌워져 있었다. / 그리고 그들이 발을 버둥대는 것도 잠시 동안이고 오래 가지는 않았다."(『오디세이』 22권, 465~474)

이와 같이 열두 시녀들이 텔레마코스에 의해 교수형을 당한 장면은 매우 끔찍하다. 호머는 교수형에 처해진 이들을 마치 그물에 걸린 새에 비유함으로써 이 장면을 침착하고도 무덤덤한 상태에서 비인간적으로 묘사하는데, 그 절제된 언어 속에 내재된 침묵은 오히려 처형의 처절함을 담고 있다. 그러나 열두 시녀들은 도대체 왜 그토록 끔찍한 고통을 받으며 죽어야 했는가? 애트우드는 그들이 당한 고통의 메아리를 기억하면서 그 시녀들이 교살된 까닭이 무엇인지를 밝혀내려 한다.

우선적으로 우리가 『페넬로피아드』에 주목하는 이유는 『오디세이』를 다시 쓰는 내러티브의 주체가 주인공 오디세우스의 주변에 있었던 여성들이며, 이들에게서 오디세우스와는 다른 주체성을 읽어낼 수 있기 때문이다. 더욱 흥미로운 것은 오디세우스의 귀향이후, 페넬로페와 열두 시녀는 매우 상반된 평가를 받은 여성들이라는 점이다. 즉 페넬로페는 오디세우스의 귀향으로 인해 그의 이상적인 파트너로서 불멸하는 명망을 얻은 여성인 반면에, 열두 시녀는 처참한 죽임을 당한 여성들이다. 따라서 이들에 의해 『오디세이』가 재구성되었을 때, 우리는 합리적 주체성에 대한 젠더의 차이만이 아니라 여성들끼리의 차이까지도 주목해 볼 수 있다.[5]

『페넬로피아드』에서 페넬로페와 열두 시녀는 번갈아가며 내러티브의 주체로 등장한다. 이 신화의 중심축은 주로 페넬로페의 일인칭 화법으로 이루어져 있으며, 간간히 시녀들은 동요, 비가悲歌, 목가牧歌, 뱃노래, 민요, 연극, 비디오테이프를 녹화한 재판 등의 다양한 형식을 통해서 때로는 자신들의 입장을 드러내고, 때로는 페넬로페와 오디세우스의 주변 인물들을 패러디하며 그들에 대해 알려지지 않았던 비밀들을 폭로한다. 애트우드는 페넬로페의 독백 형식과 시녀들의 다양한 코러스 형식을 역동적으로 교차시키는 가운데 다양한 글쓰기를 탁월한 방식으로 시도한다. 이로써 『오디세이』를 지나간 과거의 텍스트가 아니라 새로운 메세지를 전달하는 오늘날의 텍스트로 놀랍게 재탄생시킨다.

2) 영웅담의 해체와 내러티브의 비결정성

『오디세이』에서는 주인공이 오디세우스 한 명인 반면에 『페넬로피아드』에서 주인공이자 내러티브의 주체는 페넬로페와 열두 시녀들이다. 이와 같이 애트우드는 내러티브의 중심인물을 하나에서 다수로 분산시켰을 뿐 아니라 다양한 글쓰기 형식을 통해서 『오디세이』에 나오는 핵심적인 내러티브들을 해체하고자 시도한다. 이에 따라 『오디세이』에서 나온 내러티브의 주요 줄거리를 중심으로 그것의 의미가 단일한 것이 아님을 드러낸다. 즉 핵심 줄거리에 대한 다양한 해석들이 시도되면서 『오디세이』의 내러티브는 재인식의 과정을 거친다. 오디세우스가 트로이에서 목마木馬를 만들어 그 전쟁을 승리로 이끈 사실만큼이나 모든 사람의 관심을 끌었던 것은 그가 고향에 돌아오지 못하고 겪게 되는 모험담들이다. 애트우드는 페넬로페가 그의 모험담들을 어떻게 재해석하는지를 보여줌으로써 얼마든지 호머의 『오디세이』를 달리 읽고 의미부여할 수 있다는 사실을 독자로 하여금 간접적으로 체험하게 한다. 즉 『오디세이』에서의 모험담을 염두에 두면서도 그에 대해 달리 해석할 수 있는 가능성을 페넬로페의 독백 속에 끼워넣음으로써 『오디세이』를 탈신화화 한다. 그리하여 『오디세이』가 이미 과거에 완결된 닫힌 텍스트가 아니라 오늘날의 맥락에서 전복적으로 읽고 재구성할 수 있는 '열린' 텍스트임을 『페넬로피아드』를 통해서 제시한다.

오디세우스의 모험담에 대한 『오디세이』와 『페넬로피아드』의 내러티브가 어떻게 대비되는지 구체적으로 세 가지의 예를 들어 살펴보면 다음과 같다. 첫 번째의 에피소드는 로토스Lotos를 먹는 로토파고이족에 관한 것이다. 『오디세이』에서 오디세우스는 로토스를 먹은 부하들이 고향에 가지 않겠다고 하자 억지로 그들을 끌어다가 배에 묶는다. 이와 달리 『페넬로피아드』에서 페넬로페는 이 줄거리를 그대로 도입하면서도 전해들은 소문에 의거하여 다른 해석 가능성을 제시하는데, 이 사건이 술에 취한 부하들이 첫 기항지에서 반란을 일으킨 것일 수 있다는 것이다. 두 번째 에피소드는 포세이돈의 아들 외눈박이 거인 키클롭스에 대한 것이다. 『오디세이』에서 오디세우스가 키클롭스와 싸운 것은 유명한 사건이며 이로 인해 그가 결정적으로 포세이돈의 분노를 사게 되는데, 『페넬로피아드』에서 이 사건은 다르게 해석된다. 즉 오디세우스가 싸운 대상은 외눈박이 술집 주인이고, 싸움의 원인은 술값을 내지 않았기 때문이라는 것이다. 그리고 『오디세이』에서는 부하 중 몇 명이 키클롭스에게 잡혀 먹혔다고 했지만, 『페넬로피아드』에 따르면 이는 서로 패싸움한 결과일 뿐이다. 세 번째 에피소드는 키르케에 관한 것이다. 『오디세이』에서 오디세우스는 주술사인 여신 키르케의 섬에 당도하게 되는데, 키르케는 염탐하러간 부하들을 돼지로 둔갑시켰지만 이내 오디세우스를 사랑하게 되어 그의 간청에 따라 부하들을 다시 사람으로 되돌려 놓았고, 마침내 오디세우스와 행복한 나날을 보낸다. 그러나 『페넬로피아드』에서는 키르케의 섬이 다름 아닌 값비싼 매음굴일 수 있으며, 오디세우스는 여자 포주의 식객으로 지낸 것일 수 있다.(『페넬로피아드』 109)

이와 같이 애트우드는 글쓰기의 형식만이 아니라 『오디세이』 신화의 주요 내용들에 구체적으로 개입하면서 그것이 얼마나 음유시인들에 의해 각색될 수 있는지를 적나라하게 보여준다. 『페넬로피아드』는 『오디세이』에서 오디세우스의 용맹과 영리함을 자랑하는 모험담이 고정불변의 의미를 지니는 정전canon이 아니라 다양한 소문들 중의 하나일 수 있으며 실제와 달리 윤색된 이야기에 불과할 수 있음을 독자들로 하여금 자각하게 만든다. 그리하여 영웅담이 지니는 텍스트의 권위를 뒤흔들어 해체한다.

또한 애트우드는 우선 화자인 페넬로페 자신이 다양한 해석들을 수용하면서도 의미의 혼란에 빠지지 않음을 보여주고, 나아가 페넬로페와 시녀들 사이에서도 모순적인 내러티브가 전개될 수 있음도 고스란히 드러낸다. 그리하여 그 차이를 제시함으로써 독자들로 하여금 『오디세이』의 주요 내러티브들을 재구성하게끔 유도한다. 이는 신화에 대한 전통적인 독해과정에서 저자나 주인공의 시점만이 우선시 되면서 그 의미가 단일하고, 직선적이며 일차원적으로 규정되는 것과는 대비를 이룬다. 또한 각 독자들은 내러티브에 대해 또 다른 의미의 가능성을 열어둘 수 있게 되며, 해석의 애매성과 더불어 내러티브의 비결정성indeterminacy도 포용하기에 이른다.6 이와 같이 애트우드의 『페넬로피아드』는 오디세우스 중심의 신화에서 주변화 되었던 상징들에 주목할 수 있게 할 뿐 아니라 열린 텍스트 속에 담긴 다층적인 차원들을 다시금 성찰할 수 있게 한다. 따라서 『페넬로피아드』의 텍스트를 중심으로 그리고 때로는 『오디세이』와의 대비를 통해서, 우리는 오디세우스와 달리 주변화되었던 페넬로페의 주체성 및 주체 형성을 조명해 보고자 한다.

3. 스토리텔링에 의한 주체의 형성

1) 페넬로페의 주체성 : 이야기의 해체와 재구성

『페넬로피아드』에서 페넬로페는 『오디세이』 신화 이래로 자신을 묘사했던 전형적인 속성을 거부하며 이야기를 시작한다. 그녀는 죽은 다음에야 침묵을 깨고 자신의 입장을 밝히는데, 그 이유는 '이야기의 공식 판본'에 나오는 교훈적 전설 속에서 자신의 모습을 받아들일 수가 없었기 때문이다. 즉 많은 여성들이 왜 페넬로페처럼 "사려 깊고 믿음직스러우며 참을성 많은 여자가 못 되는 것이냐"고 매도당하는 것을 발견하고, 이를 더 이상

목도할 수만은 없었던 것이다. 그녀는 자신에 대한 속성이 여성의 본질로 해석되면서 가부장적인 이데올로기로 고정되어 많은 여성들에게 억압의 실마리를 제공하고 있음을 발견했다. 이에 대해 그녀는 오히려 많은 여성들에게 '제발 나처럼 살지 마요!'(『페넬로피아드』 21)라고 외치고 싶다고 고백한다. 여기서 '나처럼'이라는 것은 페넬로페라는 인물이 전통적인 내러티브 안에서 지녀왔던 재현적 속성을 의미한다. 따라서 '제발 나처럼 살지 마요!'라는 외침은 그러한 속성이 본질주의에 의해 정의된 채 더 이상 다른 여성들을 억압하는 이데올로기로 자리매김 되어서는 안 된다는 자각을 의미하며 이로써 새로운 내러티브를 구성할 단초를 제공한다.

페넬로페는 단순히 남편과의 조화만을 중요시 하는 종속적인 존재가 아니라 그녀 자신의 자의식이 확고한 존재인데도, 전형적인 가부장적 해석에서는 그녀의 '자립적' 측면이 너무 쉽게 간과되어 왔다.[7] 따라서 『페넬로피아드』에서 그녀는 '자신이 왜 자립적 존재로 형성될 수밖에 없었는지'에 대해 자신의 출생지점으로까지 거슬러 올라가서 밝힌다. 그녀의 아버지는 스파르타의 이카리오스 왕이고, 그녀의 어머니는 물의 요정인 나이아스이다. 그녀는 일찍이 아버지로부터 버림받아서 바다에 내던져진다.[8] 그 이유는 자신이 죽고 나서야 재고해보게 되었는데, 아마도 그녀의 아버지가 신탁을 잘못 알아듣고 그녀가 장차 자신의 수의를 짜게 될 거라고 믿었기 때문이 아닐까 추정한다. 그런데 운명처럼 오리 떼가 몰려와 바닷물 속에 던져진 페넬로페를 구해낸다. 훗날 그녀는 자신이 버려졌던 이 사건을 알게 되는데, 그 이후로 결코 속마음을 드러내지 않고 누구도 믿지 못하며, 일찍부터 '자립심'을 지니고 성장하게 되었다고 한다.

페넬로페는 출생하자마자 가부장인 아버지로부터 버림받은 원체험으로부터 가족의 도움조차 기대하지 않는 자립심을 키워왔으며, 결혼한 후에도 가부장인 남편 오디세우스의 부재로 인해 이타카 왕국의 경영을 홀로 도맡아 운영해야 했다. 이와 같이 성장과정이나 결혼생활에서 전적으로 자립적인 존재일 수밖에 없었던 페넬로페는 자기 자신을 위해서라도 꼭 해야 할 이야기가 있음을 깨닫는다. 그리하여 자신에 대한 재현적 속성이 지니는 허구성들을 하나씩 들추어내어 분석하는데, 그 과정에서 기존의 내러티브를 해체하고 재구성하는 가운데 자신의 정체성을 새로이 정립하고자 시도한다. 왜냐하면 정체성은 '자신과 타자에게 의미있는 이야기를 해나갈 수 있는 능력'이자, '과거, 현재, 미래를 포괄하면서 시간성을 넘어서서 의미를 발생시키는 능력'이기 때문이다.9

페넬로페가 기존의 내러티브에서 드러난 전형적 속성에 도전하면서 자신의 입장에서 스토리텔링, 즉 이야기를 풀어내는 가운데 정체성을 확인하고 주체로 형성된다는 사실은 오늘날 여성주의의 입장에서 매우 중요한 의미를 지닌다. 왜냐하면 포스트모더니티의 철학이 모더니티의 합리적 주체성에 대한 비판과 해체를 감행하고는 있지만 주체성에 대한 좀 더 적극적인 대안을 마련하지 못하고 있기 때문이다. 또한 아도르노와 호르크하이머의 해석에서처럼 페넬로페는 합리적 주체성의 원형이라 할 수 있는 오디세우스와의 종속적 연관성 속에서만 이해되어 왔는데, 이와 달리 그녀가 침묵을 깨고 '이야기하는 행위', 즉 스토리텔링은 이미 그 자체가 오디세우스와는 다른 주체를 생산하는 과정을 담고 있기 때문이다. 우리는 그녀에게서 근대적 주체성에 대한 대안을 발견할 수 있는데, 그녀의 주체성은 "이야기 바깥에 초월적이고 이성적인 것으로 설정되거나 초시간적인 것이 아니라 항상 이야기 행위를 통해서 그 이야기의 시간성 속에서 형성되는 것"10이다.

이러한 주체성의 내러티브는 모더니티에서의 이성중심적인 지식과는 다른 형태의 지식을 포함한다.[11] 즉 모더니티의 지식이 이야기적 성격을 망각하고 하나의 단일한 이야기만을 절대화하고 보편화한 반면에, 그러한 "과학적 담론에 대항하여 설화적 이야기를 복원하는 것은 합리성의 위기를 극복하고 새로운 이성을 정초할 수 있는 길"[12]이다. 리오타르에 따르면 이야기적 지식은 다른 종류의 진술들을 배제하는, 즉 인지적 진술과 같은 종류의 진술과는 달리 "다양한 담론적 대상에 대하여 적합한 수행들performances, 즉 인식하기, 결정하기, 평가하기, 변화하기 등을 가능하게"[13] 한다. 리오타르는 이야기적 지식의 화용론을 전개하면서 세 모델을 구분하는데, 고전주의적 실재론은 지시대상을 절대화하고, 모더니티의 인식론은 화자를 특권화 하는 데에 반해, 포스트모더니티의 지식에서는 화자, 청자, 이야기의 대상 중에 어느 것도 다른 계기들을 지배하거나 우선적일 수 없다고 주장한다. 이와 연관하여 우리는 『페넬로피아드』에서 근대적 주체와 같이 권위를 차지하고 있는 내러티브의 중심이 없음을 발견하게 된다. 즉 페넬로페와 시녀들은 화자이자 청자가 되기도 하며, 이야기의 주인공이자 대상이 되기도 한다. 또한 페넬로페가 이야기하는 행위를 통해서 그 자신의 전형적 속성을 해체하는 과정은 곧 남성중심적인 단일한 거대 이야기 속에서 주변화 되었던 작은 이야기들petit récit을 가시화함과 동시에 그녀 자신의 주체를 새로이 형성해가려는 시도이다.[14] 그렇다면 우리는 그녀가 스토리텔링을 통해 해체하고자 도전하는 속성들에 좀 더 구체적으로 천착하여 그녀의 주체형성 과정을 고찰해 보아야 한다.

2) 정숙한 아내의 전형 해체 I : 성적 주체성

흔히 페넬로페는 가부장제의 가장 전형적인 아내, 즉 '정숙한 아내'로 해석된다. 그녀가 지닌 명망kleos은 아가멤논의 찬사에서도 매우 잘 표현되어 있다. "행복하도다 그대는, 라에르테스의 아들 책략에 능한 오디세우스여! / 그야말로 뛰어난 미덕美德을 지닌 아내를 얻었도다! / 이카리오스의 딸 나무랄 데 없는 페넬로페는 얼마나 착한 / 심성을 지녔던가! 그녀는 결혼한 남편 오디세우스를 얼마나 진심으로 / 사모했던가! 그러니 그녀의 미덕에 대한 명망은 결코 사라지지 / 않을 것이고 불사신들은 사려 깊은 페넬로페를 위하여 지상의 인간들에게 사랑스런 노래를 지어 주실 것이오."(『오디세이』 24권, 192~198)

그런데 이러한 명망의 실질적인 내용은 무엇이며, 그 명망에 부합하는 인물로 등장하는 페넬로페는 과연 누구인가? 전통적인 내러티브에서 그녀의 명망은 '오디세우스를 향한 인내와 정절의 능력'에서 비롯되었으며, 이로써 가부장제를 뒷받침하는 '정숙한 여성'의 이상이 만들어져왔다.[15] 남편 오디세우스가 부재하는 동안 구혼자들의 요구에도 불구하고 '정절'을 지킨 것은 그녀로 하여금 명망을 얻게 하기에 충분하고도 결정적인 요인이며, 이로써 가부장적 아내의 전형이 생겨났다. 그렇다면 우리는 우선적으로 그녀의 명망이 근거하고 있는 '정절'의 개념을 검토해야 한다. 그리하여 정절이 과연 그녀 자신에게 성적인 차원에서 어떤 의미였는지, 나아가 정절을 통해 그녀의 섹슈얼리티는 어떻게 규정되었는지를 성찰해야 한다.

『페넬로피아드』에서 페넬로페는 죽고 나서 구혼자들 중에서도 가장 악질적이었으며 오디세우스가 가장 먼저 쏴 죽인 안티노스를 만난다. 그녀는 그에게 구혼의 진짜 속셈이 무엇이었는지를 묻는다. 그는 젊은 귀족들이 스무 살 더 많은 유명한 과부와 결혼하려는 이유가 사랑에 눈이 멀어서 이겠냐고 반문하고는 재산과 왕국 때문이라고 솔직하게 답변한다. 페넬로페도 역시 구혼자들의 구애를 호의로 생각하는 척했으며, 간혹 그들을 부추기도 했고, 남몰래 편지를 보내기까지 했다고 고백한다. 단지, 오디세우스가 돌아오지 못한다는 것을 확신할 수 없기 때문에 그들 중 한명을 선택할 수 없었다고 털어 놓는다.

또한 『페넬로피아드』에서 페넬로페는 자신의 성적 행실을 비방하는 소문들이 중상모략이었음을 당당하게 밝힌다. 즉 구혼자 중에서 제일 예의가 바른 암피노모스와 동침했다는 것에 대해 그녀가 호감을 가졌던 것은 사실이지만 그렇다고 동침했다고 말하는 것은 지나친 비약이라고 주장한다. 또한 구혼자들을 꾀어내거나 은밀한 약속을 했던 것도 사실이지만, 이는 그러한 '부추김'을 통해서 값비싼 선물을 받아내려는 의도적인 지략이었다고 말한다. 나아가 그녀가 백 명도 넘는 구혼자들과 동침하여 판신을 낳았다는 소문에 대해서는 아예 반박할 가치도 없는 것이라고 받아친다.(『페넬로피아드』 170~171)

이와 같이 페넬로페는 가부장제에서 결혼의 허위성을 꿰뚫고 있었다. 즉 그녀는 구혼자들의 구애행각이 사랑이나 성적인 매력과는 거리가 먼 재물과 권력에 대한 것임을 알고 있었다. 또한 그녀는 단순히 오디세우스 때문이 아니라 자신이 호감을 가진 상대에 대해서조차 확신이 서기 전까지 자신의 선택을 미룰 줄 아는 자율적 존재였으며, 갖가지 난무하는 소문들에서나 여성의 섹슈얼리티를 외부적으로 통제했던 평가들에 대해서도 자신의 입장을 명백히 밝히고 정당화할 수 있는 주체적인 존재였다.

그러나 페넬로페 자신의 고백, 그리고 자신의 입장에 대한 정당화와 달리 『페넬로피아드』에서 시녀들은 연극의 형식을 통해서 페넬로페가 암피노모스와 동침했으며, 많은 구혼자들과도 관계를 가졌고 그로부터 염소신 판이 태어났다는 소문을 폭로한다. 시녀들은 진실이 무엇인지 확실한 경우는 없다고까지 말하면서 관객들을 혼란에 빠뜨리고, 관객 스스로 판단하게끔 유도한다.(『페넬로피아드』 174~175)

애트우드의 『페넬로피아드』는 한편으로 페넬로페 자신이 구성하는 내러티브의 내용적 일관성, 즉 페넬로페를 통해 스스로 성적 주체로서의 정절에 대한 정당성을 소개하면서도, 다른 한편으로 시녀들의 대사를 통해서 페넬로페의 주장과는 전혀 다른 내러티브의 해석가능성을 관객들, 즉 독자들에게 적극적으로 열어둔다. 여기서 우리는 페넬로페에 대한 내러티브의 이중적 구도 속에서 정숙한 아내의 표층과 그 이면의 내용을 좀 더 구체적으로 천착해 볼 수 있다. 즉 페넬로페 자신이 엮어내는 내러티브에서 그녀는 남편의 부재 동안, 가부장인 남편에게 종속되는 의미의 정절 때문이 아니라 스스로의 이유에 의해 자신의 욕망을 절제하는 성적 주체로 등장한다. 반면에 시녀들의 내러티브에서 페넬로페는 오히려 자신의 욕망으로부터 더욱 능동적으로 행동하는 성적 주체이다. 따라서 우리가 더욱 주목해 볼 것은 이 이중의 내러티브에서 페넬로페가 성적인 주도권을 가부장에게 내맡긴 채 종속적인 존재로서 자신을 억압하는 존재가 아니라 욕망을 절제하든, 욕망에 따르든 성적주체로서, 즉 충분히 도덕적인 행위를 할 수 있는 능력을 갖춘 존재로서 행위하고 있다는 사실이다.[16]

나아가 『페넬로피아드』에서의 이중적 내러티브는 '정절' 이데올로기의 측면에서 보자면 매우 모순적으로 보인다. 즉 두 내러티브의 애매성으로 인해 하나의 단일한 결론에 이르지 못한다. 그러나 이로써 결국 정숙한 아내의 전형으로서의 페넬로페는 해체된다는 사실을 눈여겨보아야 한다. 『오디세이』에 나타난 아가멤논의 찬사에서 페넬로페에 대한 명망은 뒤이은 클리타임네스트라의 불명예에 대한 악평과 대조를 이룬다. "그녀(페넬로페)와 달리 틴다레오스의 딸은 악행을 궁리해 내어 / 결혼한 남편을 죽였으니 그것은 인간들 사이에서 / 가증스런 노랫거리가 될 것이오. 그리고 그녀는 여인들에게 / 심지어 행실이 바른 여인에게조차 나쁜 평판을 가져다

줄 것이오."(『오디세이』 24권, 200~202)

　『오디세이』에서 아가멤논은 여성을 남편과의 관계에 의거하여 좋은 여성과 나쁜 여성으로 양분하고, 악처로 불리는 클리타임네스트라와의 대조를 통해서 페넬로페를 좋은 여성의 전형으로 이상화시킨다. 서구의 문화 전통에서 여성들은 흔히 이러한 대조의 논리에 의해서 판단되고 평가되어 왔다.17 그러나 우리는 『페넬로피아드』에서의 페넬로페를 남성과의 관계에 의거하여 좋고 나쁜 여성 중 하나로 고정시킬 수 없다. 오히려 페넬로페의 성적 행실에 대한 그녀 자신의 내러티브와 시녀들의 내러티브가 빚어낸 이중적 구도 속에서 페넬로페의 형상화는 '성적인 정절과 인물 재현에 대한 전형', 즉 관습적 평가에 대한 도전18으로 해석될 수 있다. 애트우드는 페넬로페를 이와 같이 모순적으로 그려냄으로써 여성을 단순히 남성의존적인 기준에 의해 양자택일 중의 하나로 통합시키려는 논리에 일치시키지 않으려 시도하는데, 이로써 페넬로페가 '정절'이라는 가부장적 이데올로기를 통해 얻고 있는 명망에 대해 저항한다.

3) 정숙한 아내의 전형 해체 II : 지성적 주체성

페넬로페가 명망을 얻고 있는 또 하나의 이유는 지적인 차원에서 그녀의 능력이 뛰어난 데에 있다. 그녀 자신도 뛰어난 미모를 가진 사촌 헬레네와는 달리 자신을 유명하게 만든 것이 "영리한 여자라는 것"과 "명석한 판단력"(『페넬로피아드』 43)이라고 추측한다. 그녀의 뛰어난 지성적 능력을 말해주는 대표적인 내러티브는 단연 '수의'에 관한 것이다. 즉 구혼자들의 위협에 맞서서 페넬로페는 "아무런 비난도 받지 않고 결정의 날을 미룰 수 있는 방안을 계속 궁리"(『페넬로피아드』 139)한 끝에, 시아버지 라에르테스의 수의를 만들기로 하고, 그것이 완성될 때까지 결혼을 미루겠다고 공표한다. 그러고 나서 그녀는 낮에는 수의를 짜고 밤에는 낮에 짠 베를 도로 풀어내는 작업을 반복함으로써 베짜기가 끝나지 않도록 유지한다. 이러한 지략을 통해서 그녀는 구혼자들의 위협을 이겨내고 마침내 남편인 오디세우스를 기다릴 수 있었으며, 결국 아가멤논의 찬사에 나오는 명망을 얻는다. 특히 그녀의 수의에 관한 지략이 남편에 대한 신뢰를 바탕으로 하는 일편단심으로 해석됨으로써, 그녀는 전통적인 의미에서 정절을 지킨 아내의 전형이 된다.

오디세우스와 페넬로페는 모두 영리함과 교활함으로 대표되는 지성적 능력métis을 동등하게 지니고 있으며, 각자의 계책을 세우는 데에 이 능력을 발휘한다. 그런데 우리는 이러한 지적 능력이 자아정체성 및 주체 형성과 밀접한 연관을 지니고 있음을 발견하며, 이와 연관하여 오디세우스와 페넬로페의 차이를 밝혀보고자 한다. 또한 그 차이를 좀 더 명확하게 하기 위해 오디세우스의 '책략'과 페넬로페의 '지략'으로 구분하여 다루고자 한다. 그리하여 오디세우스의 책략과 페넬로페의 지략은 과연 어떤 차이를 지니는지, 나아가 양자가 그러한 지성적 능력을 통해서 진정으로 도달하고자 한 바가 무엇이었는지를 좀 더 상세하게 비교·분석해 보고자 한다.

우선 오디세우스의 책략들은 이타카 왕으로서의 자아를 보존하는 것을 목표로 하고 있으며, 이는 '동일적' 자아를 형성해가는 데에 결정적인 역할을 한다. 아도르노와 호르크하이머는 오디세우스가 자기보존의 목표를 달성하기 위해 그 책략들을 사용하는 구조를 분석하고, 자아와 주체가 원초적으로 형성되는 과정의 변증법을 밝혀낸다. 즉 오디세우스는 한편으로 책략들을 통해서 신화적 인물들 및 외적 자연의 장애들을 이겨내고 최초로 자아를 형성하면서 '합리적' 주체가 되었지만, 다른 한편으로 이 과정에서 자기 스스로의 자연을 억누르는 대가를 치러야만 했다.(DA 72) 다시 말해서 오디세우스의 책략에서는 자기보존의 목표 및 결과가 가장 중요했으며, 그 목표를 달성하기 위해서 수단화된 이성instrumentelle Vernunft이 필요했다. 그런데 이와 같이 좁은 의미의 이성적 주체로 형성되기 위해서는 그 자신의 내적 자연과 분리됨과 동시에 그에 대한 억압이 불가피하다.

이에 반해 『페넬로피아드』에서 페넬로페는 사람들이 영문을 알 수 없이 좀처럼 끝나지 않는 일을 가리켜 '페넬로페의 거미줄'이라고 부른다는 사실에 주목한다. 그녀는 이 표현을 받아들이면서 수의를 거미줄로, 자신을 거미로 비유하는데, 여기서 자신의 목적은 단지 남자들을 파리처럼 붙잡으려는 것이 아니라 오히려 자신이 얽혀들지 않으려고 노력한 데에 있다고 주장한다.(『페넬로피아드』 147) 수의를 짜겠다는 페넬로페의 지략은 한편으로 오디세우스에 대해 충실한 아내로 남아있겠다는 내포적 의미와 동시에 구혼자들의 집요한 요구에 따르는 외연적 의미를 포함한다.[19] 즉 그녀는 모순되는 두 차원을 동시에 포괄할 수 있는 계략을 짜냄으로써 탁월한 방식으로 자신의 위기를 모면한다. 물론 이와 같이 수의의 지략이 지닌 이중적 의미, 즉 내포적·외연적 의미가 각각 오디세우스와 구혼자들을 겨냥하고 있다고 설명할 수도 있다. 그러나 우리는 이와 달리 그러한 위기 상황에서 그녀가 진정으로 원한 것은 단순히 오디세우스냐 다른 구혼자냐의 양자택일적인 배제의 논리에 얽매이지 않고 오히려 베짜는 행위 그 자체를 수행하는 데에 있다고 해석하고자 한다. 즉 '수의'의 지략은 수의의 진정한 완성이나 결과물을 목표로 한 것이 아니라, 베짜기의 수행성 및 활동성 속에서 그녀 자신의 정체성을 유지하려는 것이다.

그런데 낮에는 베를 짜고 밤에는 낮에 짠 베를 도로 풀어내는 작업을 반복하는 것, 즉 끝이 보이지 않는 행위를 반복하는 것은 과연 어떤 의미가 있는가? 더욱이 가부장적인 경제성의 논리에서 볼 때 그녀가 결국 아무

것도 짜내지 않았다는 결과만을 강조할 경우, 그녀의 행위를 단순히 무無에 불과한 것으로 평가할 수도 있다.[20] 그러나 우리는 그녀의 지략이 성공하기 위해서는 오히려 결과물을 남기지 않아야 한다는 점에 주목해야 한다. 즉 그녀의 지략은 짠 것을 도로 푸는 작업을 '의도적으로' 반복하는 것, 즉 결과물을 남기지 않도록 하는 행위 속에서만 그 목표를 달성하게 된다. 여기서 그녀는 양자택일에 의한 배제 논리를 뛰어넘어서 그 지성의 한계를 이미 인식하고, 그에 따라 자신의 과업을 해체하고 무화시키는 활동성을 의식적으로 되풀이한다. 더욱이 중요한 것은 이러한 무화의 활동성을 통해서 그녀가 폭넓은 의미의 지성적 주체로 형성된다는 점이다.

두 번째로 우리는 페넬로페의 지략과 오디세우스의 책략에서 드러나는 양자의 지성적 능력이 동등함에도 불구하고, 그 능력을 통해서 도달한 지식의 차이점을 고찰해야 한다. 아도르노와 호르크하이머에 의하면 오디세우스의 '책략'은 근대적 '지식'의 근간을 이루는 합리성의 원형을 담고 있다. 근대적 지식은 주체와 객체의 분리에 근거하며, 다채로운 객체들을 주체의 동일성 아래 굴복시키고 지배함으로써 성립한다. 이러한 지식은 주체의 도구적 합리성을 수단으로 하여 타자나 자연을 지배하고 식민화하는 데에 적극적으로 활용된다. 오디세우스의 책략에서 원초적으로 나타난 바와 같이, 동일적 자아가 지니는 '지식'은 타자와의 관계에서 배타적인 위계질서의 구조를 전제로 권력을 행사하기 위한 수단이며, 이로써 남성중심적인 지배의 근간이 된다.

이와 달리 페넬로페가 자신의 지성적 능력을 통해 도달한 지식은 예술과 긴밀한 연관성을 지닌다. 클레이턴은 베짜는 페넬로페를 음유시인에 비유하면서, 페넬로페의 베짜기가 새로운 여성적 언어를 형상화함으로써 남근로고스중심주의phallogocentrism의 담론을 전복시킬 수 있는 시학, 즉 '페넬로페식의 (젠더화된) 시학'a penelopean (and thus gendered) poetics의 가능성을 낳고 있다고 주장한다.21 따라서 그녀의 베짜기 지략은 시인이자 예술가로서 페넬로페의 면모를 강력하게 형상화하고 있다. 왜냐하면 그녀가 베짜는 행위의 주체가 된다는 것은 이야기를 풀어내는 음유시인, 즉 스토리텔링의 예술가storytelling artist로서의 자기반영적인 모습을 비유적으로 제시한 것이기 때문이다.22 나아가 '페넬로페의 거미줄'은 오디세우스의 동일적 자아의 근대적 지식과 다른 자아에 대한 인식을 가능케 하는데, 그녀의 자아가 바로 '스토리텔링' 속에, 즉 "언어적인 교류의 거미줄"23 안에 존재하기 때문이다. 특히 '거미줄'이라는 은유는 여성주의 지식이 관계성의 자각으로부터 출발하며 타자에 대한 유연성과 개방성을 지니고 있음을 탁월한 방식으로 보여준다.24

4. 페넬로페와 오디세우스의 상호주체성

1) 상호주체성에 근거한 화해의 의미

지금까지 페넬로페가 어떻게 전통적 서사 속에 드러난 사려 깊고 정숙한 아내의 전형을 해체하고, 스토리텔링, 즉 그녀 스스로의 이야기를 풀어내는 활동성을 통해 성적인 주체이자 지성적 주체로 형성되는지 그 전 과정을 추적해 보았다. 이제 우리는 이러한 페넬로페의 주체성이 타자와의 연관성 및 상호성을 어떻게 구축해내는지를 고찰해야 한다.

페넬로페와 오디세우스의 재회를 가장 극적으로 드러내는 장면은 바로 침대에 대한 시험이다. 『오디세이』에서 유모 에우리클레이아는 오디세우스가 구혼자들을 모두 처형했다는 소식을 전하며, 마침내 페넬로페를 오디세우스에게 데리고 간다. 그러나 오디세우스의 귀향을 처음으로 알린 에우리클레이아나 또한 아버지의 속임수를 도와 임무를 완성한 아들 텔레마코스의 입장에서 볼 때, 이 소식을 전해들은 페넬로페가 보이는 냉정한 태도는 도저히 이해되지 않는다. 심지어 오디세우스까지도 실망해서 다음과 같이 말한다. "그대는 정말 이상한 여인이구려. 올림포스에 사시는 분들께서는 확실히 / 모든 여성들보다도 그대에게 더 무뚝뚝한 마음을 주신 것 같구려. 천신만고 끝에 이십년 만에 고향 땅에 돌아온 남편에게서 / 이렇듯 굳건한 마음으로 떨어져 서 있는 여인은 / 정말이지 이 세상에 달리 아무도 없을 것이오."(『오디세이』 23권, 166~170)

페넬로페는 도대체 왜 이러한 냉정함을 보였는가? 오디세우스의 실망과 텔레마코스의 핀잔에도 아랑곳하지 않고 페넬로페는 오디세우스를 다시 받아들이기에 앞서서 둘만의 증거, 즉 둘만의 비밀에 대한 확인을 요구하고 나선다. "이분이 진실로 / 오디세우스이시고 자기 집에 돌아오신 것이라면 우리 두 사람은 더 확실히 / 서로를 알아볼 수 있을 것이다. 우리에게는 다른 사람들은 모르고 / 우리 둘만이 알고 있는 증거가 있으니 말이다."(『오디세이』 23권, 107~110) 그녀의 시험은 부부침대에 관한 것인데, 페넬로페는 에우리클레이아에게 부부침대를 밖으로 옮겨서 오디세우스의 잠자리를 마련해 주라고 명한다. 그러나 오디세우스는 그 침대를 밖으로 옮길 수 없는 것임에도 그 침대 기둥을 잘라버린 줄 알고 화를 내면서 자신이 그 침대를 만든 과정을 상세히 서술한다. 이를 듣고 난 뒤, 페넬로페는 마침내 그 침대에 대한 시험을 통과한 오디세우스를 반갑게 맞이한다.

그렇다면 페넬로페는 재회에 앞서서 다른 이들의 예상과 달리 냉정한 태도로 왜 침대에 대한 시험을 감행했는가? 우리는 『페넬로피아드』에서 잘 보여주듯이 침대에 대한 시험이 단순히 놀림감의 도구도 아니고, 또한 그 침대가 잠자는 자리라는 물리적 대상을 재현representation하고 있는 데에 불과한 것도 아님에 주목해야 한다. 오히려 여기서 '침대'는 페넬로페와 오디세우스가 재회하는 데에 결정적인 '기호-상징'sign-symbol이다. 이 기호를 해독하는 과정은 페넬로페와 오디세우스의 상호주체성을 구현하는 중요한 단서가 된다. 즉 부부는 언제나 같은 마음이고, 한번 먹은 그 마음은 본질적인 속성이 되어 고정불변한 것이 아니다. 오히려 부부는 마치 나선형의 용수철이나 뫼비우스의 띠와 같이, 같음 속에 차이를 내포하고 있는 상호 연관성을 계속 확인해 나가야 한다. 따라서 양자의 화해를 통한 재회는 '침대'라는 기호-상징에 대해 공유하고 있는 의미를 재인식하고 또한 확인하는 과정을 통해 비로소 성립된다.25

페넬로페는 단지 남편행세를 하는 이방인을 남들이 남편이라고 전한 사실만으로 쉽게 받아들이고 무조건적으로 수용하는 아내가 아니라, 상호 간의 신뢰를 확인할 수 있는 재인식의 절차를 요구할 줄 아는 주체적 존재이다. 페넬로페는 침대에 대한 시험을 통해서 자신의 충실성을 입증하고, 나아가 속임수에 능한 오디세우스가 위장과 진실의 이중성에서 벗어나 자신의 정체성을 명확히 밝힐 것을 요구한다. 이와 같이 우리는 페넬로페와 오디세우스의 재회에서 '상호주체성'에 입각한 화해를 경험하는데, 그 화해는 각자의 정체성을 드러내면서도 독자적인 두 개인이 상호간에 합의한 내용을 확인함으로써 성립된다. 이러한 상호주체성의 화해는 "타자와의 연관성을 거부하는 것이 아니라, 자신을 상호주체적으로 구성하면서도 자율적인 능력이 있는, 타자에 의존하면서도 또한 타자로부터 독립적인 자로서 스스로를 인지하는 자아"26일 때에만 가능하다.

마침내 페넬로페와 오디세우스는 가부장적 질서 속에서 결혼이 지니는 위계질서적인 화해, 즉 주도적인 남성과 그를 무조건적으로 따르는 여성의 종속된 결합을 거부하고, 자립적인 주체들에 기반을 둔 화해의 내러티브를 실현한다. 그런데 이들이 화해를 이루고 재회하여 함께 살아나가기 위해 중요한 것은 과연 무엇이었는가? 그것은 바로 대화였다. 페넬로페와의 결혼에서 오디세우스는 무엇보다 대화를 원했다. 페넬로페의 고백에 따르면, "그가 워낙 뛰어난 이야기꾼이었으므로 나도 기꺼이 그의 말에 귀를 기울였다. 그가 나를 아꼈던 가장 큰 이유가 바로 그것이었다고 생각한다. 나는 그의 이야기를 즐겁게 들어줄 줄 아는 사람이었다."(『페넬로피아드』 70~71) 페넬로페와 오디세우스에게서 대화, 즉 서로 이야기를 나누고 귀 기울여 듣는 것은 '상호성'을 형성하는 데에 매우 중요한 요인이다. 결혼하자마자 그들은 어린 시절에 둘 다 가족의 손에 죽을 뻔했던 상처에 대해 서로 솔직하게 고백했고 이를 자신들의 공통점으로 여겼으며, 20여 년이 지나 재회한 후에도 그 동안의 경험담에 대해 많은 이야기를 나눈다. 이와 같이 그들의 상호주체성은 각각 주체적 존재로서 상호적으로 한 합의에 대한 확인과 더불어 신뢰를 바탕으로 '스토리텔링'을 계속하는 '상호성'의 구축에 있다.

2) 여성들의 차이에 내재한 억압의 비극성

페넬로페와 오디세우스의 재회와 화해를 절정으로 하여 『오디세이』는 해피엔딩에 이른 것처럼 보인다. 한편으로 『오디세이』에서 페넬로페와 오디세우스는 각각 자립적인 주체이면서도 서로에 대한 상호성을 확인함으로써 상호주체성에 기반을 둔 화해의 의미를 한껏 보여준다. 그러나 과연 그들의 해피엔딩이 담고 있는 표면적 화해의 이면은 어떠한가? 앞서 아도르노와 호르크하이머는 결혼에서의 화해가 이미 "억압의 주변에서 자라고 있다"(DA 94)고 지적한 바 있다. 그렇다면 앞선 고찰들을 토대로 볼 때에 성적인 주체이자 지성적 주체로서 페넬로페가 오디세우스와의 상호주체성을 확인하고 난 뒤, 더 이상의 억압은 존재하지 않고 그녀가 구현한 화해는 마침내 완벽하다고 할 수 있는가? 『페넬로피아드』는 페넬로페와 오디세우스의 화해가 지닌 한계, 즉 그 화해가 전제로 하고 있는 억압의 이면을 매우 독특한 방식으로 제시한다. 따라서 우리는 그 텍스트를 분석하면서 페넬로페와 시녀들의 관계, 그리고 양자 사이에 끼어 있으면서 시녀들을 고발했던 에우리클레이아의 행동에 대해 다시금 주목하고자 한다.

페넬로페는 이미 어릴 적부터 베짜기를 잘하고 좋아했는데, 여성들에게 공예는 자기능력을 펼칠 수 있는 일이었으며, "느리고 율동적이고 마음을 안정시켜주는 일"(『페넬로피아드』 98)이었다. 따라서 페넬로페가 '수의'의 지략을 짜낸 것은 우연이라기보다 그녀가 좋아하고 또한 잘해낼 수 있는 공예 능력과 연관된다. 나아가 그녀가 나이어린 열두 시녀들과 더욱 적극적인 관계를 맺게 된 것도 수의를 짜면서 이를 도와줄 사람이 필요했기 때문이었다. 이 시녀들은 페넬로페가 직접 사들이거나 데려온 자들이었고, 텔레마코스의 놀이 동무이기도 했으며, 왕궁에서 필요한 것들을 교육받은 자들이었다. 그 시녀들은 평생 동안 페넬로페의 옆에서 명랑하고 활기차게 살았으며, 페넬로페는 그들의 수다와 노랫소리를 들으며 위안을 얻기도 했다. 그들은 페넬로페가 가장 신임하는 눈과 귀가 되었고, 특히 한밤중에는 마치 자매들처럼 비밀리에 함께 모여 낮에 짠 베를 다시 푸는 일을 도왔다. 그러다가 그 시녀들 중의 한 명이 페넬로페의 베짜기에 얽힌 비밀을 누설하고 만다.

그런데 『페넬로피아드』에서 페넬로페는 그 비밀이 탄로 난 이유에 대해서 자신의 잘못이라고 자책한다. 왜냐하면 그 열두 시녀에게 "구혼자들의 주변을 맴돌며 온갖 매력을 총동원하여 그들을 염탐하도록 지시"(『페넬로피아드』 143)했기 때문이다. 그리고 그 시녀들에게 이 일을 페넬로페가 시켰다는 사실에 대해서 발설하지 않도록 입단속을 시켰으며, 유모 에우리클레이아에게도 알려주지 않았다. 더욱이 페넬로페는 그 시녀들에게 자신과 텔레마코스, 오디세우스에 대한 비방을 서슴지 말라고까지 하면서 구혼자들을 확실하게 속이고 그들의 비밀을 알아오라고 했다. 이와 같이하여 그 시녀들은 한 가지 행동을 통해 순종과 반항을 동시에 할 수 있게 되었는데, 바로 그러한 행동으로 인해 나중에 에우리클레이아에 의해 가장 불순한 시녀들로 지목되고 마침내 텔레마코스에 의해 처절한 죽임을 당하게 된다. 페넬로페의 참담한 실수로 인해, 즉 그녀가 에우리클레이아에게까지 자신의 계획을 얘기하지 않았던 탓에, 페넬로페의 눈과 귀가 되어 주었고, 수의를 함께 짜고 풀면서 그녀를 도우며 가장 가깝게 지내던 시녀들은 모두 비극적인 죽음을 맞이한다.

한편 애트우드는 『페넬로피아드』에서 시녀들의 죽음에 대해 페넬로페의 고백과는 매우 상이한 서사를 시녀들이 출현하는 연극 형식을 통해서 이중적으로 제시한다. 시녀들의 대사에 따르면 페넬로페는 암피노모스 뿐만 아니라 많은 구혼자들과 이미 관계를 맺었으며, 오디세우스가 돌아오자 에우리클레이아와 짜고 위기를 모면할 수 있는 전략을 세우게 된다. 그리하여 가장 가까이서 자신의 이러한 비밀을 알고 있던 열두 시녀가 비밀을 폭로하기 전에 오히려 에우리클레이아를 시켜 잘못을 시녀들에게 덮어씌우고 만 것이다. (『페넬로피아드』 174~179)

『페넬로피아드』에서 시녀들의 죽음을 둘러싼 두 내러티브의 설정은 페넬로페의 이중성으로 인해 마치 모순되는 것처럼 보인다. 그러나 상반되는 것처럼 보이는 그 이면의 질서 속에서 대문자 '여성'으로 환원될 수 없는 여성들 간의 차이, 나아가 여성들끼리의 계급구도에 대해 자각할 필요가 있다. 나아가 우리는 페넬로페, 에우리클레이아, 시녀들에게서 여성들끼리의 관계에 내재한 억압의 비극성을 읽어낼 수 있다. 그들은 모두 각각 자신 안에 닫힌 채 소통하지 못했으며, 그로인해 가장 참담한 희생, 즉 시녀들의 죽음을 초래하고 만다. 이와 같이 페넬로페와 오디세우스는 남녀 간의 상호주체성에 기반을 둔 화해의 해피엔딩에 이른 것처럼 보이지만, 그 이면에는 여성들 사이의 닫힌 소통구조로 인한 고통과 비극성이 함께 메아리치고 있다. 따라서 남녀 간의 위계질서를 철폐하고 양자의 차이와 이질성을 어떻게 상호주체성 속에 함께 사유할 것인가의 문제는 이제 어떻게 여성들끼리 내지는 남성들끼리의 위계질서를 없애고 폐쇄되지 않은 소통구조를 마련함으로써 성별적 차이만이 아니라 각 개인들의 차이에 열린 사유를 해나갈 것인가라는 다음 단계의 과제를 남긴다.

* * *

이번 장에서는 『오디세이』와 『페넬로피아드』의 텍스트에 드러난 페넬로페와 오디세우스의 내러티브를 중심으로 주체성의 문제를 고찰해 보았다. 호머의 『오디세이』에서 페넬로페는 남편의 오랜 부재에도 불구하고 구혼자들을 거절하고 가정을 지켜낸 '정숙한 아내'로 그려진다. 한편 아도르노와 호르크하이머는 오디세우스에게서 서구 근대적 자아와 주체성의 원초적 역사를 밝혀내는데, 페넬로페를 오디세우스와 동일시하는 가운데 형성되는 주체, 즉 자기소외적인 주체로 간주한다. 이와 달리 필자는 호머의 『오디세이』를 여성주의적 텍스트로 재구성한 애트우드의 『페넬로피아드』를 면밀히 검토함으로써, 페넬로페의 주체성이 지니는 전복적인 의미들을 형상화해 보았다. 그리하여 '정숙한 아내'의 전형을 해체하고 '스토리텔링'의 주체로서 페넬로페를 재구성해 보았다. 나아가 페넬로페와 오디세우스가 '침대'의 기호를 해독하는 절차를 통해 상호주체성을 구현하고 화해에 이르는 여정을 분석하고, 그 한계도 지적해 보았다.

사이렌들의 귀향

이 책은 우리가 흔히 듣는 '21세기는 여성의 시대'라는 말로부터 시작했다.
그런데 정작 그 의미가 무엇인지에 대한 이면을 캐묻고, 그 이야기를 하는
주체로서 내가 누구인지를 파악하려다 보니 21세기의 포스트모더니티로부
터 시작하여 모더니티와의 정면대결을 거쳐서 신화에로까지 거슬러 올라
가지 않을 수가 없었다. 이제 그 긴 이야기들을 정리하고 여정을 끝맺으려
한다.

오늘날 정체성, 자아, 주체성에 대한 논의는 서구의 모더니티 철학 전반
에 대한 비판적 성찰로부터 시작된다. 포스트모더니티의 철학은 기존의 인
간정체성과 주체성에 대한 근본적인 물음을 제기하고 새로운 접근을 시도
한다. 그리하여 데카르트적 자아와 서구의 이성 및 동일성사고에 근거하고
있는 주체에 대한 근본적인 비판을 제기하고, 보편적이며 합리적인 주체를
해체하려 한다. 또한 데카르트 이래로 원자화되고 고립된 주체성의 관념과
결별하고, 자아와 타자, 의식과 무의식, 개인과 사회의 복합적인 상호작용
에 주목하여 다원적이고 다중적인 주체들을 주제로 삼는다. 나아가 포스트
모더니티의 사유는 데카르트의 이분법적이고 유아론적인 주체에 대한 비

판과 해체를 감행함으로써 근대적인 인간정체성이 남성중심적인 위계질서에 근거하고 있음을 밝혀내고, 이러한 남성중심적 주체성의 문제를 극복하기 위해 '여성성'과 '젠더'에 주목한다.

포스트모더니티의 사유는 서구 철학 전통 전반에 젠더와 성차의 중요성을 새롭게 자각시키기는 고무적인 역할을 했을 뿐 아니라 오늘날 여성주의의 입장에서 정체성과 주체성을 재구성하는데 기여한 바가 매우 크다. 따라서 제1장에서는 포스트모더니티와 여성주의의 연관성을 주제로 하여 왜 젠더가 인간정체성의 주요 쟁점이 되었는지를 고찰했다. 근대적 인간정체성에 대한 비판에 나타나는 포스트모더니티 사상의 문제의식은 오늘날 여성주의 이론의 출발점을 제공한다. 즉 이성적 주체 및 자율적 자아에 대한 비판과 모더니티의 거대 이야기에 대한 비판은 오늘날 여성주의의 관점에서 인간의 정체성을 논의하는데 거의 필수적인 전제가 되었다고 해도 과언이 아니다. 그러나 한편으로 여성주의는 포스트모더니티의 좀 더 진전된 이론들, 즉 포스트구조주의나 포스트모더니즘의 인간정체성에 대한 견해에 전적으로 동의할 수 없으며, 오히려 그 이론들의 도전에 직면하여 자신의 입지점을 재정립해야만 한다. 왜냐하면 포스트모던 이론들의 급진성은 전통적 자아 및 주체 개념에 대한 남성중심성을 비판하는 데서 그치지 않고, 더 나아가 '젠더'의 개념까지도 해체하기에 이르렀으며, 그로 인해 살아서 행위하는 능동적 주체로서의 여성정체성을 설명할 수 없게 되었기 때문이다. 따라서 여성주의의 입장에서 젠더를 통해 인간정체성을 탐색하려는 작업은 인간정체성에 대한 새로운 형상화와 동시에 여성의 사회·문화적 경험의 특수성을 어떻게 조화시킬 것인가 하는 난제에 직면하게 되었다. 더욱이 리오타르가 비판한 메타이야기가 아닌 형태로, 젠더화된 정체성과 주체성의 진리를 정당화할 수 있는 가능성을 모색해야만 했다.

필자는 우선적으로 젠더를 통해 구성되는 정체성이, 생물학적이면서도 문화적인 언어의 상징성의 장소이자 각 여성의 복수적 차이를 인식할 수 있는 위치로서의 '몸'에 초점을 맞추고 있으며, 그 성차를 중요시한다는 사실에 주목했다. 또한 여성들의 자아는 복수적이고 개방적이며 상호연관된 것, 즉 관계성 속에 놓인 자아로 명명되며, 이러한 '관계적 자아'의 진리나 지식은 '작은 이야기들'을 통해 정당화됨을 밝혔다. 이에 따라, 더 이상 권력 체계를 지탱하기 위해 이미 규정된 이항대립의 하나로 고정된 '타자'로서가 아니라 존재론적 성차로부터 사회·문화적인 대안적 가치를 발생시키는 능동적 "과정 중에 있는 주체로서의 자아"self as subject-in-process를 긍정하는 것이야말로 여성의 정체성과 주체성의 현주소를 잘 말해준다고 할 수 있다. 나아가 각양각색의 작은 이야기들을 지속적으로 엮어내는 작업을 통해서, 기존의 담론 안에서의 권력을 비판하고, 맥락화된 '저항'과 '투쟁'을 실현함으로써 여성들이 젠더화된 집단적 정체성과 함께 개별적인 주체성을 자각할 수 있는 계기를 마련할 수 있다. 이로써 젠더의 관점을 함께 고려하는 인간정체성의 탐구는 인간을 탈젠더화degendering 하거나 탈성화desexualization 하지 않으면서도 다중적인 섹슈얼리티와 다양한 차이들을 존중해야 하는 과제를 안고 있음을 알 수 있다.

이와 같이 제1장에서는 '인간정체성'의 주제를 중심으로 포스트모더니티와 여성주의의 연관성을 고찰하면서 오늘날 여성주의 논의의 배경과 문제점 및 나아가야 할 방향 등에 대해 개관해 보았다. 그로부터 필자는 여성주의가 모더니티를 비판하는 포스트모더니티의 문제의식을 단지 전적으로 혹은 부분적으로 전제하거나 그저 수용하기만 할 것이 아니라, 좀 더 철저하게 모더니티를 비판적으로 고찰하고 극복할 필요가 있다는 생각에 이르렀다. 이는 여성주의 이론의 토대를 구축하기 위해서 뿐만 아니라 그 실천적 중요성을 위해서도 필수적인 작업이다. 왜냐하면 여성주의는 억압의 현실로부터 해방을 위한 실천의 중요성을 항상 염두에 두고 있어야 하는데, 포스트구조주의에서처럼 이론의 일관성 있는 전개를 위해 반본질주의적 '해체'를 급진화할 경우, 자칫 여성에 대한 사회적 억압과 차별의 현실이 엄연히 존재하고 있는 상황에서 행위하고 실천하는 주체, 저항의 주체로서 '여성'의 지점이 희미해질 수 있기 때문이다. 그렇다면 가부장적 모더니티에 대한 비판과 포스트모더니티에 따른 해체 사이에서 자신만의 독특한 사유의 기반을 확립해야 하는 상황에 처한 여성주의는 이 난제를 어떻게 해결할 것이며, 기존의 가부장적문화를 비판하는 것에 그칠 뿐 아니라 이에 저항하고 대안적인 문화를 형성할 수 있는 '여성주체'를 어떻게 이론적으로 재구성해낼 것인가?

필자는 여성주의적 문제의식을 견지하면서도 좀 더 근본적인 철학의 입장에서 모더니티와 정면대결하고, 이를 극복하기 위한 '여성주체성'의 이론을 구축하기 위해 제2장과 제3장에서 아도르노의 사상을 다루었다. 우선 제2장에서는 아도르노의 모더니티비판의 핵심적 내용을 살펴보았고, 여성주의적 입장에서 그의 사상을 재해석함과 동시에 그에 대한 비판을 시도했다. 아도르노의 모더니티비판에서 특히 계몽비판은 모더니티의 기원과 그것이 갖는 남성중심성을 밝혀냄으로써 서구의 계몽적 전통에 대한 여성주의비판의 기초를 제공한다. 그러나 그들이 '계몽의 변증법'의 알레고리로 채택하고 있는 『오디세이』 분석에서도 드러나듯이, 여성들은 항상 오디세우스가 최초의 계몽적인 인간으로 형성되기 위해서 극복해야할 낯선 장애물, 즉 '신화적 자연'으로서 해석된다. 나아가 도구적 이성비판에서 여성은 도구적 이성과 상관없는 열등한 존재이거나 도구적 이성을 사악하게 활용할 줄 아는 사디스트로서의 쥘리에트와 같은 존재인데, 이러한 여성들은 모두 증오의 대상이 되고 만다.

그러므로 아도르노의 모더니티비판은 계몽 및 도구적 이성의 기원과 전개과정에서의 남성중심성, 그리고 그 모더니티의 타자로서 여성의 소외와 왜곡을 탁월한 방식으로 보여주는 한편, 다른 한편으로 이러한 타자성을 과연 어떻게 극복할 것인가 하는 물음을 남긴다. 그의 모더니티비판은 오늘날 여성주의 이론의 출발점을 제공하지만, 동시에 그에 머무는 한계를 지닌다. 왜냐하면 그 비판에서 여성들은 모더니티를 전복시킬 수 있는 주체로서의 가능성으로부터 여전히 차단되어 있으며, 나아가 그의 비판은 다양한 현실여성의 잠재력을 담아내지 못하고 있기 때문이다. 그렇다면 아도르노의 사상에서 여성주의가 가부장적 모더니티를 극복하고 대안적 사유를 구축하기 위해 전유할 수 있는 지점은 과연 아무 것도 없는가? 이에 답하기 위해 필자는 아도르노의 모더니티비판과 그 비판에서 직접적으로 기술되고 있는 '여성' 내지 '여성성'의 개념적 한계에만 연연하여 그를 비판적으로 평가하는 데에 머물지 않았다. 오히려 그의 후기 사상을 들여다봄으로써 모더니티를 극복하고자 하는 사유에 주목하며 그 안에서 '여성주체성' 및 여성주의의 대안적 사유를 위해 필요한 핵심개념들을 이끌어 내고, 이를 여성주의의 입장에서 전유하여 이론화하고자 시도했다.

따라서 제3장에서는 '여성주체성'의 주제를 중심에 두고, 모더니티를 극복하기 위한 아도르노의 사유와 여성주의의 연관성에 대해 고찰했다. 오늘날의 여성주의는 모더니티에 대한 비판과 포스트모더니티의 해체요구에 동시에 직면하여 여성주체성을 재구성해야 하는 과제를 지닌다. 이러한 여성주의의 난제를 해결하기 위해서, 필자는 아도르노의 '비동일성' 사유에 나타난 주체성의 양가적 측면, 즉 해체적이면서도 구성적인 측면에 주목했다. 그리하여 한편으로 주객의 위계질서에 의한 '동일성의 인식'을 해체하는 것으로 주체성의 기만을 깨뜨리면서도, 다른 한편으로 주객의 새로운 '어우러짐' 속에서 얻을 수 있는 '비동일자의 경험'을 여성주체성에 접목시켜 보았다. 이와 같이 아도르노의 '비동일성'의 사유를 면밀히 검토함으로써 필자는 모더니티에서 타자로 배제되었던 여성들이 그 왜곡된 현실을 인식할 뿐 아니라 소외로부터 벗어날 수 있는 가능성을 타진해보았고, 이로부터 오늘날의 여성주의가 주체성을 재구성하기 위해 이론적으로 취할 수 있는 개념들을 이끌어냈다.

우선적으로 여성들이 아도르노의 '회상개념'을 전유할 경우, 여성들은 회상의 주체가 됨으로써 과거에 대상화되고 물화되었던 현실을 망각하지 않고 직면하여 새롭게 인식함과 동시에 그 현실이 오늘날의 맥락에서 반복되지 않도록 저항하거나 사회적 변화를 요구할 수 있게 된다. 또한 이러한 회상을 통해 자기소외의 역사를 거스르는 흔적 찾기가 시도되며 그와 더불어 아도르노의 '비동일적인 것', '비동일성'의 사유는 새로운 여성주의적 사유와 여성주체성의 모색을 가능케 한다. 왜냐하면 여성들은 그 자신의 '고통의 경험'을 통해 '객체우위'를 깨닫고, 타자와의 '어우러짐' 속에서 그 자신만의 고유한 역사적 의미를 해독할 수 있는 주체가 될 수 있기 때문이다. 이러한 아도르노의 '비동일성의 사유'는 여성주의에서 주목하고 있는 크리스테바의 '부정성'의 의미를, 그의 '객체우위'개념은 버틀러의 '유물론적 경험'의 의미를 철학사적 논의의 맥락 속에서 밝혀줄 수 있다. 나아가 여성들의 주체성을 이론적으로 재구성할 경우, 그의 '객체우위'와 '고통의 경험'에 대한 해석은 오늘날 여성주의가 주목하고 있는 '몸'에 대한 인식과 그 의미를 좀 더 근원적인 이론의 차원에서 해명해줄 수 있으며, 그의 '어우러짐' 개념은 객체 및 타자와의 관계를 대안적으로 형상화함으로써 앞서 논의한 바 있는 '관계적 자아'에 대한 철학적 이론의 깊이를 더해 줄 수 있다. 이와 같이 볼 때, 진정한 모더니티의 극복을 위해서 여성주의의 사유는 때로는 아도르노와 함께 때로는 아도르노를 넘어서서 여성주체성의 이론을 확립할 필요가 있다.

포스트모더니티의 문제의식에서 시작한 여성주의 문화철학의 시도는 제1부에서 모더니티의 비판과 극복이라는 과제를 가로질러 여성정체성, 여성주체성에 대한 이론을 구축한 뒤, 이를 기반으로 제2부에서 『오디세이』 신화를 분석하기에 이른다. 필자는 여기서 기존의 오디세우스중심적인 시각을 벗어나 오히려 그를 만난 여성들의 시각에 초점을 두었다. 그리하여 여성정체성 및 주체성의 주제를 중심으로, 『오디세이』를 단순히 비판할 뿐만 아니라 해체적으로 다시 읽고 재구성했으며, 『오디세이』를 새로 쓰는 작업을 시도했다. 여성들의 내러티브로서 신화 다시 쓰기는 그저 오랜 과거에 묻힌 채 서구 문명의 근원을 고고학적으로 보여주는 '그리스 신화'를 그대로 반복·재생하는 것에 불과하거나, 근대성을 역사적으로 전개해가는 과정 속에서 가부장적 서구 문명의 의미를 정당화시켜왔던 '이데올로기로서의 신화'를 단순히 비판하는 차원에만 머무르는 것이 아니다. 오히려 서구 문명의 근간이 되어온 신화텍스트로 거슬러 올라가 그 텍스트를 가로지르고 뒤집어보며 신화의 생성과 수용과정에서 드러난 남성중심적 상징성들을 '전복'subversion시키려는 것이다. 나아가 옛 신화들이 오늘날 우리의 사회·문화적 삶의 맥락에서 새로운 의미를 지니는 텍스트가 되도록 탈바꿈시키고 이를 새롭게 전유하려는 데에 그 의의가 있다. 특히 '여성들의 자아'에 대한 신화 다시 쓰기는 근대성담론에서 그저 주변적인 위치를 차지했거나 도덕적으로 저급한 것으로 치부되고 억압될 수밖에 없었던 여성자아의 특성들을 다시 발견하여 그 고유한 의미를 밝히는 시도이기도 하다. 그리하여 여성들이 각자 구체적인 현장에서 삶의 주체가 되고, 그들이 살기에 적합한 여성주의 문화를 실천해나갈 가능성을 모색하려는 것이다. 이러한 작업을 윌리엄스의 문화개념을 빌려서 다시 표현해 보자면, 기존의 『오디세이』신화의 해석을 '지배하고' 있었던, 즉 여성들에게 고착화된 가부장적인 의미들을 벗겨내고, 오늘날의 여성들에게 '잔여적' 형태로 남아있던 문화요소들과 또한 사회적, 역사적 경험에 녹아들어 있던 '감정의 구조'로부터 '창발적인' 의미들을 찾아내어 새롭게 의미부여하고 재개념화하는 실천행위라고 할 수 있다.

그러한 문화실천의 일환으로 제4장에서는 이 책의 근간을 이루는 '사이렌들'의 이야기를 본격적으로 다루었다. 특히 『오디세이』신화에서 '사이렌들과 오디세우스'의 만남에 국한하여 남성중심적인 자아의 원초적 역사를 비판적으로 분석한 뒤, '사이렌들'에게서 여성들의 자아에 대한 함축성을 새로이 이끌어내고, 그 자아에 대한 내러티브를 재구성해 보았다. 아도르노와 호르크하이머는 시민적 개인의 원형인 '오디세우스'에게서 드러나는 '동일적 자아'의 발생을 역사철학적인 입장에서 비판적으로 해석한다. 그러나 필자가 보기에 그들의 시각은 여전히 오디세우스라는 남성중심적인 인간성에 머물러 있으며, 분석 또한 젠더 상징성에 대한 비판적 관점을 결여하고 있다. 이에 반해 카프카가 재구성한 신화텍스트인 「사이렌의 침묵」은 오디세우스 중심의 시각에서 벗어나 기존의 신화에서 부재했던, 즉 침묵하던 사이렌들에게 주목할 수 있도록 만든다. 그러나 카프카가 오디세우스로부터 사이렌들에게로 새로운 시각의 전환을 매우 탁월하고도 신선한 방식으로 성취했음에도 불구하고, 그의 텍스트에서 사이렌들은 아직 의식을 지닌 '자아'는 아니었다. 그리하여 사이렌들에게 드러난 여성들의 상징성을 자아와 연관하여 좀 더 적극적으로 해석할 필요가 생겨났다.

필자는 사이렌들의 자아를 '비동일적 자아'로 새롭게 개념화해 보았는데, 특히 여성들의 자아가 전통적인 '동일성'의 강압에서 벗어나 새로운 인간성에로 진입해 가는 과정을 담고 있는 '비동일성'에 근거해 있기 때문이다. 우선적으로 사이렌들을 통해 새롭게 형상화한 여성들의 '비동일적 자아'의 구체적인 의미를 '체화된 목소리로 노래하는 자아'로 해석해 보았다. 사이렌들이 부르는 노래는 육체적 욕망 및 육체적 현존과 분리되지 않은 행복을 약속함으로써 '비동일적 자아'의 자기인식과 그 존재론적 의미를 잘 보여준다. 여성들의 '비동일적 자아'가 지니는 두 번째 의미는 '관계적 자아'이다. 이는 사이렌들의 노래와 침묵에서 그녀들이 취하고 있는 타인에 대한 인식과 그 관계방식에 새롭게 주목함으로써 밝혀진다. 사이렌들의 노래는 각자의 육체적인 개별성과 욕망을 인정하되 그것을 상호적인 관계에서 나누고 함께 즐기려는 것이며, 이러한 맥락에서 사이렌들의 침묵까지도 타인과의 밀접한 연관성 속에서 타인을 수용하고 때로는 그 타인을 살려내기 위한 것으로 해석할 수 있다. 세 번째로 필자는 '떼를 지어 비상하는 사이렌들'의 형상화 속에서 여성들의 '비동일적 자아'가 지닌 새로운 상징성으로서의 '진리의 복수성'에 주목해 보았다. 사이렌들은 단수로서의 여성이 아닌 떼를 지어 날아다니는 복수여성들의 무리로 묘사되는데, 그 무리의 비상은 여성들 각자가 구체적으로 살아있는 작은 차이들의 다양성을 수용하고 비로소 그 다층적인 구조를 인식함으로써 '여성주체가 되는' 과정을 잘 보여준다.

제5장에서는 '근대성'의 담론과 관련하여 『오디세이』 신화에서 '오디세우스와 키르케'의 만남을 집중적으로 분석했다. 한편으로 오디세우스에게서 드러나는 서구 근대적 자아의 형성과정과 자기비판에 깃들어 있는 남성중심성을 비판하고, 다른 한편으로 전근대적 키르케에게서 이데올로기로서 여성의 자아에 대한 남성판타지들, 즉 '위험한 마녀', '유혹하는 창녀',

'무력한 도우미 여성'이라는 상징들의 내용을 구체적으로 밝혀내고 이를 해체해 보았다. 그러고 나서 필자는 근대성의 담론이 놓치고 있는 여성들의 자아에 대한 새로운 상징성을 '다중심적 자아'라고 개념화하고, '키르케에 대한 신화 다시쓰기'에 도전해 보았다.

키르케의 상징성에 나타난 '다중심적 자아'가 지니는 첫 번째의 중심계기는 '욕망하는 자아'이다. 욕망하는 자신의 무의식을 부정하고 추방하는 근대적 자아와는 달리 키르케의 불과 물이 섞인 '비분리성'은 '창녀성'으로 폄하될 것이 아니라 의식과 무의식, 몸과 마음, 상상계와 상징계사이의 틈새 공간을 점유하고 있는 여성자아의 특성으로 해석될 수 있다. 그 안에서 우리는 가부장적 상징계의 통제와 억압을 벗어날 수 있는 틈새의 가능성을 엿볼 수 있으며, 나아가 자아의 '양성성'이 수용될 수 있는 계기도 읽어 낼 수 있다. 두 번째로, 키르케에게서 독특하게 발견되는 '다중심적 자아'는 '타자와의 관계성'을 설명하는 데에서도 근대적 자아와의 결정적인 차이를 보여준다. 근대적 남성자아는 육체적 쾌락을 원하면서도 섹슈얼리티를 매우 혐오하고 도구화하는 모순 속에서 성립된 반면에, 키르케가 보여주는 '관계적 자아'는 자신의 '육체적 욕망과 섹슈얼리티'에 대해 개방적이며 오히려 이를 적극적으로 수용한다. 또한 키르케의 예언에 담긴 '지혜'는 구체적인 타자인 오디세우스에 대한 공감에서 시작하여 그에게 결정적으로 필요한 것들을 전해줌으로써 그를 책임감 있게 배려하고 결국 그를 살려냈으며, 자율적이고도 결단력 있는 행위를 가능케 하는 실천적 지식의 형태를 지닌다.

이러한 맥락에서 '다중심적 자아'는 근대성의 비판과 해체로 인한 '사이' 공간에서 펼쳐지는 여성들의 자아에 대한 다양한 이해가 여러 중심들을 새로이 만들어 내면서도, '여성'이라는 이름으로 다시 묶일 수 있는 상징이 된다. 이로써 키르케의 섬, 그곳은 오디세우스가 자신의 항해에 필요한 식량과 정보를 얻고 아름다운 여인과의 로맨스를 즐기기 위해 제공된 주변공간이 아니라, 여성 스스로가 자신에게 덮여 씌워진 이데올로기를 깨고 '다중심적 자아가 되기' 위한 치열한 틈새 공간임이 밝혀진다.

제6장에서 필자는 『오디세이』와 『페넬로피아드』의 텍스트를 비교 분석함으로써 여성정체성과 주체성의 주제를 다뤘다. 호머의 『오디세이』에서 오디세우스의 아내 페넬로페는 남편의 오랜 부재에도 불구하고 구혼자들을 거절하고 가정을 지켜낸 '정숙한 아내'의 전형으로 그려진다. 이와 달리 『오디세이』를 여성주의적 텍스트로 재구성한 애트우드의 『페넬로피아드』에서 페넬로페와 열두 시녀는 전통적인 내러티브에서 주변화되었던 인물의 재현적 속성에서 벗어나 그들 자신이 쏟아내는 이야기를 통해 자아 및 주체로 새롭게 형성되는 존재들이다.

이 장에서 필자는 오디세우스와의 종속적 연관성 속에서 페넬로페가 지녀왔던 본질주의적 속성, 즉 '정숙한 여성'의 가부장적 전형을 해체하고, '스토리텔링'의 주체로서 페넬로페의 주체 형성 과정을 재구성해 보았다. 그리하여 그녀가 성적인 주도권을 남성들에게 내맡기는 종속적인 존재가 아니라 자율적으로 행위하는 도덕적 주체로서 욕망의 주체이자 성적 주체이며, 그녀의 '수의'에 관한 지략에서 드러나듯이 탁월한 지성을 소유한 주체임을 새로이 해석해냈다. 또한 페넬로페와 오디세우스가 '침대'의 기호를 해독하는 절차를 통해 상호주체성을 구현하고 화해에 이르는 여정을 분석했다. 나아가 그들이 보여주는 남녀 간의 상호주체성에 기반을 둔 화해가 여성들 사이의 닫힌 소통구조로 인한 참담한 희생, 즉 시녀들의 죽음을 초래하는 비극성의 한계를 지니고 있음을 밝혀 보았다.

페넬로페와 시녀들 사이의 참담한 비극은 여성주의 담론이 젠더와 성차의 억압구조만이 아니라 다양한 여성들끼리의 차이와 그 관계에 대한 성찰을 더욱 심도 있게 해나가야 한다는 새로운 요구와 앞으로의 연구 과제를 던져준다. 따라서 여성주체성만이 아니라 진정한 의미의 상호주체성이 확립되기 위해서 여성주의 문화철학은 관계의 축으로서 자아가 각각 주체적인지를 검토할 뿐만 아니라, 더 근본적으로는 그 자아의 권력에 의해 희생되는 주변이 없는지에 대한 각성을 끊임없이 해나가야 한다. 또한 여성들 각자가 자신을 삶의 주체로 형성해가면서도 타자와의 관계를 늘 염두에 두고 그 차이를 충분히 인식하고 또한 인정하는 사유, 즉 상호적으로 부단히 열린 사유에로 나아가는 데에 기여해야 한다.

* * *

21세기에 새로 떠난 '오디세이'의 여행에서 오디세우스가 만난 여성들, 즉 사이렌들, 키르케, 페넬로페와 시녀들 각각의 상징성을 재해석하고 재구성하는 작업은 단지 과거에로 돌아가는 것이 아니라 여성들 각자의 자서전적인 기억을 되살려 오늘날 여기에 존재하는, 21세기의 여성으로서 '내가 누구인지', '내 삶의 주체로서 어떻게 살아야 하는지'를 새롭게 이해는 데에 필수적인 과정이었다. 이처럼 지나온 역사와 기존의 사회·문화에 대한 비판을 통과함으로써 오늘날의 '자아를 위치지우는 작업'situating the Self[1]은 단지 불변하는 진리로서의 '동일성'에 근거를 두고 있는 남성중심적이고 근대적인 자아에 대한 비판과 해체만을 의미하지는 않는다. 이는 오히려 나 자신과 타자가 처해있는 '현실적' 맥락과 상황에 근거하면서도, 과거·현재·미래를 넘나들며 새로운 여성들의 '가능적' 자아를 찾아내는 귀향의 험난하고도 지난한 과정을 부단히 요구한다. 왜냐하면 이러한 작업을 거치면서 여성들의 자아에 대한 왜곡된 이해를 비판함과 동시에 억압으로 인해 여성들이 침묵할 수밖에 없었던 역사를 되돌아보고, "동일성에 대한 타자의 저항"(ND 163)으로서 침묵을 깨고 나오는 여성들의 노래가 지니는 고유한 힘을 회복해야 하기 때문이다. 그리하여 여성주체 각자가 힘찬 아리아를 부르며 떼를 지어 함께 비상하는 사이렌들이 될 때, 쏟아질 듯한 그녀들의 은하수는 끊임없이 새로운 별자리들을 만들어 낼 것이며 어두운 밤하늘에서도 더욱 아름답게 빛날 것이다.

김애령(2002), 「여성 타자의 은유 ─ 니체의 경우 ─」, 철학문화연구소(편), 『철학과 현실』, 제55호, 겨울호, 161~172쪽

김세서리아(2006), 「차이의 철학으로서의 음양론과 '차이-사이'(관계짓기)의 변증법」, 한국철학사상연구회(편), 『시대와 철학』, 제17권, 2호, 7~37쪽

김정현(1995), 「니체에 있어서의 주체·자아와 자기의 문제」, 『철학』, 제44집, 163~185쪽.

김현자(2004), 『신화, 신들의 역사, 인간의 이미지』, 서울: 책세상

김혜숙(1999), 「음양존재론과 여성주의 인식론적 함축」, 한국여성학회(편), 『한국여성학』, 제 15권, 2호, 5~28쪽.

김혜숙(2007), 「여성주의 관점에서 본 다문화주의: 열린 주체 형성의 문제」, 철학연구회(편), 『철학연구』, 제76집, 203~218쪽.

김혜련(2005), 「감정서사에 기반한 여성 주체 형성: 담론의 방법 對 스타일」, 한국미학회(편), 『미학』, 제42집, 1~39쪽.

김화경(2003), 『세계 신화 속의 여성들』, 서울: 도원미디어.

김화경(2007), 「비트겐슈타인과 여성주의가 만난다면? ─ 이론 없는 실천으로서의 글로벌 여성주의의 가능성에 대한 한 모색」, 철학문화연구소(편), 『철학과 현실』, 제74호, 가을호, 164~177쪽.

노성숙(2001), 「주체 속에 있는 자연의 회상」, 한국현상학회(편), 『철학과 현상학 연구』 제16집, 304~331쪽.

노성숙(2002), 「디지털 문화산업과 여성주류화 전망」, 성신여자대학교 한국여성연구소(편), 『여성연구논총』 제3집, 125~149쪽.

노성숙(2003), 「사이렌들과 오디세우스: 비동일적 자아에 대한 철학적 탐색」, 한국 철학회(편), 『철학』 제76집, 289~314쪽.

노성숙(2004a), 「근대적 자아와 다중심적 자아」, 철학연구회(편), 『철학 연구』 제65집, 101~123쪽.

노성숙(2004b), 「여성들의 지식과 진리」, 『여/성이론』, 제11호, 서울: 여이연, 237~258쪽.

노성숙(2005a), 「포스트모더니티와 여성주의에서 본 젠더와 정체성」, 가톨릭대 인간학연구소(편), 『인간연구』, 제8호, 5~39쪽.

노성숙(2005b), 「신화를 통해 본 여성 주체의 형성: 『바리공주』 텍스트분석을 중심으로」, 한국여성학회(편), 『한국여성학』, 제 21권, 2호, 5~37쪽.

노성숙(2006a), 「아도르노의 모더니티 극복과 칸트의 유산」, 한국칸트학회(편), 『칸트연구』, 제16집 2호, 267~302쪽.

노성숙(2006b), 「이야기로 풀어내는 주체성」, 한국 현상학회(편), 『철학과 현상학 연구』 제29집, 115~145쪽

노성숙(2007a), 「아도르노의 모더니티 극복과 여성주체성」, 한국여성철학회(편), 『한국여성철학』, 제7권, 87~114쪽.

노성숙(2007b), 「아도르노의 모더니티 비판과 타자로서의 여성성」, 가톨릭대 인간학연구소(편), 『인간연구』, 제13권, 146~170쪽.

동아시아고대학회 편(2003), 『동아시아 여성신화』, 서울: 집문당.

박희경(2002), 「어떻게 우리는 여자, 혹은 남자인가?: 독일 내 젠더 논의에 있어서 몸과 육체」, 『한국 여성학』 18권 2호, 107~135쪽.

백종현(2001), 「문화」, 우리사상연구소(엮음), 『우리말 철학사전』, 서울: 지식산업사, 39~62쪽.

신경원(2004), 『니체, 데리다, 이리가레의 여성』, 서울: 소나무.

신옥희(2003), 「성과 젠더, 그리고 페미니즘」, 철학연구회(편), 『성과 철학』, 서울: 철학과 현실사, 23~43쪽.

이상화(1998), 「페미니즘과 차이의 정치학」, 철학문화연구소(편), 『철학과 현실』, 제38호, 가을호, 181~196쪽.

이수자(2004), 『후기 근대의 페미니즘 담론』, 서울: 여이연

이숙인(1999), 「유교의 관계윤리에 대한 여성주의적 해석」, 한국여성학회(편), 『한국여성학』, 제 15권, 1호, 39~69쪽.

이승환(2002), 「몸, 신체, 육체」, 우리사상연구소(엮음), 『우리말 철학사전 2』, 서울: 지식산업사, 7~28쪽.

이재인(2004), 「서사방법론과 여성주의 연구」, 『여/성이론』, 제10호, 서울: 여이연, 243~171쪽.

이정은(2001), 「여성의 '침묵'과 목소리」, 한국철학사상연구회(편), 『시대와 철학』, 제12권, 1호, 177~205쪽.

이종하(2006), 「남성적 계몽의 해석학: 아도르노의 여성(문제) 이해」, 철학연구회(편), 『철학연구』, 제74집, 63~85쪽.

이진우(1997), 『도덕의 담론』, 서울: 문예출판사.

이진우(1998), 『이성은 죽었는가: 포스트모더니즘의 철학』, 서울: 문예출판사.

이현재(2005), 「여성주의적 정체성과 인정이론」, 한국철학사상연구회(편), 『시대와 철학』, 제16권, 1호, 63~84쪽.

이현재(2007), 「인간의 자기한계 인식과 여성주의적 인정윤리: 주디스 버틀러의 『윤리적 폭력비판』을 중심으로」, 한국여성학회(편), 『한국여성학』, 제23권, 2호, 111~141쪽.

장영란(2001), 『신화 속의 여성, 여성 속의 신화』, 서울: 문예출판사

장필화 외(2002), 『정보매체의 지구화와 여성』, 서울: 이화여대 출판부

조옥라(2000), 「21세기 한국 여성노동의 잠재성과 한계」, 한국 여성연구원(편), 『동아시아의 근대성/세계화와 여성』, 한·중·일 국제학술대회 발표문(2000. 6. 9)

조혜자(2002), 『여성, 존재인가 과정인가: 여성심리 이론과 실제』, 서울: 철학과 현실사.

진명석(1997), 「예술의 상품성비판」, 『문예미학 3: 맑스와 현대』, 대구: 문예미학사, 71~103쪽.

최재천(2003), 『여성시대에는 남자도 화장을 한다』, 서울: 궁리

태혜숙(2001), 『탈식민주의 페미니즘』, 서울: 여이연.

한석종(2000), 「프란츠 카프카의 단편 "사이렌의 침묵"에 나타난 신화적 요소」, 한국독일어문학회(편), 『독일어 문학』 제11집, 347~378쪽.

허라금(1995), 「여성주의적 '자율성' 개념을 위한 시론」, 한국 여성학회(편), 『한국여성학』 제11집, 7~26쪽.

현남숙(2007a), 「문화적 헤게모니와 동의조건」, 한국철학사상연구회(편), 『시대와 철학』, 제18권, 2호, 153~181쪽.

현남숙(2007b), 「여성주의 문화에서 감정의 중요성」, 한국여성철학회(편), 『한국 여성철학』, 제7권, 189~213쪽.

그로츠, 엘리자베스(2000), 『뫼비우스 띠로서의 몸』, 임옥희(역), 서울: 여이연.

기든스, 앤소니(2001), 『현대성과 자아정체성』, 권기돈(역), 서울: 새물결.

길리건, 캐롤(1982), 『다른 목소리로』, 서울: 철학과 현실사.

데리다, 자크(1997), 『다른 곶』, 김다은/이혜지(역), 서울: 동문선.

데리다, 자크(1998), 『에쁘롱』, 김다은/황순희(역), 서울: 동문선.

라마자노글루, 카롤라인 외(1998), 『푸코와 페미니즘』, 최영 외(역), 서울: 동문선.

리오타르, 장-프랑수아(1992), 『포스트모던의 조건: 정보 사회에서의 지식의 위상』, 이현복(역), 서울: 서광사.

마이어, 우줄라 I.(2006), 『여성주의철학 입문』, 송안정(역), 서울: 철학과 현실사.

모리스, 팸(1999), 『문학과 페미니즘』, 강희원(역), 서울: 문예출판사.

볼린, 진 시노다(1996), 『우리 안에 있는 여신들』, 조주현 · 조명덕(역), 서울: 또 하나의 문화

브라이도티, 로지(2004), 『유목적 주체』, 박미선(역), 서울: 여이연.

사에구사 가즈코(2002), 『여성을 위한 그리스 신화』, 한은미(역), 서울: 시아출판사.

식수, 엘렌(2004), 『메두사의 웃음/출구』, 박혜영(역), 서울: 동문선.

애트우드, 마거릿(2005), 『페넬로피아드』, 김진준(역), 서울: 문학동네.

에이락시넨, 티모(1997), 『사드의 철학과 성윤리』, 박병기 · 장정렬(역), 서울: 인간사랑.

위던, 크리스(1993), 『여성 해방의 실천과 후기 구조주의 이론』, 조주현(역), 서울: 이대출판부.

재거, 앨리슨 & 영, 아이리스 마리온(편)(2005), 『여성주의 철학』2, 한국여성철학회(역), 서울: 서광사.

제이, 마틴(2000), 『아도르노』, 서창렬(역), 서울: 시공사.

폰 브라운, 크리스티나 & 슈테판, 잉에(편)(2002), 『젠더연구』, 탁선미 외(역), 서울: 나남.

호메로스(2002), 『오디세이』, 천병희(역), 서울: 단국대학교 출판부.

Adorno, T. W. & Horkheimer, M.(1984), *Dialektik der Aufklärung. Philosophische Fragmente, Gesammelte Schriften*, Bd. 3, Frankfurt a. M.: Suhrkamp.

Adorno, T. W.(1972), *Ästhetische Theorie, Gesammelte Schriften* Bd. 7, Frankfurt a. M.: Suhrkamp.

Adorno, T. W.(1973), *Philosophische Terminologie*, Bd. 1, Frankfurt a. M.: Suhrkamp.

Adorno, T. W.(1974), *Philosophische Terminologie*, Bd. 2, Frankfurt a. M.: Suhrkamp.

Adorno, T. W.(1974), "Über epische Naivität", *Noten zur Literatur, Gesammelte Schriften*, Bd. 11, Frankfurt a. M.: Suhrkamp.

Adorno, T. W.(1977), "Anmerkungen zum philosophischen Denken", *Kulturkritik und Gesellschaft I, Gesammelte Schriften* Bd. 10/2, Frankfurt a. M.: Suhrkamp,

Adorno, T. W.(1977), *Negative Dialektik, Gesammelte Schriften*, Bd. 6, Frankfurt a. M.: Suhrkamp.

Adorno, T. W.(1979), *Minima Moralia: Reflexionen aus dem beschädigten Leben*, Gesammelte Schriften, Bd. 4, Frankfurt a. M.: Suhrkamp.

Adorno, T. W.(1990b), "The Curves of the Needle", T. Y. Levin(tr.) *October*, 55.

Alcoff, L.(1988), "Cultural Feminism versus Post-Structuralism: The Identity Crisis in Feminist Theory", *Signs: Journal of Women in Culture and Society*, vol. 13(3), Chicago: The University of Chicago Press, pp. 405~436.

Arnold, M.(1961), *Culture and Anarchy*, London: Cambridge University Press.

Barrett, M.(1992), "Words and Things: Materialism and Method in Contemporary Feminist Analysis", M. Barrett and A. Phillipis(ed.), *Destabilizing Theory: Contemporary Feminist Debates*, Cambridge: Polity Press.

Bartky, S. L.(1997), "Sympathy and Solidarity: On a Tightrope with Scheler", D. T. Meyers(ed.), *Feminists Rethink the Self,* Boulder: Westview Press, pp. 177~196.

Baudrillard, J.(1988), *America*, London: Verso

Becker-Schmidt, R.(1987), "Frauen und Deklassierung. Geschlecht und Klasse", U. Beer(ed.), *Klasse Geschlecht: Feministische Gesellschaftsanalyse und Wissenschaftskritik*, Bielefeld: AJZ-Verlag, pp. 187~235.

Becker-Schmidt, R.(1999), "Critical Theory as a Critique of Society: Theodor W. Adorno's Significance for a Feminist Sociology", *Adorno, Culture and Feminism*, M. O'Neill(ed.), London: SAGE Publications, pp. 104~118.

Behler, D. (1993), "Nietzsche and Postfeminism", *Nietzsche Studien*, Bd. 22, Berlin: Walter de Gruyter. pp. 355~370.

bell hooks(1991), *Yearning: Race, Gender and Cultural Politics*, Boston: South End Press.

Benhabib, S. & Cornell, D.(1987), *Feminism as Critique*, Oxford: University of Minnesota Press.

Benhabib, S. & Nicholson, L.(1988), "Politische Philosophie und die Frauenfrage" I. Fetscher and H. Münkler(ed.), *Pipers Handbuch der Politischen Ideen*, Vol. 5, München: Piper, pp. 513~562.

Benhabib, S.(1992), *Situating the Self: Gender, Community and Postmodernism in Contemporary Ethics*, Cambridge: Polity Press.

Benhabib, S.(1999), "Sexual Difference and Collective Identities: The New Global Constellation", *Signs: Journal of Women in Culture and Society*, vol. 24(2), Chicago: The University of Chicago Press, pp. 335~361.

Benjamin, W.(1980), "Über den Begriff der Geschichte", *Gesammelte Schriften*, Bd. I.2. Frankfurt a. M.: Suhrkamp, pp. 691~704.

Braidotti, R.(1991), *Patterns of Dissonance: A Study of Women in Contemporary Philosophy*, E. Guild(tr.), Cambridge: Polity Press.

Braidotti, R.(1994), *Nomadic Subjects: Embodiment and Sexual Difference in Contemporary Feminist Theory*, New York: Columbia University Press.

Brison, S. J.(1997), "Outliving Oneself: Trauma, Memory, and Personal Identity", D. T. Meyers(ed.), *Feminists Rethink the Self*, Boulder: Westview Press, pp. 12~39.

Butler, J.(1990), *Gender Trouble: Feminism and the Subversion of Identity*, New York: Routledge.

Butler, J.(1997), *Körper von Gewicht: Die diskursiven Grenzen des Geschlechts*, Frankfurt a. M.: Suhrkamp.

Cheng, S.(1999), "Fremdwörter as 'The Jews of Language' and Adorno's Politics of Exile", *Adorno, Culture and Feminism*, M. O'Neill(ed.), London: SAGE

Publications, pp. 75~103.

Clayton, B.(2004). *A Penelopean Poetics: Reweaving the Feminine in Homer's "Odyssey"*, Lanham: Lexington Books.

Comay, R.(2006), "Adorno's Siren Song", R. Heberle(ed.), *Feminst Interpretations of Theodor Adorno*, Pennsylvania: The Pennsylvania State University Press, pp. 41~67.

Di Stefano, C.(1990), "Dilemmas of Difference: Feminism, Modernity and Postmodernism", L. Nicholson(ed.), *Feminism / Postmodernism*, New York: Routledge, pp. 63~82.

Eliot, T. S.(1949), *Notes towards the Definition of Culture*, London: Faber and Faber Limited.

Engh, B.(1994), "Adorno and the Sirens: tele-phono-graphic bodies", L. C. Dunn & N. A. Jones(ed.), *Embodied Voices: Representing Female Vocality in Western Culture*, London: Cambridge University Press. pp. 120~137.

Felski, R.(1995), *The Gender of Modernity*, Cambridge: Harvard University Press.

Felson, N.(1997), *Regarding Penelope: From Character to Poetics*, Norman: University of Oklahoma Press.

Foley, H. P.(1995), "Penelope as Moral Agent", B. Cohen(ed.), *The Distaff Side: Representing the Female in Homer's "Odyssey"*, New York: Oxford University Press, pp. 93~115.

Fraser, N. & Nicholson, L.(1990), "Social Criticism Without Philosophy: An Encounter Between Feminism and Postmodernism", L. Nicholson(ed.), *Feminism / Postmodernism*, New York: Routledge, pp. 19~38.

Fraser, N.(1992), "The Uses and Abuses of French Discourse Theories for Feminist Politics", *Theory, Culture and Society*, vol. 9(1), pp. 51~71.

Gatens, M.(1986), "Feminism, Philosophy and Riddles Without Answers", C. Pateman and E. Grosz(ed.), *Feminist Challenges: Social and Political Theory*, NSW: Allen & Unwin, pp. 13~29.

Gatens, M.(1998), "Modern Rationalism", A. M. Jaggar and I. M. Young(ed.), *A Companion to Feminist Philosophy*, Malden: Blackwell, pp. 21~29.[모이라 게이튼스(1998), 「근대합리론」, 앨리슨 M 재거 & 아이리스 마리온 영(편),

『여성주의철학』 1, 한국여성철학회(옮김), 47~58쪽]

Geuss, R.(2005), "Leiden und Erkennen (bei Adorno)", A. Honneth(ed.), Dialektik der Freiheit, Frankfurt a. M.: Suhrkamp, pp. 41~52.

Geyer-Ryan, H./ Lethen, H.(1987), "Von der Dialektik der Gewalt zur 'Dialektik der Aufklärung'. Eine Re-Vision der 'Odysse'", W. v. Reijen/ G. S. Noerr(ed.), Vierzig Jahre Flaschenpost: Dialektik der Aufklärung 1947~1987, Frankfurt a. M.: Fischer Tachenbuch Verlag. pp. 41~72.

Griffiths, M.(1995), Feminism and the Self: The Web of Identity, London: Routledge.

Grosz, E.(1989), Sexual Subversion: Three French Feminists, Sydney: Allen & Unwin.

Grosz, E.(1995), Space, Time, Perversion, New York: Routledge.

Guzzoni, U.(1981), Identität oder nicht: Zur Kritischen Theorie der Ontologie, Freiburg i. Br.: Alber Verlag.

Guzzoni, U.(1990), Wege im Denken: Versuche mit und ohne Heidegger, Freiburg i. Br.: Alber.

Guzzoni, U.(2003), Sieben Stücke zu Adorno, Freiburg i. Br.: Verlag Karl Aber.

Habermas, J.(1988), Der philosophische Diskurs der Moderne, Frankfurt a. M.: Suhrkamp.

Harter, S.(1997), "The Personal Self in Social Context: Barriers to Authenticity", R. Ashmore & L. Jussim(ed.), Self and Identity, New York: Oxford, pp. 81~105.

Hartsock, N.(1990), "Foucault on Power: A Theory for Women?", L. Nicholson (ed.), Feminism / Postmodernism, New York: Routledge, pp. 157~175.

Heberle, R.(2006), "Living with Negative Dialectics: Feminism and the Politics of Suffering", R. Heberle(ed.), Feminst Interpretations of Theodor Adorno, Pennsylvania: The Pennsylvania State University Press, pp. 217~231.

Hegel, G. W. F.(1970), Phänomenologie des Geistes, Werke in zwanzig Bänden, Bd. 3, Frankfurt am Main: Suhrkamp.

Hegel, G. W. F.(1990), Jenaer Schriften 1801~1807, Werke in zwanzig Bänden, Bd. 2, Frankfurt a. M.: Suhrkamp.

Homer(1980), *Odysee*, J. H. Voβ (tr.), Basel: Diogenes.

hooks, b.(1991), *Yearning: Race, Gender and Cultural Politics*, Boston: South End Press.

Horkheimer, M. (1990), "Die Revolte der Natur", *Zur Kritik der instrumentellen Vernunft*, Frankfurt a. M.: Fischer.

Hull, C. L.(1997), "The need in thinking: Materiality in Theodor W. Adorno and Judith Butler, Radical philosophy group(ed.) *Radical Philosophy*, Vol. No. 84, pp. 22~35.

Irigaray, L.(1985), *The Speculum of the Other Woman*, Gillian C. Gill(tr.), New York: Cornell University Press.

Kafka, F.(1982), *Sämtliche Erzählungen*, P. Raabe(ed), Frankfurt a. M.: Fischer Verlag

Kant, I.(1975), *Die Metaphysik der Sitten*, W. Weischedel(Hg.), *Werke in zehn Bänden*, Bd. 7, Darmstadt: Wissenschaftliche Buchgesellschaft.

Kant, I.(1983), "Beantwortung der Frage: Was ist Aufklärung?", W. Weischedel (Hg.), *Werke in zehn Bänden*, Bd. 9, Darmstadt: Wissenschaftliche Buchgesellschaft.

Kaplan, E. A.(1988), *Postmodernism and its Discontents: Theories, Practices*, E. A. Kaplan(ed.), London: Verso.

Katz, A.(1991), *Penelope's Renown: Meaning and Indeterminacy in the "Odyssey"*, Princeton: Princeton University Press.

Knapp, G. A.(1999), "Fragile Foundations, Strong Traditions, Situated Questioning: Critical Theory in German-speaking Feminism", M. O'Neill(ed.), *Adorno, Culture and Feminism*, London: SAGE Publications, pp. 119~140.

Kristeva, J.(1980), "Woman can never be defined", E. Marks and I. de Courtivron (ed.), *New French Feminism*, Amherst: The University of Massachusetts Press, pp. 137~141.

Kristeva, J.(1987), *Tales of Love*, L. Roudiez(tr.), New York: Columbia University Press.

Kulke, C.(1989), "Die Kritik der instrumentellen Rationalität - ein männlicher Mythos", H. Kunneman/ H. Vires(ed.), *Die Aktualität der "Dialektik der Aufklärung"*, Frankfurt a. M.: Campus, pp. 128~149.

Lloyd, G. (1984), *The Man of Reason: 'Male' and 'Female' in Western Philosophy*, London: Methuen.

Lloyd, G.(1993), "Maleness, Metaphor and the Crisis of Reason", L. Antony & C. Witt(ed.), *A Mind of One's Own: Feminist Essays on Reason and Objectivity*, Boulder: Westview Press, pp. 69~83.

MacCannell, J. F.(1999), "Adorno: The Riddle of Feminity", M. O'Neill(ed.), *Adorno, Culture and Feminism*, London: SAGE Publications, pp. 141~160.

Marshall, B. L.(1994), *Engendered Modernity-Feminism, Social Theory and Social Change*, Cambridge: Polity Press.

Martin, B.(1992), "Sexual Practice and Changing Lesbian Identities", M. Barrett & A. Phillips(ed.) *Destabilizing Theory: Contemporary Feminist Debate*, Cambridge: Polity Press, pp. 93~119.

McRobbi, A.(1994), *Postmodernism and Popular Culture*, New York: Routledge.

Milner, A.(1994), *Contemporary Cultural Theory*, London: UCL Press.

Mitchell, J.(1974), *Psychoanalyse and Feminism: Freud, Reich, Laing and Women*, New York: Pantheon.

Mohanty, C. T.(1995), "Under Western Eyes: Feminist Scholarship and Colonial Discourses", A. Ashcroft, G. Griffiths & H. Tiffin(ed.), *The Post- Colonial Studies Reader*, London: Routledge, pp. 259~263.

Moody-Adams, M. M.(1998), "Self/Other", A. M. Jaggar & I. M. Young(ed.), *A Companion to Feminist Philosophy*, Malden: Blackwell, pp. 255~262. [미셸 무디-아담스(1998), 「자아/타자」, 앨리슨 M 재거 & 아이리스 마리온 영(편), 『여성주의철학』 1, 한국여성철학회(옮김), 357~366쪽]

Nagl-Docekal, H.(1998), "Modern Moral and Political Philosophy", A. M. Jaggar & I. M. Young(ed.), *A Companion to Feminist Philosophy*, Malden: Blackwell, pp. 58~65.[헤르타 나글 도체칼(1998), 「현대의 도덕철학과 정치철학」, 앨리슨 M 재거 & 아이리스 마리온 영(편), 『여성주의철학』 1, 한국여성철학회(옮김), 97~106쪽]

Nelson, K.(1996), *Language in Cognitive Development: The Emergence of the Mediated Mind*, NY: Cambridge U. Press.

Nho, S.(2000), *Die Selbstkritik und "Rettung" der Aufklärung: Untersuchungen zum Begriff der Aufklärung in der "Dialektik der Aufklärung" von Adorno und Horkheimer*, Frankfurt a. M.: Peter Lang.

Nietzsche, F.(1997), *Fröhliche Wissenschaft, Werke in drei Bänden*, Bd. 2, Darmstadt: Wissenschaftliche Buchgesellschaft.

Nietzsche, F.(1999), *Also Sprach Zarathustra, Kritische Studienausgabe*, Bd. 4, München: Deutscher Taschenbuch Verlag.

Noerr, G. S.(1990), *Das Eingedenken der Natur im Subjekt*, Darmstadt: Wissenschaftliche Buchgesellschaft.

O'Neill, M.(1999), "Adorno and Women: Negative Dialectics, Kulturkritik and Unintentional Truth," M. O'Neill(ed.), *Adorno, Culture and Feminism*, London: SAGE Publications, pp. 21~40.

Politzer, H.(1968), *Das Schweigen der Sirenen: Studien zur deutschen und österreichen Literatur*, Stuttgart: J. B. Metzlerische Verlagsbuchhandlung.

Scheich, E. (1988), "Denkverbot über Frau und Natur - Zu den strukturellen Verdrängungen des naturwissenschaftlichen Denkens", C. Kulke(ed.), *Rationaliät und sinnliche Vernunft: Frauen in der patriachalen Realität*, Pfaffenweiler: Centaurus-Verl.-Ges. pp. 72~89.

Schein, S. L.(1995), "Female Representations and Interpreting the *Odyssey*", B. Cohen(ed.), *The Distaff Side: Representing the Female in Homer's "Odyssey"*, New York: Oxford University Press, pp. 17~27.

Schnädelbach, H.(1983), "Dialektik als Vernunftkritik: Zur Konstruktion des Rationalen bei Adorno," L. Friedeburg und J. Habermas(Hg.), *Adorno-Konferenz 1983*, Frankfurt a. M.: Suhrkamp, pp. 66~93.

Schrader, W. H.(1995), "Selbst", *Historisches Wörterbuch der Philosophie*, Bd. 9, Darmstadt: Wissenschaftliche Gesellschaft, p. 292~305.

Spivak, G. C.(1997), "Displacement and the Discourse of Woman", N. J. Holland & P. Huntington(ed.), *Feminist Interpretations of Friedrich Nietzsche*, Pennsylvania: The Pennsylvania State University Press, pp. 43~71.

Spivak, G.(1990), *The post-Colonial Critic: Interviews, Strategies, Dialogues*, S. Harasym(ed.), New York: Routledge.

Stephan, I.(2002), "Wiederkehr des Mythischen: Männerphantasien im Zeitalter der Globalisierung", 한국 여성연구원(편), 『지구화 시대의 젠더, 민족국가 그리고 재현의 정치학』, '젠더연구' 국제심포지엄 발표문(2002. 9. 12).

Taylor, C.(1996), *Quellen des Selbst: Die Entstehung der neuzeitlichen Identität*, Frankfurt a. M.: Suhrkamp.

Thyen, A.(1989), *Negative Dialektik und Erfahrung. Zur Rationalität des Nichtidentischen bei Adorno*, Frankfurt a. M.: Suhrkamp.

Walker, M. W.(1997), "Picking Up Pieces: Lives, Stories, and Integrity", D. T. Meyers(ed.), *Feminists Rethink the Self*, Boulder: Westview Press, pp. 62~84.

Wang, Q.(2001), "Culture Effects on Adults' earliest Childhood Recollection and Self-description: Implications for the Relation between Memory and the Self", *Journal of Personality and Social Psychology*, 81(2), pp. 220~233.

Weedon, C.(1998), "Postmodernism", A. M. Jaggar and I. M. Young(ed.), *A Companion to Feminist Philosophy*, Malden: Blackwell, pp. 75~83.[크리스 위던 1998), 「포스트모더니즘」, 앨리슨 M 재거 & 아이리스 마리온 영(편), 『여성주의철학』 1, 한국여성철학회(옮김), 119~131쪽]

Wehrli, B.(1998), *Wenn die Sirenen schweigen: Gender Studies. Intertext im Kontext*, Würzburg: Königshausen & Neumann.

Whitford, M.(1991), *Luce Irigary: Philosophy in the Feminine*, London: Routledge.

Williams, R.(1977), *Marxism and Literature*, Oxford: Oxford University Press.

Williams, R.(1983), *Keywords*, London: Fontana.

Wolff, J.(1989), "The invisible fâneuse: women and the literature on modernity", A. Benjamin(ed.), *The Problems of Modernity: Adorno and Benjamin*, London: Routledge, pp. 141~156.

Yeatman, A.(1990), "A Feminist Theory of Social Differentiation", L. Nicholson (ed.), *Feminism / Postmodernism*, New York: Routledge, pp. 281~299.

Yeatman, A.(1993), "Voice and Representation in the Politics of Difference", S. Gunew & A. Yeatman(ed.), *Feminism and the Politics of Difference*, NSW: Allen& Unwin, pp. 228~245.

Yeatman, A.(1994), *Postmodern Revisionings of the Political*, New York: Routledge.

Yeatman, A.(1995), "Justice and Sovereign Self", M. Wilson & A. Yeatman (ed.), *Justice and Identity: Antipodean Practices*, NSW: Allen & Unwin.

Young, I. M.(1990), *Justice and the Politics of Difference*, Princeton: Princeton University Press.

Zeitlin, F. I.(1995), "Figuring Fidelity in Homer's *Odyssey*", B. Cohen(ed.), *The Distaff Side: Representing the Female in Homer's "Odyssey"*, New York: Oxford University Press, pp. 117~152.

후주

서론

1 보드리야르는 "미학과 고상한 가치들이 키취와 하이퍼리얼리티 속으로 사라지고
(……) 역사와 실제적인 것이 텔레비주얼한 것 속으로 사라지는 것"이 곧 포스트
모더니티의 특징이라고 주장한다(J. Baudrillard(1988), *America*, London: Verso,
p. 101).

2 "여성의 주류화는 여성이 남성과 동등하게 참여할 것을 보장하는 정치적인 의
미를 가진 개념이다. 또한 이는 그저 여성들의 양적인 확산만을 기대하는 데에
그치는 것이 아니다. 우선 여성의 주류화는 지금까지의 역사에서 소외되었고
주변으로 밀려나 있던 여성들이 중심에 나섬과 동시에 새로운 흐름을 형성하는
것을 의미한다." (노성숙(2002), 「디지털 문화산업과 여성주류화 전망」, 『여성
연구논총』 제3집, 성신여자대학교 한국여성연구소, 149쪽)

3 브라이도티에 의하면 근대성의 위기, 포스트구조주의, 여성주의가 거의 동시적
으로 발생하였지만 철학은 여전히 '성차'를 사고해내지 못하고 있기 때문에 여
성과 철학은 '불협화음'을 낼 수밖에 없다고 말한다. 따라서 그녀는 자아와 주
체의 육체적 뿌리를 보다 적극적으로 사유해야 한다고 역설한다. (R. Braidotti
(1991), *Patterns of Dissonance: A Study of Women in Contemporary Philosophy*,
E. Guild(tr.), Cambridge: Polity Press, p. 14)

4 전유의 사전적인 의미는 '독차지함', '독점'의 의미이고, 일반적으로 자기 혼자
만 사용하기 위해 흔히 허가 없이 어떤 것을 차지하는 행위를 말한다. 그러나
문화연구(cultural studies)에서 전유는 어떤 형태의 문화자본을 수용한 뒤, 그
문화자본의 원래 소유자에게 적대적이도록 만드는 행동을 의미한다. 또한 현대
문화연구에서 '재전유(reappropriation)'는 문화비평의 용어로 재의미작용이나
브리콜라주(bricolage)와 같은 의미로 쓰인다. 이는 어떤 기호가 놓인 맥락을

변경함으로써 그 기호를 다른 기호로 작용하게 하거나 다른 의미로 바뀌게 하는 행위를 수반한다.

5   최근에는 이러한 구분 역시 문제시 된다. 왜냐하면 "생물학적-의학적 성 규정 방법들 역시 법체계에 결부된 사회적 관행들"이며, 따라서 "섹스, 즉 생물학적 성 귀속성 자체도 하나의 사회적 구성물"이라고 볼 수 있기 때문이다. (크리스티나 폰 브라운·잉에 슈테판(편)(2002), 『젠더연구』, 탁선미 외(역), 서울: 나남, 362쪽)

6   한국의 IMF 경제위기상황 속에서 1980년대 중반에 정규직을 갖게 된 여성들이 첫 정리해고의 대상이 되었으며, 1998년 초 여성의 실업률은 남성의 두 배나 되었다. 또한 여성들의 고용형태에서도 정규직에서 비정규직으로의 전환이 증가했다. (조옥라(2000), 「21세기 한국 여성노동의 잠재성과 한계」, 한국 여성연구원(편), 『동아시아의 근대성/세계화와 여성』, 한·중·일 국제학술대회 발표문 (2000. 6. 9), 38쪽)

7   간혹 생물학적 성에 대한 여성친화적인 관점에서 여성이 얼마나 우월한지를 특히 다른 동물들에 대한 비유를 통해 설명하기도 한다. (최재천(2003), 『여성시대에는 남자도 화장을 한다』, 서울: 궁리) 그러나 이러한 사회생물학적 연구는 사회·문화적으로 여성을 억압하는 구조와 현실이 왜 생물학적 실재와 달리 나타날 수밖에 없는지를 다시금 설명하지 않으면 안 된다. 또한 생물학에서 전제로 하기 쉬운 자연주의 오류에 빠지지 않으면서, 어떻게 하면 여성주의와 화해에 이를 수 있는지를 더욱 고민해야 한다.

8   백종현(2001), 「문화」, 『우리말 철학사전』, 서울: 지식산업사, 40~41쪽.

9   M. Arnold(1961), *Culture and Anarchy*, London: Cambridge University Press, p. 11.

10 M. Arnold(1961), op. cit., p. 48.

11 T. S. Eliot(1949), *Notes towards the Definition of Culture*, London: Faber and Faber Limited, p. 120.

12 R. Williams(1983), *Keywords*, London: Fontana, p. 87.

13 R. Williams(1977), *Marxism and Literature*, Oxford: Oxford University Press, p. 126.

14 R. Williams(1977), op. cit., pp. 133~134.

15 현남숙은 가부장적 문화에 대항하는 여성주의 문화(feminist culture)를 여성 문화(female culture)와 여성적 문화(feminine culture)로부터 명시적으로 구분한다. 즉 여성주의 문화는 "여성의 사회적 차별에 저항하는 문화적 실천들"이고, 여성문화는 "여성의 몸에 기반한, 즉 생리, 임신과 출산에서 공유하는" 것이며, 여성적 문화는 "여성으로 양육되고 교육받고 사회화되면서 갖게 된 특징에서 비롯되는 문화"를 의미한다. 나아가 여성주의 문화의 예로서 여성주의적 탈식민문화, 여성 퀴어문화, 여성 관객문화를 들고 있다. (현남숙(2007a), 「문화적 헤게모니와 동의조건」, 한국철학사상연구회(편), 『시대와 철학』, 제18권, 2호, 170~174쪽)

16 A. Milner(1994), *Contemporary Cultural Theory*, London: UCL Press, pp. 105~106.

17 E. A. Kaplan(1988), *Postmodernism and its Discontents: Theories, Practices*, E. A. Kaplan(ed.), London: Verso, p. 4.

18 진명석은 포스트모더니즘을 "현대 소비자본주의의 상품화논리를 완전히 체내화한 논리"라고 주장한다. (진명석(1997), 「예술의 상품성비판」, 『문예미학 3: 맑스와 현대』, 대구: 문예미학사, 91쪽)

19 베커-슈미트는 차이와 평등에 대한 여성주의의 주장이 각각 동일성논리에 의해 일방적으로 구성될 수 있으므로, 이를 아도르노의 시각에서 방법론적으로 비판해야 한다고 주장한다. (R. Becker-Schmidt(1999), "Critical Theory as a Critique of Society: Theodor W. Adorno's Significance for a Feminist Sociology", *Adorno, Culture and Feminism*, M. O'Neill(ed.), London: SAGE Publications, p. 105)

20 신옥희(2003), 「성과 젠더, 그리고 페미니즘」, 철학연구회(편), 『성과 철학』, 철학과 현실사, 39쪽.

21 T. W. Adorno(1977), *Negative Dialektik,* Gesammelte Schriften, Bd. 6, Frankfurt a. M.: Suhrkamp, p. 21. (이하 ND로 약칭)

22 윌리엄스의 문화 개념이 여성주의에 시사하고 있는 의미에 대해서는 아래 참고. (노성숙외(2002), 『정보매체의 지구화와 여성』, 서울: 이화여대 출판부, 228~229쪽)

23 현남숙은 감정에 대한 윌리엄스와 재거의 논의를 바탕으로, 감정이 가부장적

문화의 대항문화로서 여성주의 문화에 대해 갖는 중요성을 검토한다. 그녀에 따르면, "문화적 저항의 자리로서 감정은, 인간의 원초적 감정이라기보다는 역사적 경험을 통해 갖게 된 판단에 매개된 것", "역사적 · 사회적 선판단을 가진 느낌"으로, 특히 '금지된 감정'은 저항적 주체의 전복적인 성격을 지닌다.(현남숙(2007b), 「여성주의 문화에서 감정의 중요성」, 한국여성철학회(편), 『한국여성철학』, 제7권, 205쪽)

24 E. Grosz(1989), *Sexual Subversion: Three French Feminists*, Sydney: Allen & Unwin, p. 234.

25 사에구사 가즈코(2002), 『여성을 위한 그리스 신화』, 한은미(역), 서울: 시아출판사. 동아시아고대학회 편(2003), 『동아시아 여성신화』, 서울: 집문당. 김화경(2003), 『세계 신화 속의 여성들』, 서울: 도원미디어.

26 진 시노다 볼린(1996), 『우리 안에 있는 여신들』, 조주현·조명덕(역), 서울: 또하나의 문화. 장영란(2001), 『신화 속의 여성, 여성 속의 신화』, 서울: 문예출판사.

27 김현자(2004), 『신화, 신들의 역사, 인간의 이미지』, 서울: 책세상, 183쪽.

28 김현자(2004), 앞의 책, 203쪽.

29 김현자(2004), 앞의 책, 263쪽.

1장

1 필자는 예술 사조로서 '포스트모더니즘' 내지 프랑스를 중심으로 하는 협의의 '포스트모더니즘' 철학과 모더니티에 대한 철학적 반성으로서 좀 더 폭넓은 의미의 '포스트모더니티'를 구분해야 한다고 생각한다. 왜냐하면 양자가 겨냥하고 있는 문제설정의 폭, 수준, 대상이 일치한다고 할 수는 없으며, 나아가 양자의 관계에 대해서도 숙고해 볼 필요가 있기 때문이다. 또한 포스트모더니즘은 모더니즘과의 연관성을, 포스트모더니티는 모더니티와의 연관성을 논하지 않을 수 없다. 예술사조로서 '포스트모더니즘'은 1960년대 이후에 건축과 문학을 중심으로 모더니즘과 상반되는 특징을 갖는 새로운 예술양식들을 의미한다. 또한 좁은 의미의 철학적 포스트모더니즘은 프랑스 포스트구조주의와 해체주의를 말한다. 이에 비해서 철학사적인 맥락에서 볼 때, '모더니티'는 데카르트로부터 시작되어 헤겔에게서 완성되었다고 할 수 있으며, 이러한 '모더니티'를 적극적

으로 비판함으로써 포스트모더니티 철학의 밑거름을 마련한 철학자는 바로 니체라 할 수 있다.

2 W. H. Schrader(1995), "Selbst", *Historisches Wörterbuch der Philosophie*, Bd. 9, Darmstadt: Wissenschaftliche Gesellschaft, p. 292.

3 G. Lloyd(1984), *The Man of Reason. 'Male' and 'Female' in Western Philosophy*, London: Methuen, p. 45.

4 M. Gatens(1998), "Modern Rationalism", A. M. Jaggar & I. M. Young(ed.), *A Companion to Feminist Philosophy*, Malden: Blackwell, p. 23.

5 S. J. Brison(1997), "Outliving Oneself: Trauma, Memory, and Personal Identity", T. Meyers(ed.), *Feminists Rethink the Self*, Boulder: Westview Press, p. 15.

6 로이드는 이성과 성차를 둘러싸고 있는 상징적 개념들의 연계망이 여성과 이성 간의 대립을 확인시키는 역할을 하고 있다고 주장한다. (G. Lloyd(1993), "Maleness, Metaphor and the Crisis of Reason", L. Antony & C. Witt(ed.), *A Mind of One's Own: Feminist Essays on Reason and Objectivity,* Boulder: Westview Press, pp. 69~83)

7 G. Lloyd(1984), op. cit., pp. 49~50.

8 M. Gatens(1986), "Feminism, Philosophy and Riddles Without Answers", C. Pateman and E. Grosz(ed.), *Feminist Challenges: Social and Political Theory*, NSW: Allen & Unwin, p. 25.

9 특히 초도로우와 길리건의 심리학적 연구는 자유주의의 전통에서의 '자율적' 자아를 비판하는 데에 있어 많은 반향을 일으켰다. 초도로우는 초기 유년기의 사회화과정에서 어떻게 젠더의 차이가 나타나는지에 큰 관심을 가졌다. 즉 남아의 심리학적 발달은 "어머니와의 이중적인 비동일시"라는 특징을 지니게 되는데, 이는 한편으로 분리된 정체성, 나아가 또 다른 한편으로 어머니와 다른 젠더의 정체성을 형성하기 위해 필수적인 것이다. 이와 같이 과도한 분리로부터 전형적인 남성적 특징으로 '독립성'detachedness)이 생겨나게 되는데, 이는 여아에게서 나타나는 '어머니와의 동일시'에서 비롯되는 '관계성'과는 다른 발달의 형태를 보여준다. (H. Nagl-Docekal(1998), "Modern Moral and Political Philosophy", A. M. Jaggar & I. M. Young(ed.), *A Companion to Feminist*

Philosophy, Malden: Blackwell, pp. 59~60)

10 M. M. Moody-Adams(1998), "Self/Other", A. M. Jaggar & I. M. Young(ed.), *A Companion to Feminist Philosophy*, Malden: Blackwell, p. 259.

11 허라금(1995), 「여성주의적 '자율성' 개념을 위한 시론」, 한국 여성학회(편), 『한국여성학』, 제 11집, 13쪽.

12 롤즈의 '무지의 베일'도 이러한 칸트의 입장을 계승하고 있다. 그러나 벤하비브는 '무지의 베일' 뒤에 있는 '원초적 입장'이 롤즈의 의도와는 반대로 타자의 타자성을 직면하지 못하게 하면서 사회에서의 편견, 오해, 적의를 제거하는 실질적 위험을 지니고 있음을 지적한다 (S. Benhabib(1992), *Situating the Self: Gender, Community and Postmodernism in Contemporary Ethics*, Cambridge : Polity Press, p. 167)

13 이와 같이 여성주의와 실용주의간의 중요한 교차점이 있음에도 불구하고, 실용주의는 젠더중립성을 강조함으로써 여성주의와 차이를 드러내기도 한다. 예를 들어 로티는 실용주의가 여성주의와 '남성주의'(masculinism) 사이에서 본질적으로 중립적이라고 주장한 바 있다. (M. M. Moody-Adams(1998), p. 260)

14 H. Nagl-Docekal(1998), op. cit., p. 60.

15 허라금(1995), 앞의 글, 9쪽.

16 장-프랑수아 리오타르(1992), 『포스트모던의 조건』, 이현복(역), 서울: 서광사, 15쪽.

17 장-프랑수아 리오타르(1992), 앞의 책, 94쪽.

18 G. W. F. Hegel(1970), *Phänomenologie des Geistes, Werke in zwanzig Bänden*, Bd. 3, Frankfurt am Main: Suhrkamp, p. 24.

19 T. W. Adorno(1979), *Minima Moralia: Reflexionen aus dem beschädigten Leben*, Gesammelte Schriften, Bd. 4, Frankfurt a. M.: Suhrkamp, p. 55.

20 N. Fraser & L. Nicholson(1990), "Social Criticism Without Philosophy: An Encounter Between Feminism and Postmodernism", L. Nicholson(ed.), *Feminism / Postmodernism*, New York: Routledge, p. 22.

21 S. Benhabib & D. Cornell(1987), *Feminism as Critique*, Oxford: University of Minnesota Press, p. 2.

22 S. Benhabib & L. Nicholson(1988), "Politische Philosophie und die Frauenfrage"

I. Fetscher and H. Münkler(ed.), *Pipers Handbuch der Politischen Ideen*, Vol. 5, München: Piper, pp. 513~562.

23 H. Nagl-Docekal(1998), op. cit., p. 63.

24 A. Yeatman(1990), "A Feminist Theory of Social Differentiation", L. Nicholson(ed.), *Feminism / Postmodernism*, New York: Routledge, p. 290.

25 크리스 위던(1993), 『여성 해방의 실천과 후기 구조주의 이론』, 조주현(역), 서울: 이대출판부, 44쪽.

26 크리스 위던(1993), 앞의 책, 47쪽.

27 B. L. Marshall(1994), *Engendered Modernity-Feminism, Social Theory and Social Change*, Cambridge: Polity Press, p. 108.

28 N. Fraser(1992), "The Uses and Abuses of French Discourse Theories for Feminist Politics", *Theory, Culture and Society*, Bd. 9(1), p. 66.

29 김혜숙은 음양개념과 연관하여 젠더의 수행성을 논의한다. (김혜숙(1999), 「음양존재론과 여성주의 인식론적 함축」, 한국여성학회(편), 『한국여성학』, 제 15권, 2호, 18쪽)

30 J. Butler(1990), *Gender Trouble: Feminism and the Subversion of Identity*, New York: Routledge, p. 148.

31 B. Martin(1992), "Sexual Practice and Changing Lesbian Identities", M. Barrett & A. Phillips(ed.) *Destabilizing Theory: Contemporary Feminist Debate*, Cambridge: Polity Press, p. 103.

32 B. L. Marshall(1994), op. cit., p. 110.

33 bell hooks(1991), *Yearning: Race, Gender and Cultural Politics*, Boston: South End Press, p. 28.

34 카롤라인 라마자노글루 외(1998), 『푸코와 페미니즘』, 최영 외(역), 서울: 동문선, 17쪽.

35 자크 데리다(1997), 『다른 곳』, 김다은/ 이혜지(역), 서울: 동문선, 40쪽

36 자크 데리다(1997), 앞의 책, 18쪽

37 자크 데리다(1998), 『에쁘롱』, 김다은/황순희(역), 서울: 동문선, 91~92쪽.

38 자크 데리다(1998), 앞의 책, 92쪽.

39 김애령은 니체의 '여성'-은유의 기반이 "가장 일반적인 '남성적 체험'의 표현"이
며, "전통적인 동일성 철학에서건, 타자의 철학에 있어서건, 동일한 은유적 힘
을 발휘한다"고 비판한다. (김애령(2002), 「여성: 타자의 은유-니체의 경우-」,
철학문화연구소(편), 『철학과 현실』, 제55호, 겨울호, 168쪽)

40 G. C. Spivak(1997), "Displacement and the Discourse of Woman", N. J.
Holland & P. Huntington(ed.), *Feminist Interpretations of Derrida*,
Pennsylvania: The Pennsylvania State University Press, pp. 43~71.

41 신경원(2004), 『니체, 데리다, 이리가레의 여성』, 서울: 소나무, 274쪽.

42 M. Whitford(1991), *Luce Irigary: Philosophy in the Feminine*, London:
Routledge, p. 137(신경원(2004), 17쪽 재인용).

43 A. Yeatman(1994), *Postmodern Revisionings of the Political*, New York:
Routledge, p. 9.

44 S. Benhabib(1992), op. cit., p. 204.

45 여기서 "행위성을 문화적으로 생산된, 모순되는 주체들 간의 사회적인 상호작
용에서 담론에 의해 산출되는 것"(C. Weedon(1998), "Postmodernism", A. M.
Jaggar & I. M. Young(ed.), *A Companion to Feminist Philosophy*, Malden:
Blackwell, p. 81)으로 간주할 경우, 정체성을 구성하는 장소는 이제 계급, 일,
공동체와 같은 전통적 유형들로부터 "몸, 섹슈얼리티, 인종, 국가, 스타일, 이미
지 그리고 하위문화에 이르는 문화적 의미들의 다른 집합체로 옮겨가고"(A.
McRobbi(1994), *Postmodernism and Popular Culture*, New York: Routledge,
p. 6) 있음을 알 수 있다.

46 L. Alcoff(1988), "Cultural Feminism versus Post-Structuralism: The Identity
Crisis in Feminist Theory", *Signs: Journal of Women in Culture and Society*,
vol. 13(3), Chicago: The University of Chicago Press, p. 434.

47 리치에게서 '위치'란 "지정학적인 개념이면서 동시에 언어로 중개될 수 있을 뿐
아니라 결과적으로 가상적 관계들의 대상이 되는 개념"이기도 하다. (로지 브
라이도티(2004), 『유목적 주체』, 서울: 여이연, 58쪽)

48 이수자는 『후기 근대 페미니즘 담론』에서 여성주체를 브라이도티에 힘입어 '유
목적 주체'로 상정하고, 이를 한국여성이 산업화 초기에 처했던 상황에서 경계
밖으로 밀려나면서 타자화되었던 유목성과 오늘날 디지털 사회문화적 환경 속

에서 몸과 욕망을 주체적으로 찾아 탈주하는 유목성의 변증법적 전개를 통해 파악한다. (이수자(2004), 『후기 근대의 페미니즘 담론』, 서울: 여이연)

49 로지 브라이도티(2004), 앞의 책, 73쪽.

50 로지 브라이도티(2004), 앞의 책, 58쪽 역주.

51 벨러는 니체의 텍스트가 포스트모더니티의 사유에 많은 영향력을 준다고 보고, 이에 따른 포스트모던 페미니즘을 "포스트페미니즘"(postfeminism)이라고 명명한다. 나아가 포스트페미니즘이 이타성, 변화가능성, 불확정성, 비결정성, 애매성으로부터 여러 스타일을 수용한다고 주장한다. (D. Behler(1993), "Nietzsche and Postfeminism", *Nietzsche Studien*, Berlin: Walter de Gruyter. pp. 355~370)

52 이승환도 물체로서의 몸인 쾨르퍼(Körper)와 느끼는 몸인 라입(Leib)을 구분하고, 물체로서의 몸이 "과학적으로 인체를 파악하려는 객관적인 시선에 의해 관찰된 '것'(thing)"인 반면에 느끼는 몸은 "지각하고 경험하는 주체로서의 '나'(self)"라고 구분한다. (이승환(2002), 「몸, 신체, 육체」, 우리사상연구소(엮음), 『우리말 철학사전 2』, 서울: 지식산업사, 10쪽)

53 F. Nietzsche(1999), "Von den Verächtern des Leibes", *Also Sprach Zarathustra*, *Kritische Studienausgabe*, Bd. 4, München: Deutscher Taschenbuch Verlag, p. 39.

54 김정현(1995), 「니체에 있어서의 주체·자아와 자기의 문제」, 『철학』, 제44집, 177쪽.

55 박희경(2002), 「어떻게 우리는 여자, 혹은 남자인가?: 독일 내 젠더 논의에 있어서 몸과 육체」, 『한국 여성학』 18권 2호, 115~118쪽.

56 브라이도티는 몸을 "근거 없이 단언된 해부학의 사실성과 언어라는 상징적 차원이 교차하는 지점에 위치해 있는 의미화의 표면"(로지 브라이도티(2004), 305쪽)으로 이해한다.

57 로지 브라이도티(2004), 앞의 책, 306쪽.

58 그로츠도 성차화된 몸을 중심으로 육체 페미니즘을 전개한다. (엘리자베스 그로츠(2000), 『뫼비우스 띠로서의 몸』, 임옥희(역), 서울: 여이연, 357~397쪽)

59 E. Grosz(1995), *Space, Time, Perversion*, New York: Routledge, p. 32.

60 '관계적 자아'에 관한 여성주의적 텍스트분석은 제4장, 제5장, 제6장 참조.

61 이와 같은 '관계적 자아'에 연관하여, 이숙인은 유교적 관계 윤리, 즉 구체적인

관계에서의 친친(親親), 보편적 관계에서의 인(仁)의 원리를 해석하고, 그 관계윤리의 여성차별적인, 이데올로기적 '조화주의'를 비판한 뒤, 유교에서 새로운 여성윤리로서 '생성'(生成)의 관계윤리를 주장한다. (이숙인(1999), 「유교의 관계윤리에 대한 여성주의적 해석」, 한국여성학회(편), 『한국여성학』, 제15권, 1호, 39~69쪽)

62 M. M. Moody-Adams(1998), op. cit., pp. 255~256.

63 A. Yeatman(1995), "Justice and Sovereign Self", M. Wilson & A. Yeatman (ed.), *Justice and Identity: Antipodean Practices*, NSW: Allen & Unwin, p, 209.

64 S. Benhabib(1992), op. cit., pp. 188~189.

65 "만약 과학적 담론이 자신의 이야기적 성격을 망각하고 다른 이야기들을 억압하고 지배함으로써 보편화되었다면, 과학적 담론에 대항하여 설화적 이야기를 복원하는 것이 합리성의 위기를 극복하고 새로운 이성을 정초할 수 있는 길이라고 할 수 있다." (이진우(1998), 『이성은 죽었는가: 포스트모더니즘의 철학』, 서울: 문예출판사, 351쪽)

66 장-프랑수아 리오타르(1992), 앞의 책, 55~56쪽.

67 장-프랑수아 리오타르(1992), 앞의 책, 53쪽.

68 이와 연관하여 주체가 담론에 의해 구성된다는 수동성보다는 이야기 행위를 완수함으로써 주체로 형성되는 능동적인 과정을 주목할 필요가 있다. 벤하비브는 버틀러에게서 주체가 "담론에 의해 구성되기는 하지만 어떻게 담론에 의해 결정되지 않는지"를 충분히 설명하지 못했다고 비판한다. (S. Benhabib(1992), op. cit., p. 218)

69 이러한 포스트모더니티 철학과의 연관성에서 오늘날 여성학 연구에서 여성의 경험을 다루는 질적 연구로서 서사방법론이 선호되는 것의 의미를 찾아볼 수도 있다. 이재인은 서사방법론의 연구과정 그 자체가 말하는 여성의 주체 생산에 기여한다는 점에 주목한다. (이재인(2004), 「서사방법론과 여성주의 연구」, 『여/성이론』, 제10호, 서울: 여이연, 268쪽)

70 앤소니 기든스(2001), 『현대성과 자아정체성』, 권기돈(역), 서울: 새물결, 112쪽.

71 앤소니 기든스(2001), 앞의 책, 303~304쪽.

72 이와 연관하여 '기억'에 대한 상세한 이론적 논의는 3장에서, 텍스트분석은 6장에서 시도된다.

73 G. Spivak(1990), *The Post-colonial Critic: Interviews, Strategies, Dialogues*, S. Harasym(ed.), New York: Routledge, pp. 18~19.

74 C. Di Stefano(1990), "Dilemmas of Difference: Feminism, Modernity and Postmodernism", L. Nicholson(ed.), *Feminism / Postmodernism*, New York: Routledge, p. 77.

75 "관용과 개방성이 무관심과 무차별로 이어진다면, 그것은 도덕적 갈등을 해결하기보다는 오히려 도덕적 진공상태를 야기한다. (……) 진정한 의미에서의 관용과 개방성은 (……) 타인에 대한 적극적 관심과 배려를 전제한다." (이진우(1997), 『도덕의 담론』, 서울: 문예출판사, 130쪽)

76 이상화는 차이를 재개념화함으로써 여성주의의 입장에서 '차이의 정치학'이 지니는 의미를 검토한다. (이상화(1998), 「페미니즘과 차이의 정치학」, 철학문화연구소(편), 『철학과 현실』, 가을호, 181~196쪽)

77 bell hooks(1991), *Yearning: Race, Gender and Cultural Politics*, Boston: South End Press, p. 26.

78 C. Weedon(1998), op. cit., p. 83.

79 C. T. Mohanty(1995), "Under Western Eyes: Feminist Scholarship and Colonial Discourses", A. Ashcroft, G. Griffiths & H. Tiffin(ed.), *The Post-Colonial Studies Reader*, London: Routledge, p. 259.

80 김혜숙은 비서구여성들이 겪는 문화적 갈등과 정체성의 위기로부터 다문화주의와 여성주의사이의 긴장관계에 주목한다. 그녀는 이를 해결하기 위한 방안으로 개인의 관심과 목적에 따라서 유대의 단위가 변화하는 "열린 유대"와 유동적 정체성을 지니는 "열린 주체"의 개념을 제안한다. 나아가 "이렇게 자기 변화의 가능성을 받아들이고 열린 주체와 열린 유대에 기초하여 삶을 구성하는 태도를 '상호문화주의'(interculturalism)"라고 규정하고, 다문화주의에서 상호문화주의로의 전환을 요구한다. (김혜숙(2007), 「여성주의 관점에서 본 다문화주의: 열린 주체 형성의 문제」, 철학연구회(편), 『철학연구』, 216~218쪽)

81 김화경은 후기 비트겐슈타인에게서 이론적 정당화가 요구되지 않는 "확실성" 및 "생활양식"으로서 "문화"개념을 이끌어 내고, 이러한 열린 유대로서의 문화에 기반한 글로벌 여성주의의 가능성을 제시한다. (김화경(2007), 「비트겐슈타인과 여성주의가 만난다면? ─ 이론 없는 실천으로서의 글로벌 여성주의의 가

능성에 대한 한 모색」, 철학문화연구소(편), 『철학과 현실』, 제74호, 가을호, 164~177쪽) 이와 같이 여성주의가 구체적인 쓰임과 실천에 근거해야 한다는 점을 상기하는 것은 무엇보다 중요하지만, 이러한 여성주의의 시도가 자칫 이론에 대한 전적인 부정으로 이어져야 하는지에 대해서는 재고할 필요가 있다.

82 스피박은 탈식민주의 여성주의의 입장에서 필요할 때는 언제든지 전략적인 본질주의를 택하겠다고 말하고, "여성의 자리를 없애기보다는 보편적 기호로서 그 용어가 있어야 한다"고 적극 주장한다. (Spivak(1990), op. cit., p. 10)

83 스피박은 그람시의 '하위주체'(subaltern)개념을 차용한다. 그람시의 하위주체는 맑스의 프롤레타리아 계급의 개념을 확장시켜서 성, 인종 등에 의해 주변화된 사람들의 복잡성을 포괄하고 있는 반면, 스피박의 '젠더화된 하위주체들', 하위주체로서 여성은 '여성'의 범주를 유지하면서도 서구중심이 아닌 제3세계 여성주의의 입장에서 여성들 사이의 다양성과 차이에 주목하는 개념이다. (태혜숙(2001), 『탈식민주의 페미니즘』, 서울: 여이연, 116~123쪽)

84 영은 억압의 개념을 '착취', '주변화', '무력화', '식민화', '폭력'으로 구체화시키고 있다. (I. Young(1990), *Justice and the Politics of Difference,* Princeton: Princeton University Press, pp. 39~41)

85 구뉴와 예이트만은 사회 변혁 운동으로서 여성주의가 생존하기 위해서는 차이를 다룰 수 있는 능력이 핵심적이라고 주장한다. (A. Yeatman(1993), "Voice and Representation in the Politics of Difference", S. Gunew & A. Yeatman (ed.), *Feminism and the Politics of Difference*, NSW: Allen& Unwin, p. 228~245)

86 연효숙은 헤겔과 들뢰즈에게서 차이의 존재론을 이끌어내고, 이에 기반한 브라이도티의 유목적 주체에 대해 논의한다. (연효숙(2006), 「차이의 존재론과 그 여성주의적 함축」, 철학연구회(편), 『철학연구』, 제74권, 273~323쪽)

2장

1 낸시 하트삭은 다음과 같이 비판적으로 묻는다. "침묵해왔던 우리들 중의 다수가 우리자신을 명명할 권리를 요구하기 시작하고, 역사의 객체라기보다는 주체로 행동하기 시작한 바로 그 때에, 주체임(subjecthood)의 개념이 왜 문제가 되는 것인가?" (N. Hartsock(1990), "Foucault on Power: A Theory for Women?",

L. Nicholson(ed.), *Feminism / Postmodernism*, New York: Routledge, p. 164)

2 아도르노에 대한 여성주의적 비판에 대해서는 아래 참조. (E. Scheich(1988), "Denkverbot über Frau und Natur - Zu den struktrellen Verdrängungen des naturwissenschaftlichen Denkens", C. Kulke(ed.), *Rationaliät und sinnliche Vernunft: Frauen in der patriachalen Realität,* Pfaffenweiler: Centaurus-Verl.- Ges. pp. 72~89. C. Kulke(1989), "Die Kritik der instrumentellen Rationalität - ein männlicher Mythos", H. Kunneman/ H. Vires(ed.), *Die Aktualität der "Dialektik der Aufklärung"*, Frankfurt a. M.: Campus, pp. 128~149. R. Becker-Schmidt(1987), "Frauen und Deklassierung: Geschlecht und Klasse," U. Beer(ed.), *Klasse Geschlecht: Feministische Gesellschaftsanalyse und Wissenschaftskritik*, Bielefeld: AJZ-Verlag, pp. 187~235. H. Geyer-Ryan/ H. Lethen(1987), "Von der Dialektik der Gewalt zur *'Dialektik der Aufklärung'*: Eine Re-Vision der *'Odysse'*", W. v. Reijen/ G. S. Noerr(ed.), *Vierzig Jahre Flaschenpost: "Dialektik der Aufklärung" 1947~1987*, Frankfurt a. M.: Fischer Taschenbuch Verlag. pp. 41~72)

3 90년대에 들어서 이러한 여성주의를 '포스트여성주의'(postfeminism)라고 칭하기도 한다. 이 용어는 포스트모더니즘, 포스트구조주의, 포스트식민주의와 만나는 역동적인 접점을 뜻하기도 하고, 나아가 이전의 여성주의가 앵글로-아메리칸 여성주의에 바탕을 주고 있는 패권주의적 여성주의로 전개되었던 것에 대한 도전과 반발을 의미하기도 한다. 그러나 필자는 한편으로 여성주의가 여타의 포스트이론들과는 달리 '여성들의 억압에 대한 해방'이라는 공통의 목표를 지향하고 있기 때문에 포스트여성주의와의 구분이 필요하지 않다고 생각하기 때문에 '포스트여성주의'라는 용어를 사용하지 않고자 한다.

4 오닐은 비판적 여성주의 분석을 위한 아도르노 미학이론의 주요 세 개념, 즉 '부정변증법', '문화비판', '비의도적 진리'의 개념을 중심으로 아도르노와 여성주의의 이중적 연관성을 논의한다. (M. O'Neill(1999), "Adorno and Women: Negative Dialectics, Kulturkritik and Unintentional Truth," M. O'Neill(ed.), *Adorno, Culture and Feminism*, London: SAGE Publications, pp. 21~40)

5 G. A. Knapp(1999), "Fragile Foundations, Strong Traditions, Situated Questioning: Critical Theory in German-speaking Feminism", M. O'Neill(ed.), *Adorno, Culture and Feminism*, London: SAGE Publications, p. 125 & p. 132.

6 아도르노의 모더니티 비판을 이루는 계몽비판, 이성비판, 동일성비판으로 나누어서 다룬 내용에 대해서는 아래의 논문참조. (노성숙(2006a), "아도르노의 모더니티 극복과 칸트의 유산", 한국칸트학회(편), 『칸트연구』, 제16집 2호, 270~283쪽)

7 T. W. Adorno & M. Horkheimer(1984), *Dialektik der Aufklärung. Philosophische Fragmente*, Gesammelte Schriften, Bd. 3, Frankfurt a. M.: Suhrkamp, p. 11. (이하 DA로 약칭)

8 이 핵심 테제에서 신화의 계몽적 요소와 계몽의 신화론적 요소에 대한 좀 더 상세한 분석은 아래 참조. (S. Nho(2000), *Die Selbstkritik und "Rettung" der Aufklärung: Untersuchungen zum Begriff der Aufklärung in der Dialektik der Aufklärung von Adorno und Horkheimer*, Frankfurt a. M.: Peter Lang, pp. 56~71)

9 이 책에서 『오디세이』는 한글번역본(호메로스(2002), 『오디세이』, 천병희(역), 서울: 단국대학교 출판부)과 독일어번역본(Homer(1980), *Odyssee*, von Johann Heinrich Voβ(tr.), Basel: Diogenes)을 비교 검토하여 사용한다. (이하 『오디세이』 및 *Odyssee*로 약칭)

10 이종하는 아도르노의 『오디세이』 해석에 나타난 남성중심적 편향성을 작가인 호머의 탓으로 돌리고 있으며, 이를 '의도된 전략'으로 본다.(이종하(2006), 「남성적 계몽의 해석학: 아도르노의 여성(문제) 이해」, 철학연구회(편), 『철학연구』, 제74집, 75쪽) 이와 달리 필자는 아무리 작가가 남성영웅의 모험소설로서 남성중심적인 텍스트를 서술했다고 하더라도 그것에 대한 비판적 해석은 얼마든지 가능하며, 바로 그 지점에서 아도르노와 호르크하이머의 계몽에 대한 자기비판의 한계를 드러난다고 본다.

11 사이렌들, 키르케, 페넬로페와 오디세우스의 만남에서 드러나는 각각의 고유한 젠더 상징성과 여성성에 대한 텍스트 분석은 4장, 5장, 6장 참조.

12 U. Guzzoni(1990), *Wege im Denken: Versuche mit und ohne Heidegger*, Freiburg i. Br.: Alber, p. 67.

13 로이드에 따르면, 베이컨은 악명 높게도 여성과 자연을 결합시켰을 뿐 아니라 인식할 수 있는 자연을 여성적인 것으로 간주하고, 과학의 임무는 그러한 여성에 대한 남성적 지배권을 실행하는 것이라고 주장했다. (G. Lloyd(1984), op.

cit., p. 11)

14 이러한 맥락에서 여성과 자연에 대한 새로운 긍정적 해석을 시도하고 있는 여
성주의철학에도 주목할 필요가 있다. 마이어에 따르면, "여성주의철학은 여성
과 자연의 관계가 원칙적으로 결코 부정적 성격을 가질 수밖에 없는 것은 아니
라는 인식에서 출발한다. 그렇기 때문에 여성을 자연과 결부시키는 것에 찬성
하는 여성철학자들도 있다. (……) 이들의 목표는 남성들이 내세운 부정적 측면
들을 받아들이지 않으면서 여성과 자연의 긍정적 관계를 만들어 내는 것이다."
(우줄라 I. 마이어(2006), 『여성주의철학 입문』, 송안정(역), 서울: 철학과 현실
사, 48쪽)

15 예를 들어 하버마스의 의사소통적 합리성(kommunikative Rationalität), 벨머의
심미적 합리성(ästhetische Rationalität), 벨쉬의 가로지르는 이성(transversale
Vernunft) 등이 있다.

16 M. Horkheimer(1990), "Die Revolte der Natur", *Zur Kritik der instrument-
ellen Vernunft*, Frankfurt a. M.: Fischer, p. 119.

17 I. Kant(1983), "Beantwortung der Frage: Was ist Aufklärung?", W. Weischedel
(ed.), *Werke in zehn Bänden*, Bd. 9, Darmstadt: Wissenschaftliche Buchge-
sellschaft, p. 53, A 481.

18 이성의 이중성에 대한 보다 심도 있는 아도르노와 칸트 비교는 아래 참조(노성
숙(2006a), 앞의 글, 291~293쪽).

19 아도르노와 호르크하이머는 전체주의적인 대기업, 대중문화도 역시 이와 같은
방식으로 도구적 이성에 의한 학문에 근거하고 있다고 본다.(DA 130)

20 사드의 소설 『쥐스틴느』와 『쥘리에트』는 각각 쥐스틴느와 쥘리에트를 주인공
으로 하는 소설인데, 사드는 전자를 착한 미덕의 소유자로, 후자를 잔인한 악덕
의 대변자로 묘사함으로써 한 이야기의 두 측면을 대비시킨다.

21 칸트의 윤리학에서 아도르노와 호르크하이머가 주목한 구절은 다음과 같다.
"덕은 그것이 내적인 자유에 근거하고 있는 한, 인간들에게 하나의 긍정적인
명령, 말하자면 감정이나 경향들에 의해 지배되지 않아야 한다는 금지(무관심
성의 의무)에 부가되는 그 자신 스스로에 대한 지배의 한도 내에서, 그 자신의
모든 능력과 경향들을 자신의 힘(자신의 이성) 아래에 두려는 명령을 지닌다.
왜냐하면 이성이 지배의 고삐를 손에 잡고 있지 않을 경우. 감정들과 경향들이

인간들에 대해 주인이 되려하기 때문이다." (I. Kant(1975), *Die Metaphysik der Sitten*, W. Weischedel(ed.), *Werke in zehn Bänden*, Bd. 7, Darmstadt: Wissenschaftliche Buchgesellschaft, p. 540)

22 니체의 향락에 대한 비판은 아래 참조. "니체는 모든 향락이 여전히 신화적이라는 것을 안다. 마치 동정이 모든 것의 변화를 체념하듯이, 향락은 자연에 희생함으로써 가능한 것들을 체념한다. 양자는 단념의 계기를 지니고 있다."(DA 126)

23 Sade, Juliette, Bd. 4, p. 261(DA 131 재인용).

24 티모 에이락시넨(1997), 『사드의 철학과 성윤리』, 박병기·장정렬(역), 서울: 인간사랑, 134쪽.

25 우줄라 I. 마이어(2006), 앞의 책, 43쪽.

26 J. F. MacCannell(1999), "Adorno: The Riddle of Feminity", M. O'Neill(ed.), *Adorno, Culture and Feminism*, London: SAGE Publications, pp. 147~148.

27 이와 유사하게 볼프는 보들레르를 분석하면서, 모더니티 문학에서 전통적인 여성혐오의 이중성, 즉 "이상화된-그러나 생기를 잃은, 혹은 현실적이고 감각적인-그러나 혐오적인" 특성을 밝혀낸다(J. Wolff(1989), "The invisible fâneuse: women and the literature on modernity", A. Benjamin(ed.), *The Problems of Modernity: Adorno and Benjamin*, London: Routledge, p. 150).

3장

1 이현재는 크리스테바가 제3세대 여성주의 정체성을 '병존'이라고 규정한 데서 출발하여, '공존의 시간'과 '인정이론'에 근거하여 여성주의 정체성을 재구성한다. (이현재(2005), 「여성주의적 정체성과 인정이론」, 한국철학사상연구회(편), 『시대와 철학』제16권, 1호, 68~74쪽)

2 J. Habermas(1988), *Der philosophische Diskurs der Moderne*, Frankfurt a. M.: Suhrkamp, p. 130.

3 이러한 계몽의 극복가능성에 대한 자세한 논의는 아래 참조. (S. Nho(2000), op. cit., pp. 143~187)

4 G. S. Noerr(1990), *Das Eingedenken der Natur im Subjekt*, Darmstadt: Wissenschaftliche Buchgesellschaft, p. 23.

5 W. Benjamin(1980), "Über den Begriff der Geschichte", *Gesammelte Schriften*,

Bd. I.2. Frankfurt a. M.: Suhrkamp, p. 695.

6 T. W. Adorno(1974), "Über epische Naivität", *Noten zur Literatur, Gesammelte Schriften*, Bd. 11, Frankfurt a. M.: Suhrkamp, p. 37.

7 M. 제이(2000), 『아도르노』, 서창렬(역), 서울: 시공사, 106쪽.

8 아도르노의 "회상"과 프로이드의 '상기'(Anamnese)의 유사점과 상이점에 대해서는 아래 참조. (노성숙(2001), 「주체 속에 있는 자연의 회상」, 한국현상학회(편), 『철학과 현상학 연구』 제16집, 309~312쪽)

9 로지 브라이도티(2004), 앞의 책, 63~64쪽.

10 K. Nelson(1996), *Language in Cognitive Development: The Emergence of the Mediated Mind*, NY: Cambridge U. Press. Q. Wang(2001), "Culture Effects on Adults' earliest Childhood Recollection and Self-description: Implications for the Relation between Memory and the Self", *Journal of Personality and Social Psychology*, 81(2), pp. 220~233.

11 S. Benhabib(1999), "Sexual Difference and Collective Identities: The New Global Constellation", *Signs: Journal of Women in Culture and Society*, vol. 24, Chicago: The University of Chicago Press, pp. 341~348.

12 이러한 맥락에서 '이야기하기'(스토리텔링)의 주체성에 대한 논의는 6장에서 시도된다.

13 M. Horkheimer(1990), op. cit., p. 122.

14 G. S. Noerr(1990), op. cit., p. 26.

15 필자와 달리 『계몽의 변증법』과 『부정의 변증법』의 관계를 단절로 보는 견해에 대해서는 아래 참조. (A. Thyen(1989), *Negative Dialektik und Erfahrung. Zur Rationalität des Nichtidentischen bei Adorno*, Frankfurt a. M.: Suhrkamp)

16 슈내델바흐는 아도르노가 '동일시하다'(identifizieren)의 개념이 지닌 이중성을 혼동하고 있다고 비판한다. 즉 아도르노가 어떠한 사태와 동일시하는 것 ("Etwas identifizieren als)과 어떠한 사물과 동일시하는 것(Etwas identifizieren mit)을 구분하지 않고 있다고 주장한다. (H. Schnädelbach(1983), "Dialektik als Vernunftkritik: Zur Konstruktion des Rationalen bei Adorno," L. Friedeburg und J. Habermas(Hg.), *Adorno-Konferenz 1983*, Frankfurt a. M.: Suhrkamp, p. 72) 그러나 필자는 아도르노의 동일성비판이 양자를 모두 포괄

하고 있으며, '동일성'은 사태끼리만이 아니라 사물끼리, 나아가 사태와 사물, 사태와 개념 사이의 '동일성'을 모두 지칭한다고 생각한다.

17 G. W. F. Hegel(1990), *Jenaer Schriften 1801~1807, Werke in zwanzig Bänden*, Bd. 2, Frankfurt a. M.: Suhrkamp, p. 96.

18 아도르노는 철학의 과제가 비트겐슈타인의 『논리철학논고』의 결론과 정반대라고 명시적으로 말한다. (T. W. Adorno(1973), *Philosophische Terminologie*, Bd. 1, Frankfurt a. M.: Suhrkamp, p. 183) 그는 자신과 비트겐슈타인의 입장을 다음과 같이 대비시킨다. "철학은 개념을 통해서 본래 비개념적인 것을 표현하고자 한다. 그 유명한 비트겐슈타인의 문장이, 사람들이 분명하게 진술할 수 있는 것만 말해야 하고, 그 이외에 대해서는 침묵해야 한다고 말한다면, 나는 바로 그것에 철학의 개념을 대비시키고, 철학은 지속적인 그리고 또한 늘 필사적인 노력이며, 본래 말해질 수 없는 것을 말하려는 노력이라고 말하고 싶다." (T. W. Adorno(1973), op. cit., p. 82)

19 아도르노는 헤겔의 변증법에서 '동일성'개념이 부정의 부정을 긍정으로 치환함으로써 새로운 기만을 낳는다고 비판하고, "변증법은 그러한 원칙에서가 아니라 동일성에 대한 타자의 저항에서 그 경험적 내용, 즉 그것의 힘을 지닌다"(ND 163)고 주장한다.

20 U. Guzzoni(1981), *Identität oder nicht: Zur Kritischen Theorie der Ontologie*, Freiburg i. Br.: Alber Verlag, pp. 16~19.

21 J. Kristeva(1980), "Woman can never be defined", E. Marks and I. de Courtivron(ed.), *New French Feminism*, Amherst: The University of Massachusetts Press, p. 137.

22 C. L. Hull(1997), "The need in thinking: Materiality in Theodor W. Adorno and Judith Butler, Radical philosophy group(ed.) *Radical Philosophy*, Vol. No. 84, p. 24.

23 C. L. Hull(1997), op. cit., p. 31.

24 J. Butler(1997), *Körper von Gewicht: Die diskursiven Grenzen des Geschlechts*, Frankfurt a. M.: Suhrkamp, p. 168.

25 최근 버틀러가 '보편성'과 '윤리적 주체'를 재논의할 때에도, 아도르노의 철학은 그 이론적 논의의 출발점이 되고 있다. 이에 대해서는 아래 참조. (이현재

(2007), 「인간의 자기한계 인식과 여성주의적 인정윤리: 주디스 버틀러의 『윤리적 폭력비판』을 중심으로」, 한국여성학회(편), 『한국여성학』, 제23권, 2호, 124쪽)

26 헤벌레는 아도르노의 '경험'개념이 벤야민에게서 유래하고 있다고 주장한다. 벤야민은 두 종류의 경험, 즉 독일어로 Erlebnis와 Erfahrung을 구분한다. 전자는 정보를 통해서 이끌어낸 경험의 지식이고, 후자는 시간을 넘어서서 의사소통하거나 통과하는 것 그리고 기억에 의해 의미를 전개하는 경험을 말한다. 특히 후자는 '스토리텔링'(storytelling)을 통해서 분명해지는데, 스토리텔링은 청중들로 하여금 세계에 대한 적극적인 명상에 몰입하게 한다.(R. Heberle(2006), "Living with Negative Dialectics: Feminism and the Politics of Suffering", R. Heberle(ed.), *Feminst Interpretations of Theodor Adorno*, Pennsylvania: The Pennsylvania State University Press, p. 222)

27 U. Guzzoni(2003), *Sieben Stücke zu Adorno*, Freiburg i. Br.: Verlag Karl Aber, p. 45.

28 T. W. Adorno(1973), op. cit., p. 195.

29 U. Guzzoni(2003), op. cit., p. 48.

30 고이스에 따르면, "아도르노의 사유는 고통당하는 정신의 철학이다". (Raymond Geuss(2005), "Leiden und Erkennen (bei Adorno)", A. Honneth(ed.), *Dialektik der Freiheit*, Frankfurt a. M.: Suhrkamp Verlag, p. 42)

31 U. Guzzoni(2003), op. cit., p. 49.

32 T. W. Adorno(1977), "Anmerkungen zum philosophischen Denken", *Kulturkritik und Gesellschaft* I, Gesammelte Schriften Bd. 10/2, Frankfurt a. M.: Suhrkamp, p. 604.

33 U. Guzzoni(2003), op. cit., p. 42.

4장

1 F. Kafka(1982), *Sämtliche Erzählungen*, P. Raabe(ed), Frankfurt a. M: Fischer Verlag, pp. 304~305.

2 워커는 윤리학적인 입장에서 관계(relationship)의 내러티브, 개인의 도덕적 정체성(moral identity)의 내러티브, 도덕적 가치(moral value)의 내러티브로 좀

더 세분화하여 분석한다. (M. W. Walker(1997), "Picking Up Pieces: Lives, Stories, and Integrity", D. T. Meyers(ed.), *Feminists Rethink the Self*, Boulder: Westview Press, pp. 66~71)

3 B. Engh(1994), "Adorno and the Sirens: tele-phono-graphic bodies", L. C. Dunn & N. A. Jones(ed.), *Embodied Voices: Representing Female Vocality in Western Culture*, London: Cambridge University Press, p. 134.

4 커메이는 사이렌의 '달콤한 목소리'가 오디세우스가 겪은 그 어떤 유혹들, 예를 들어 로토파겐 열매, 키르케의 아름다운 노래, 칼립소의 기만적인 노래보다 더 강력했던 이유는 '삶을 희생하는 대가로' 일종의 기억들을 약속하기 때문이라고 주장한다. (R. Comay(2006), "Adorno's Siren Song", R. Heberle(ed.), *Feminst Interpretations of Theodor Adorno*, Pennsylvania: The Pennsylvania State University Press, p. 44)

5 C. Kulke(1989), op. cit., p. 141.

6 R. Felski(1995), *The Gender of Modernity*, Cambridge: Harvard University Press, p. 6.

7 E. Scheich(1988), op. cit., pp. 73~76 & p. 88.

8 노성숙(2000), 「계몽과 신화의 변증법」, 한국철학회(편), 『철학』 제 50집, 222쪽.

9 F. Kafka(1982), op. cit., p. 304.

10 이정은도 여성의 침묵이 지니는 역동성에 주목한다. 그리하여 침묵이 '대화 없는 언어'나 '소리 없는 언어'가 아니라 '제3의 경계'이자 "일방적인 명명세계를 거부하는 행위이며, 언어와 비언어의 경계를 넘나들면서 새로움을 산출하는 활동성", "능동성을 교호적으로 연출하는 것"이라고 주장한다. (이정은(2001), 「여성의 '침묵'과 목소리」, 한국철학사상연구회(편), 『시대와 철학』 제12권, 1호, 192쪽)

11 B. Wehrli(1998), *Wenn die Sirenen schweigen: Gender Studies. Intertext im Kontext*, Würzburg: Königshausen & Neumann, p. 15.

12 F. Kafka(1982), op. cit., p. 305.

13 한석종(2000), 「프란츠 카프카의 단편 "사이렌의 침묵"에 나타난 신화적 요소」, 『독일어 문학』 제 11집, 354쪽.

14 H. Politzer(1968), *Das Schweigen der Sirenen: Studien zur deutschen und österreichen Literatur*, Stuttgart: J. B. Metzlerische Verlagsbuchhandlung, p. 17.

15 슈테판은 이러한 인어아가씨(Wasserfrau)의 남성적 판타지가 새로운 멀티미디어의 환경 속에서도 여전히 재현되고 있음을 비판하고 있다.(I. Stephan(2002), "Wiederkehr des Mythischen: Männerphantasien im Zeitalter der Globalisierung", 한국 여성연구원(편), 『지구화 시대의 젠더, 민족국가 그리고 재현의 정치학』, '젠더연구' 국제심포지엄 발표문(2002. 9. 12), 25~34쪽)

16 U. Guzzoni(1981), *Identität oder nicht: Zur Kritischen Theorie der Ontologie*, Freiburg i. Br.: Alber, pp. 16~19.

17 *Odysee*, pp. 162~163.

18 T. W. Adorno(1972), *Ästhetische Theorie*, Gesammelte Schriften Bd. 7, Frankfurt a. M.: Suhrkamp, p. 335.

19 브라이도티는 여성적 자아·주체의 토대로서 육체의 중요성을 강조하고, 이러한 성차의 인식으로부터 가부장적 문화에 대한 전복이 필요하다고 본다. (R. Braidotti(1991), op. cit., pp. 218~219)

20 흥미롭게도 아도르노는 남성의 육체가 기계장치들과 쉽게 동일시 될 수 있는 반면에 여성의 목소리는 잘 녹음되지 않는다고 주장한다. 왜냐하면 '여성들의 목소리는 그 목소리를 내고 있는 육체의 물리적인 출현을 요구'하기 때문이다. (T. W. Adorno(1990b), "The Curves of the Needle", T. Y. Levin(tr.) *October*, 55, pp. 49~55)

21 F. Nietsche(1997), *Fröhliche Wissenschaft*, Werke in drei Bänden II, Darmstadt: Wissenschaftliche Buchgesellschaft, p. 83.

22 B. Engh(1994), op. cit., p. 135.

23 U. Guzzoni(1990), op. cit., p. 78.

24 여기서 '타자'는 라캉이 그의 욕망이론에서 지적하듯이 단순히 자아와 구분되는 일반적인 타자로 환원되기보다는 보다 더 세분화된 구체적인 타자들로 간주되어야 한다. (S. Cheng(1999), "Fremdwörter as 'The Jews of Language' and Adorno's Politics of Exile", *Adorno, Culture and Feminism*, M. O'Neill(ed.), London: SAGE Publications, p. 89)

25 여성주의의 이론에서 '관계적 자아'에 대한 상세한 논의는 제1장 4절 참조.

26 이와 유사한 맥락에서 그리피스는 자아와 타자의 관계성을 '거미줄'(web)이라는 은유를 통해 분석한다. (M. Griffiths(1995), *Feminism and the Self: The*

Web of Identity, London: Routledge, p. 2) 또한 '페넬로페의 거미줄'이라는 표현은 자아의 타자관련성과 상호성을 매우 잘 보여주는데, 이에 대한 상세한 분석은 제6장 참조.

27 초도로우는 이러한 여성의 관계성과 남성의 독립성이 어머니가 양육을 담당하기 때문에 생겨났다고 보았다. (조혜자(2002), 『여성, 존재인가 과정인가: 여성 심리 이론과 실제』, 서울: 철학과 현실사, 109쪽)

28 여성들의 목소리의 결핍에 대해서는 길리건 참조. (캐롤 길리건(1982), 『다른 목소리로』, 서울: 철학과 현실사) 거짓 자아의 형성에 대해서 해터 참조. (S. Harter(1997), "The Personal Self in Social Context: Barriers to Authenticity", R. Ashmore & L. Jussim(ed.), *Self and Identity*, New York: Oxford, pp. 81~105)

29 자크 데리다(1998),앞의 책, 91~92쪽.

30 자크 데리다(1998), 앞의 책, p. 92.

31 데리다의 니체읽기와 여성주의의 연관성에 대한 상세한 논의는 제1장 참조.

32 R. Braidotti(1994), *Nomadic Subjects: Embodiment and Sexual Difference in Contemporary Feminist Theory*, New York: Columbia University Press, pp. 158~167.

33 김세서리아는 여성주체의 형성을 설명하기 위해서 음양론에 차이-사이(관계짓기), 즉 차이를 전제로 하는 사이의 차원을 들여온다. 이는 음양이론의 이분법을 깨고, 음양 사이의 수많은 차이를 설명하는 데에 매우 유용한 시도이다. (김세서리아(2006), 「차이의 철학으로서의 음양론과 '차이-사이'(관계짓기)의 변증법」, 한국철학사상연구회(편), 『시대와 철학』, 제17권, 2호, 7~37쪽)

34 여기서 여성주체는 이미 실체화된 존재를 의미하는 것이 아니라 여성주체가 되는 과정, 즉 '되기'에 강조점이 있다.

35 S. Benhabib(1994), op. cit., p. 214.

5장

1 이 주요테제에 대한 자세한 분석은 아래 참조 (노성숙(2000), 「계몽과 신화의 변증법」, 『철학』 제 50집).

2 이러한 비판적 개입과 협상의 지점에서 그람시의 이데올로기개념을 돌아볼 필

요가 있다. 그람시에게 이데올로기란 "경쟁의 산물이자 역사적 과정의 부분으로서 새로운 세계관들이 경쟁적으로 끼어드는 변혁의 터전"(태혜숙(2001), 『탈식민주의 페미니즘』, 서울: 여이연, 75쪽)이기 때문이다.

3 이와 유사한 맥락에서 거짓 투사의 예로 아도르노와 호르크하이머는 반유대주의(Anti-semitismus)를 들고 있다. 반유대주의에서 드러나는 거짓 투사는 스스로에 대한 내적인 공포와 원망을 외부대상인 유대인에게 병적으로 투사하는 편집중적 사고를 말하는데, 이는 유대인자신보다 유대인을 증오하는 사람들 스스로의 무기력과 억압이 파괴적 형태로 왜곡되어 드러난 것이다. (DA 212)

4 아름다운 노래를 부르는 사이렌들도 "위험하고, 아름답고, 매혹적인 요부(femme fatale)"로 그려진다. 이에 대해서는 아래 참조. (B. Engh(1994), "Adorno and the Sirens: tele-phono-graphic bodies", L. C. Dunn & N. A. Jones(ed.), *Embodied Voices: Representing Female Vocality in Western Culture*, London: Cambridge University Press, pp. 127~137)

5 동일성사고에 대한 상세한 논의는 제3장 참조.

6 *Odyssee*, p. 134.

7 J. Kristeva(1987), *Tales of Love*, L. Roudiez(tr.), New York: Columbia University Press.

8 M. Barrett(1992), "Words and Things: Materialism and Method in Contemporary Feminist Analysis", M. Barrett and A. Phillipis(ed.), *Destabilizing Theory: Contemporary Feminist Debates*, Cambridge: Polity Press, p. 208.

9 자크 데리다(1998), 앞의 책, 92쪽.

10 팸 모리스(1999), 『문학과 페미니즘』, 강희원(역), 서울: 문예출판사, 170쪽.

11 이와 달리 미첼은 "정신분석학이 가부장적 사회를 옹호하려는 것이라기보다는 그것을 분석하려는 시도"(J. Mitchell(1974), *Psychonanalyse and Feminism: Freud, Reich, Laing and Women*, New York: Pantheon, p. xv)라고 적고 있다. 그러나 프로이트의 정신분석학이 가부장적 구조에 대한 단순한 기술인지 아니면 진정한 치유책이 될 수 있는지는 정신분석학과 여성주의 사이에 놓인 여전히 중요한 논쟁점이다.

12 팸 모리스(1999), 앞의 책, 178쪽.

13 L. Irigaray(1985), *The Speculum of the Other Woman*, Gillian C. Gill(tr.),

New York: Cornell University Press, p. 22.

14 엘렌 식수(2004), 『메두사의 웃음/출구』, 박혜영(역), 서울: 동문선, 96쪽.

15 크리스테바는 상징계와 기호계의 교체와 변증법적 상호작용 강조하고, 이를 '상 호텍스트성'(intertextuality)으로 개념화 한다.

16 *Odyssee*, p. 134.

17 엘리자베스 그로츠(2000), 앞의 책, 35쪽.

18 셸러의 '공감'(Mitgefühl)개념에 근거한 여성지식의 특성에 대한 논의는 아래 참 조. (S. L. Bartky(1997), "Sympathy and Solidarity: On a Tightrope with Scheler", D. T. Meyers(ed.), *Feminists Rethink the Self*, Boulder: Westview Press, pp. 177~196)

19 벤하비브는 여성들이 보여주는 '구체적인 타자'로서의 타인을 양육하고 배려하며 책임지는 것의 중요성을 강조한다. (S. Benhabib(1994), op. cit., pp. 188~189)

20 *Odyssee*, p. 161.

21 U. Guzzoni(1990), op. cit., pp. 80~81.

6장

1 애트우드(2005), 『페넬로피아드』, 김진준(역), 서울: 문학동네. (이하 『페넬로피 아드』로 약칭)

2 여기서 '내러티브'(narrative)와 '스토리텔링'(storytelling)을 구분할 필요가 있 다. 전자는 일련의 사건에 대한 이야기를 지칭하는 총체적인 것으로서 폭넓은 의미를 지니며, 후자의 스토리텔링은 이야기를 진행하는 주체의 '활동성'을 강 조하는 의미를 지닌다.

3 이 글에서는 상호주관성, 간주관성 대신에 '상호주체성'의 용어를 사용한다. 왜 냐하면 우리의 관심은 각 '주체성'에 대한 자각과 더불어 '상호성'을 강조하는 데에 있기 때문이다.

4 『오디세이』에서 자아의 원초적 역사에 대한 분석은 제4장 참조.

5 이러한 맥락에서 브라이도티는 '남성들과 여성들 간의 차이', '여성들 간의 차이 들', '각 여성 내의 차이들'을 나누면서도 유목적 접근에 의해 여러 층위들을 넘 나드는 능력을 지녀야 함을 강조한다. (브라이도티(2004), 앞의 책, 250~251쪽)

6 켓츠는 페넬로페를 분석하면서 『오디세이』 텍스트의 핵심이 비결정성이라고
   주장한다. (M. A. Katz(1991), *Penelope's Renown: Meaning and Indeterminacy
   in the Odyssey*, Princeton: Princeton University Press, pp. 3~19 & pp.
   155~195) 또한 펠슨도 호머의 『오디세이』에 대해 독자들이 적극적으로 참여하
   여 '다중적 목소리들에 의한 비결정성'의 읽기가 가능하다고 주장한다. (N.
   Felson(1997), *Regarding Penelope: From Character to Poetics*, Norman:
   University of Oklahoma Press, p. xviii)

7 S. L. Schein(1995), "Female Representations and Interpreting the Odyssey",
   B. Cohen(ed.), *The Distaff Side: Representing the Female in Homer's
   Odyssey*, New York: Oxford University Press, p. 25.

8 흥미롭게 아버지에게 버림받고 바다에 내던져지는 딸의 모티브는 동서신화 모
   두에 등장한다. 우리나라의 「바리공주」도 그 대표적인 하나의 예이다. (노성숙
   (2005b), 「신화를 통해 본 여성 주체의 형성: 『바리공주』텍스트분석을 중심으
   로」, 한국여성학회(편), 『한국여성학』, 제 21권, 2호, 5~37쪽)

9 S. Benhabib(1999), op. cit., p. 347 & p. 353.

10 노성숙(2004b), 「여성들의 지식과 진리」, 『여/성이론』, 제11호, 서울: 여이연,
   250쪽.

11 김혜련은 벤하비브가 제시하는 대화-서사모델(dialogue-narrativ model)을 통해
   여성주체를 집단적 정체성으로 이해하면서도, 주체가 대화-서사를 수행하도록
   하는 것, 즉 주체의 사고와 행동에 방향성을 제공하는 것은 곧 감정이라고 역설
   한다. (김혜련(2005), 「감정서사에 기반한 여성 주체 형성: 담론의 방법 對 스
   타일」, 『미학』, 제42집, 20~34쪽)

12 이진우(1998), 『이성은 죽었는가: 포스트모더니즘의 철학』, 서울: 문예출판사,
   351쪽.

13 장-프랑수아 리오타르(1992), 앞의 책, 52쪽.

14 이러한 맥락에서 오늘날 서사방법론은 정체성이나 주체성 연구에 유용하며, 여
   성주의자들이 지향하는 실천적 연구에 적합한 방법론으로 오늘날 각광받고 있
   다. (이재인(2004), 앞의 글, 270쪽)

15 M. A . Katz(1991), op. cit., p. 5.

16 폴리는 여성이 남성보다 본성상 도덕적으로 열등하다는 아리스토텔레스의 견

해에 반대하면서 『오디세이』에서 여성과 남성의 도덕적 가치와 능력은 동등하며 이로써 동등한 명망을 얻을 수 있다고 주장한다. 단지 양자의 미세한 차이는 그들이 다른 제약조건들과 다른 우선성에 따라 행동한다는 데에 있다. (H. P. Foley(1995), "Penelope as Moral Agent", B. Cohen(ed.), The Distaff Side: Representing the Female in Homer's Odyssey, New York: Oxford University Press, p. 95 & pp. 106~107)

17 이와 유사한 대비는 제2장에서의 쥘리에트와 쥐스틴느 참조.

18 M. A. Katz(1991), op. cit., p. 194.

19 M. A. Katz(1991), op. cit., p. 6.

20 클레이턴은 여성들의 가사공간에서 이루어지는 노동이 아무런 성과가 없는 행위를 의미하는 것이 아니라, 오히려 삶을 확인시키며 회복하고 끊임없이 새롭게 출발할 수 있게 하는 가능성을 지니고 있는 것이라고 주장한다. (B. Clayton(2004), A Penelopean Poetics: Reweaving the Feminine in Homer's Odyssey, Lanham: Lexington Books, p. 124)

21 B. Clayton(2004), op. cit., pp. 38~39.

22 B. Clayton(2004), op.cit., p. 52 & pp. 94~101.

23 C. Taylor(1996), Quellen des Selbst: Die Entstehung der neuzeitlichen Identität, Frankfurt a. M.: Suhrkamp, p. 71.

24 '거미줄'이라는 은유에서 드러나는 자아와 타자의 관계는 여성들의 '관계적 자아'를 탁월한 방식으로 보여준다. 이와 연관된 사이렌들의 관계적 자아에 대해서는 제4장 참조.

25 F. I. Zeitlin(1995), "Figuring Fidelity in Homer's Odyssey", B. Cohen(ed.), The Distaff Side: Representing the Female in Homer's Odyssey, New York: Oxford University Press, p. 146.

26 재거, 앨리슨 & 영, 아이리스 마리온(편)(2005), 『여성주의 철학』 2, 한국여성철학회(역), 서울: 서광사, 132쪽.

결론

1 S. Benhabib(1999), op. cit. p. 356.